DIE SCHÖNSTEN INSELN
IM MITTELMEER

SONNE, STRAND UND MEER ERLEBEN

Weltbild

ENJOY
SUNNY DAYS!

»WER, DER JEMALS DIE UFER DIESES KLASSISCHEN MEERES BESUCHTE, HAT BEIM ERSTEN ANBLICK SEINES WASSERS NICHT EINE EHRFÜRCHTIGE VERZÜCKUNG, JA NAHEZU EINE ERGEBENHEIT VERSPÜRT UND EINE UNWILLKÜRLICHE DANKBARKEIT AN DIESEN GEHEILIGTEN WELLEN ZU STEHEN?« WAS DEN BRITISCHEN NATURFORSCHER EDWARD FORBES IM 19. JAHRHUNDERT BEWEGTE, VERSPÜRT EIN JEDER, DER ES BESUCHT: DEM MITTELMEER WOHNT EIN GANZ BESONDERER ZAUBER INNE, DEM SICH WOHL KEIN GAST AN SEINEN UFERN ENTZIEHEN KANN. DAS MEER UND SEINE INSELN SIND TIEF IN DER EUROPÄISCHEN GESCHICHTE UND KULTUR VERWURZELT. WAR ES DOCH DER ERSTE OZEAN, DER SICH »BÄNDIGEN« LIESS: BIS ZU DEN »SÄULEN DES HERKULES«, DER STRASSE VON GIBRALTAR, KONNTE MAN ES SCHON IM ALTERTUM ERKUNDEN UND VIELE HOCHKULTUREN WIE DIE DER RÖMER, MINOER ODER OSMANEN UMKÄMPFTEN ES, BEZWANGEN ES UND LIESSEN PRÄCHTIGE PALÄSTE UND DIE ERSTEN GROSSSTÄDTE AN SEINEN KÜSTEN ERRICHTEN.

RUND 4300 INSELN LIEGEN IM MITTELMEER, VON DENEN NUR EIN BRUCHTEIL BEWOHNT IST. UND SIE KÖNNTEN KAUM UNTERSCHIEDLICHER SEIN: DIE INSELWELT DER KYKLADEN UND SPORADEN IM ÖSTLICHEN MITTELMEER LOCKT MIT DEN ZEUGNISSEN EINER VIELTAUSENDJÄHRIGEN GESCHICHTE: AUF RHODOS UND SAMOS, AUF KOS UND SANTORIN STEHEN MONUMENTE DES KLASSISCHEN GRIECHISCHEN ALTERTUMS NEBEN MITTELALTERLICHEN KREUZRITTERBURGEN, BYZANTINISCHEN KIRCHEN UND OSMANISCHEN MOSCHEEN, EINE URALTE BÄUERLICHE KULTUR UND DER MODERNE TOURISMUS SIND HIER AUF VIELFÄLTIGE WEISE VERBUNDEN. AUF DEN BALEAREN KOMMEN PARTYGÄNGER, NACHTSCHWÄRMER UND NATURLIEBHABER GLEICHERMASSEN AUF IHRE KOSTEN. IN DEN TOURISTISCHEN ZENTREN VON MALLORCA, IBIZA, ABER AUCH VON VIELEN INSELN IN DER KVARNER BUCHT UND VOR DER DALMATINISCHEN KÜSTE FINDEN SICH GELEGENHEITEN ZUM TANZEN UND FEIERN BIS IN DIE MORGENSTUNDEN, IN DEN UNVERGLEICHLICHEN NATURLANDSCHAFTEN DER INSELN GIBT ES ABER AUCH VIELE UNBERÜHRTE UND ABGESCHIEDENE PLÄTZCHEN ZU ENTDECKEN. ROMANTISCHE KLEINE FISCHERDÖRFER, HERRLICHE HÄFEN UND ALTE SEERÄUBERSTÄDTCHEN MIT EINER HERZLICHEN BEVÖLKERUNG, DIE ECHTE GASTFREUNDSCHAFT LEBT, LASSEN JEDEN INSELBESUCH ZU EINEM ERLEBNIS WERDEN. DAS BUCH ENTFÜHRT AUF GROSSE UND KLEINE INSELZIELE, ERZÄHLT VON LANGEN SONNENTAGEN UND VERRÄT NICHT NUR, WO MALERISCHE BUCHTEN VERSTECKT LIEGEN, SONDERN AUCH, WO DER LECKERSTE FISCH AUF DEM TELLER LANDET UND WO MAN MIT BLICK AUF DAS MEER NÄCHTIGEN KANN. DIE »INSELN DES LICHTS« LADEN ZU UNBESCHWERTEN SOMMERTAGEN EIN. REISEN SIE MIT UND GENIESSEN SIE DIE SCHÖNSTEN INSELN IM MITTELMEER!

Links: Der Name von Klein-Venedig, einem Stadtviertel von Mykonos-Stadt geht auf die einstigen Herrscher aus der Lagunenstadt zurück. Rechts oben: Die Skyline der maltesischen Hauptstadt Valletta prägen die St. Paul's Cathedral und die große Kuppel der Karmeliterkirche. Rechts unten: Der Strand bei Cala d'Hort ist einer der beliebtesten Ibizas.

INHALT

Rechts: Auf dem Fungusfelsen vor der Dwejra-Bucht auf Gozo wuchsen einst wohl sagenumwobene Pilze, denen eine solch gute Heilwirkung nachgesagt wurde, dass der Malteser-orden den Felsen vor Plünderern bewachte.

WESTLICHES MITTELMEER

Die kleine Baleareninsel Formentera bietet Ruhe und Beschaulichkeit sowie Landschaft pur, mit weiten Sandstränden und flachen Binnenseen.

#01 KORSIKA

WEISSER KALKSTEIN BEI BONIFACIO, ROTE GRANITFELSEN IN DER CALANCHE UND DIE GRÜNE WILDNIS DER CASTAGNICCIA: NICHT UMSONST WURDE KORSIKA EINST VON DEN GRIECHEN KALLISTE - DIE SCHÖNE - GENANNT. DIE INSEL BIETET SPEKTAKULÄRE KÜSTEN, ABER AUCH HOCHGEBIRGE UND GRÜNE WÄLDER - EINE LANDSCHAFT, DIE SICH AUCH IN MODERNEN ZEITEN EIN STÜCK UNBERÜHRTHEIT BEWAHRT HAT. KORSIKA - DAS IST EIN ÜBERWÄLTIGENDES SPIEL DER FARBKONTRASTE, DOCH ES IST AUCH DER BETÖRENDE DUFT DER MACCHIA, BESTEHEND AUS ROSMARIN, THYMIAN, LAVENDEL, WILDEM FENCHEL UND GINSTER.

○ BASTIA

Die lebendige Hafenstadt ist das bedeutendste Wirtschaftszentrum Korsikas und der zweitgrößte Ort der Insel. Sehenswert ist ihr Wahrzeichen, die majestätische Barockkirche St.-Jean-Baptiste (1636–1666). Hoch oben auf der 1480 bis 1521 angelegten Befestigung genießt der Besucher einen weiten Blick über den Hafen bis hin zum Cap Corse.

○ CAP CORSE

Einem Finger gleich, der auf den Golf von Genua deutet, ragt die Halbinsel ins Meer. Verträumte Fischerdörfer säumen die Küste des Cap Corse. Entlang der Steilküste eröffnen sich dem Reisenden immer wieder überwältigende Ausblicke.

ERBALUNGA

Ein beliebtes Postkartenmotiv ist das Fischerdörfchen Erbalunga: Malerisch drängen sich die alten Häuser auf der felsigen Landzunge direkt am Wasser zusammen, überragt von einem genuesischen Wachturm (1512). Der Ort ist auch wegen seiner Karfreitagsprozessionen bekannt.

CENTURI-PORT

Ein Ort wie aus einem Bilderbuch: Grau verwitterte, ocker- oder rosafarbene Häuserfassaden mit schiefergedeckten Dächern säumen den einzigen Naturhafen am nordwestlichen Ende der Halbinsel Cap Corse – Centuri-Port. Bereits die Griechen und Römer wussten die günstige Lage zu schätzen.

○ CALVI

Calvi, einst ein genuesischer Stützpunkt mit einer weit ins Meer hinausragenden Zitadelle, hätte nach der Übernahme durch die Franzosen sicherlich an Bedeutung verloren, wäre da nicht seine reizvolle Lage. Die weite Bucht und das lebendige Hafenviertel mit seinem mediterranen Flair wirken als ein mächtiger Touristenmagnet.

○ PORTO

Umgeben von leuchtend roten Felsen auf der einen und tiefblauem Meer auf der anderen Seite, liegt der Ferienort Porto mit seinem wuchtigen Genueserturm auf dem Felsen vor der Hafeneinfahrt. Der Ort an der Mündung des Flusses Porto besteht aus zwei Teilen, die durch eine Eukalyptusallee verbunden sind: Porto und Marine de Porto. Zahlreiche Hotels, eine bezaubernde Landschaft und der Strand vor Ort machen Porto zu einem Urlaubsziel mit reizvollen Ausflügen in die nähere Umgebung.

○ AJACCIO

1811 ernannte Napoleon Bonaparte, der berühmteste aller Korsen, »seine« Stadt zur Hauptstadt der Insel, und daran wurde bis heute nicht gerüttelt – der 1492 gegründete Geburtsort Napoleons ist stark von der Erinnerung an seinen berühmten Sohn geprägt.

Links: Über die Hochfläche eines Kliffs, in das die Brandung Hohlkehlen genagt hat, erstreckt sich die Oberstadt von Bonifacio.

Rechts: Der berühmteste Sohn der Hafenstadt im Westen Korsikas ist Napoleon Bonaparte, der hier im Jahr 1769 geboren wurde. 1811 wurde Ajaccio zur Hauptstadt Korsikas ernannt.

FÜR WEN GEEIGNET? FÜR ALLE SPORTLICHEN, DIE GERNE DAS MEER VON OBEN SEHEN UND SICH AM ABEND MIT DEN FÜSSEN IM WASSER VON DEN WANDERTOUREN ERHOLEN MÖCHTEN. DABEI IST ES GANZ EGAL, OB MAN ALLEINE, MIT SEINEN LIEBSTEN WANDERFREUNDEN ODER ALS FAMILIE KOMMT, ALLE WERDEN IHREN FAVORITEN UNTER DEN GIPFELN FINDEN. BESONDERS DIE OSTKÜSTE IST ABER AUCH IDEAL FÜR STRANDURLAUBER UND DIE HISTORISCHEN STÄTTEN ÜBERALL AUF DER INSEL MACHT SIE INTERESSANT FÜR ALLE, DIE SICH FÜR GESCHICHTE BEGEISTERN LASSEN.

Sehenswert ist die 1582 bis 1593 erbaute Kathedrale mit schlicht gehaltener Fassade und reicher Innenausstattung, an deren Besichtigung sich gleich ein Bummel durch die stark italienisch geprägte Altstadt mit ihren vielen Restaurants, Bars und Pizzerias anknüpfen lässt. Auch die Rue Cardinal Fesch – zugleich die Hauptstraße des alten Hafenviertels Borgo – lädt zum Flanieren ein. Für Interessierte lohnt ein Besuch der Maison Bonaparte an der Place Letizia: Im Geburtshaus Napoleons befinden sich Dokumente, Porträts und andere Erinnerungsstücke der Familie Bonaparte. Das Musée Fesch im Palais Fesch besitzt eine bedeutende Sammlung italienischer Malerei.

○ FILITOSA

Mit seinen zahlreichen Menhirstatuen und den torreanischen Anlagen gehört Filitosa zu den bedeutendsten prähistorischen Ausgrabungsstätten des Mittelmeerraums. Seit 6000 v. Chr. muss das Gelände bereits besiedelt gewesen sein. Das Museum der Anlage gibt dem Besucher einen chronologischen Überblick über die Funde. Strände wie aus dem Bilderbuch finden sich am Golfe de Valinco, den man passiert, um Sartène zu erreichen.

○ SARTÈNE

Als »korsischste aller korsischen Städte« wird das oberhalb des Rizzanèse-Tals gelegene Sartène bezeich-

Oben: Die Scali di u rè d'Aragona, die »Treppe des Königs von Aragon«, führt in 1420 Stufen von der Kalksteinklippe Bonifacios zum Meer hinab.

Bilder links: Wandern ist eine der Hauptbeschäftigungen vieler Gäste auf Korsika, bietet die Insel doch ein gut ausgebautes Wegenetz, etwa am Col de Bavella.

Rechts: Ein Großteil der Wachtürme auf Korsika wurde im 16. Jahrhundert unter der Herrschaft der Bank des heiligen Georg – Genua hatte die Insel an die Finanziers dieser Bank verpfändet – errichtet; die jüngsten stammen aus dem 17. Jahrhundert, so auch der Tour de la Parata bei Ajaccio.

net. Diesen Ruf verdankt die Stadt zum Teil ihrem Labyrinth aus festungsähnlichen Granithäusern und dunklen Hinterhöfen im Altstadtviertel Santa Anna, zum Teil jedoch auch ihrer düsteren Vergangenheit als ehemalige Banditenhochburg. Aufgrund der strategisch äußerst günstigen Lage war das gesamte Gebiet des Sartenais lange Jahre heftig umkämpft.

○ BONIFACIO

Auf einem 60 Meter hohen Kreidefelsen liegt Bonifacio und blickt über die Meerenge, die Korsika vom zwölf Kilometer entfernten Sardinien trennt. Sie ist die südlichste und zugleich verblüffendste Stadt der Insel: Großartig ragt sie auf dem schmalen, an drei Seiten von Wasser umgebenen Felsen auf, der durch die stete Brandung im Laufe der Jahrhunderte von unten ausgehöhlt wurde. In der Bucht von Bonifacio befindet sich der Stadtteil La Marine mit einem Jachthafen. In der Ville Haute, der Altstadt, künden enge Gassen und turmähnliche Gebäude von einer jahrhundertelangen Geschichte, die von Platzmangel und Belagerungen geprägt war. Ein Großteil der Häuser verfügt über Brunnen und Zisternen sowie Lagerräume für Lebensmittel. Steile, schmale Holztreppen, die bei Gefahr schnell eingezogen werden konnten, führen in den ersten Stock der Häuser.

○ CAPU PERTUSATO

In den engen Gassen von Bonifacio kann man sich verlieren. Wer aus dem mittelalterlichen Traum wieder erwachen und als Kontrastprogramm die Weite des Meeres genießen möchte, dem sei eine Wanderung nach Capu Pertusato empfohlen. Entlang der Klippen auf der »Promenade des Falaises« führt von der Chapelle St.-Roch aus ein fünf Kilometer langer Weg in Richtung Süden, zur Landspitze Pertusato. Der Badestrand, ein Leuchtturm und der Blick auf die Kreidefelsen belohnen den Wanderer. Besonders eindrucksvoll ist der Rückweg nach Bonifacio am Spätnachmittag, wenn das Licht der untergehenden Sonne auf die alte Stadt auf der Steilklippe fällt.

○ PORTO-VECCHIO

Auf einem Hügel am zerklüfteten Golf von Porto-Vecchio liegt die drittgrößte Stadt der Insel, mit einem Fischerei- und einem großen Jachthafen. Siedler der »torreanischen« Kultur landeten um 1600 v. Chr. in Porto-Vecchio und errichteten einige Festungen und Dörfer. Die heutige Stadtanlage jedoch geht auf eine

AUSGEHEN

Porto-Vecchio: Via Notte // In Porto-Vecchio lockt die größte Freiluft-Disko Europas Nachtschwärmer an. Hier legen die besten DJs auf, hier kommen Partygänger voll auf ihre Kosten!
// www.vianotte.com

Calvi: Chez Tao // Dieses Lokal in Calvi ist eine Institution! Seit 1935 wird hier Musik gespielt. Tao Kerefoff eröffnete damals den ersten Nachtclub von Korsika im Keller eines Hauses aus dem 16. Jahrhundert. Das Motto des Clubs ist wie vor fast 100 Jahren: »Be happy today because tomorrow will be too late«.
// www.cheztao.com

Calvi: U Fanale // Eines der besten Restaurants in Calvi für diejenigen, die mediterrane Küche genießen möchten. Beim Abendessen hat man außerdem einen wundervollen Blick auf die Bucht und den Leuchtturm.
// Route de Porto, 20260

genuesische Befestigung aus dem Jahr 1539 zurück. Danach folgten zahlreiche Kämpfe um die Stadt, Zerstörung und erneute Befestigung. Der größte Feind der Stadt allerdings war über Jahrhunderte die Malaria; erst in den 1950er-Jahren konnte die Krankheit eingedämmt werden, und von da an begann eine regelrechte Blütezeit. Feinster Sand, grüne Kiefern und leuchtendes blaues Meer – Porto-Vecchio ist ein beliebtes Touristenziel, denn die Stadt hat wunderbare Strände in unmittelbarer Umgebung zu bieten. Nicht weit von Porto-Vecchio entfernt erstreckt sich der größte Korkeichenwald der Insel, der bis heute eine wichtige Einnahmequelle der Bevölkerung ist.

ÜBERNACHTEN

Cala di Greco // Unweit von Bonifacio gelegen, besticht diese romantische Vier-Sterne-Anlage mit zwei Außenpools und mehreren Luxussuiten. Der Panoramablick aufs Meer ist einfach fantastisch! Der Golfplatz von Spérone liegt in der Nähe.

// www.hotel-caladigreco.com

Bonifacio: Hotel Version Maquis Citadelle // Wirklich außergewöhnlich schön ist dieses Vier-Sterne-Boutique-Hotel mit seinen zehn Suiten. Inmitten der immergrünen Macchie am Golf von Santa Manza verwöhnt es seine Gäste mit hauseigenem Massagestudio, tollem Außenpool und Fitnesscenter.

// www.hotelversionmaquis.de

Ota: La Calypso // Seine Lage an der Fußgängerzone am Hafen von Ota macht diese Unterkunft ideal für Bootsausflüge und Abstecher ins Umland. Die Gäste loben den tollen Service und die angemessenen Preise des Hotels.

// www.hotel-la-calypso.com

STRÄNDE

○ SALECCIA

Im Norden Korsikas wartet der Strand von Saleccia auf alle, die sich im Mittelmeer nach der Karibik sehnen. Das türkisblaue Wasser und der feine Sand sind aber nicht die einzigen Pluspunkte. Da der Strand nicht ganz einfach zu erreichen ist, ist er nicht so überlaufen wie manch anderer.

○ BAIE DE SAINT CYPRIEN

Die Badebucht im Südosten der Insel bei San Ciprianu ist die beste Adresse für alle Familien mit kleinen Kindern, denn das Ufer fällt sehr seicht ins Meer. Zahlreiche Wassersportangebote, Bars und Restaurants machen den Strand zum Tagesausflug.

○ ALGAJOLA

Nichts für Angsthasen, aber dafür umso mehr für die Sportler, die nicht erst lange durch Wasser waten möchten, bevor sie losschwimmen können. Hohe Wellen bei Wind ziehen außerdem die Surfer an und Klippen laden zu wagemutigen Sprüngen ein.

SHOPPING

○ TRADITIONELLE MÄRKTE

In vielen Ortschaften finden regelmäßig Märkte statt, auf denen man lokale Spezialitäten findet, etwa sonntags in Porto Veccio oder Bastia, montags in Sainte-Lucie-de-Tallano und dienstags in Bonifacio. Einer der wohl schönsten ist der von Ajaccio (täglich, außer montags geöffnet).

○ A CASETTA IN AJACCIO

Authentisches Essen wird im Café serviert, während der kleine Laden Produkte aus der Region verkauft, darunter Wein, Schinken, Käse, Öl und alles, was das Herz begehrt. Wenn man in Ajaccio ist, unbedingt vorbeischauen!

// www.acasetta-produitscorses.com

AUF KEINEN FALL VERPASSEN

EINE EISENBAHNFAHRT MIT DEM U TRINICHELLU UNTERNEHMEN

In dreieinhalb Stunden fährt der Zug von Ajaccio nach Bastia. Die 158 km lange Tagestour mit dem »Trinichel-lu« ist eine Reise von Küste zu Küste über Corte, mitten durch das Herz der Insel. 1888 wurde die Bahnlinie eröffnet, die Streckenführung gilt als bautechnische Pionierleistung. Ein Höhepunkt ist zwischen Vivario und Venacoder der Viadukt über den Vecchio, gebaut nach Plänen von Gustave Eiffel. Das Bahnnetz Korsikas hat eine Länge von insgesamt über 230 Kilometern, mit 38 Tunneln und 76 Brücken – eine gute Gelegenheit, zwischen grandioser Hochgebirgslandschaft und duftender Macchia die ganze Vielfalt der Insel zu genießen.

ÜBER DEN COL DE BAVELLA FAHREN

Der 1218 Meter hohe Col de Bavella gilt als der schönste Pass Korsikas. Grandios ist der Blick auf die 1600 Meter hohen bizarren Felsspitzen der Aiguilles de Bavella, hinter denen sich der Monte Incudine (2134 Meter) erhebt. Am Pass gibt es einige Ausflugs-lokale. Mit etwas Glück kann man hier auch Mufflons sehen.

LES CALANCHE DURCHWANDERN

Zwischen Porto und Piana liegt die eindrucksvollste Küstenlandschaft Korsikas: die Calanche, ein zwei Kilometer langes Massiv aus roten Felsen, das zum Welt-naturerbe der UNESCO zählt. Es empfiehlt sich, die Calanche zu Fuß zu besichti-gen, um das Farbenspiel von Felsen, blauem Meer und grüner Vegetation auf sich wirken zu lassen. Das reizvolle Piana – ein hoch gelegenes Dorf mit hellen Häu-sern und einer Kirche aus dem 18. Jahrhundert – ist ein weiterer Ausgangspunkt für einen Streifzug durch die Calanche.

AUF DEM FERNWANDERWEG LAUFEN

Die üppig grünen Gipfel und vielgestaltigen Wege sind zum Wandern ideal. Kor-sikas berühmter Fernwanderweg ist der GR20, der sich über eine Strecke von etwa 190 Kilometern durch die Granitkämme des Landesinneren schlängelt. Wer es kürzer mag, der kann die Strecken »Mare e Monti« (vom Meer in die Berge) oder »Mare e Mare« (von Meer zu Meer) laufen.

ABTAUCHEN

Die 1000 Kilometer Küste vor warmen Wassern laden zum Tauchen ein. Die Tauchplätze Korsikas gehören zu den besten des Mittelmeers. Auch unter Wasser ist die Landschaft zerklüftet, ein Teppich aus gelben Seeanemonen und roten Edelkorallen.

#02   MALLORCA

MALLORCA IST DIE GRÖSSTE INSEL DER BALEAREN UND VIELLEICHT DIE SCHÖNSTE DES GESAMTEN MITTELMEERES. KILO-METERLANGE WEISSE SANDSTRÄNDE, DAS TÜRKISBLAUE MEER, DIE SPEKTAKULÄREN FELSFORMATIONEN DER SERRA DE TRAMUNTANA, DAS NOCH GRÖSSTENTEILS BÄUERLICH GEPRÄGTE INNERE DER INSEL MIT KLEINEN VERTRÄUMTEN DÖRFERN WIE FORNALUTX ODER ALARÓ UND DIE QUICKLEBENDIGE ATMOSPHÄRE DER HAUPTSTADT PALMA MACHEN DIE INSEL MIT IHREM MILDEN MEDITERRANEN KLIMA FÜR BESUCHER SO ATTRAKTIV. IST MAN NEUGIERIG GENUG UND VERLÄSST DIE HOCHBURGEN DES TOURISMUS, KANN MAN ÜBERALL DAS ECHTE MALLORCA ENTDECKEN: IN DEN VERBORGENEN KLEINEN FELSENBUCHTEN MIT IHREN FISCHERHÜTTEN, AUF DEN BAUERNMÄRKTEN DER BERGDÖRFER, IN DEN BARS DER EINHEIMISCHEN ODER IN DEN AVANTGARDISTISCHEN KUNSTBETRIEBEN UND CAFÉS DER HAUPTSTADT.

○ PALMA DE MALLORCA

Palma, die glänzende Perle des Mittelmeers, hat viele Gesichter: die quirlige Großstadt, die selten schläft, mit angesagten Diskotheken, hervorragenden Restaurants, eleganten und hippen Boutiquen. Die Altstadt mit tropisch-floralen Jugendstilfassaden und restaurierten Adelspalästen, in deren Innenhöfen die Zeit stehen zu bleiben scheint, mit der Kathedrale La Seu, die sie wie eine Glucke bewacht. Die Stadt der Kunst mit großzügigen Museen und Namen wie Miró, Dalí, Tàpies, Saura oder Barceló. Und nicht zuletzt kilometerlange Strände und unzählige Kneipen, Bars und Cafés jeder Preisklasse.

KATHEDRALE

Sa Seu – »Sitz des Bischofs« – nennt der Mallorquiner die Kathedrale der heiligen Maria zu Palma. Im Jahr 1230, kurz nach der Rückeroberung von der Maurenherrschaft, legte König Jaume I. den Grundstein zu einer Kirche. Ab 1306 begann der eigentliche Bau der Kathedrale, die auch als Mausoleum für das mallorquinische Königshaus dienen sollte. 1370 entstand das Rundfenster, das erst 1599 verglast wurde und bis heute eine der schönsten Rosetten der Welt ist.

STADTPALÄSTE

Palma hat über 100 Stadtpaläste, denen man von außen kaum ansieht, welch zauberhafte Innenhöfe sich hinter den abweisenden Mauern und den dicken Holztüren verbergen. Heute werden manche in schmucke Eigentumswohnungen aufgeteilt, andere in Hotels, Kunstgalerien und Boutiquen umgewandelt. Die romantischen Innenhöfe sind nur durch Gittertore versperrt, und um Fronleichnam herum stehen die meisten für Besucher offen.

PLAÇA DEL MERCAT

An der Plaça del Mercat, wo heute einmal in der Woche Markt abgehalten wird, wurden schon in der Maurenzeit Waren feilgeboten. Besonders auffällig sind zwei Häuser im lupenreinen Stil des Modernisme: Dem prachtvollen Gran Hotel gegenüber liegt Can Casasayas, zwei Gebäude nach Plänen von Francisco Roca Sima. Das eine, als Pensió La Menorquina bekannt, stammt aus dem Jahr 1908, das andere wurde 1909 gebaut.

CASTELL DEL BELLVER

Schloss Bellver bildet einen auffallenden Punkt in der Silhouette von Palma. Das oberhalb des Stadtteils Es Terreno gelegene Schloss wurde von König Jaume I. kurz nach der Eroberung der Insel in Auftrag gegeben. Aber erst 1309 wurde es von dem Hofarchitekten Pere Salvà, der auch den Umbau des Almudaina-Palastes leitete, fertiggestellt.

Links: Im Kern bleibt das idyllische Bergdorf Valldemossa mit seinen ineinander verschachtelten Natursteinhäusern vor einer eindrucksvollen Gebirgskulisse vergleichsweise unbeeindruckt von dem Strom der Besucher.

Rechts: Der geräumige Innenhof des Castell de Bellver wird von eindrucksvollen zweigeschossigen Arkadenreihen eingefasst.

FÜR WEN GEEIGNET? MALLORCA IST LÄNGST KEIN UNBESCHRIEBENES BLATT MEHR UND DIE INSEL WEISS UM IHRE VORZÜGE. SO IST HIER FÜR JEDEN ETWAS GEBOTEN. FAMILIEN MIT KINDERN KOMMEN EBENSO AUF IHRE KOSTEN WIE NACHTSCHWÄRMER UND SONNENHUNGRIGE. ABSEITS DER TOURISTENHOCHBURGEN LOCKT TRADITION, NATUR UND GEMÜTLICHKEIT.

○ DEIÀ

Im malerischen Künstlerort Deià haben sich im Laufe der Jahre viele inselfremde Bewohner niedergelassen. Boutiquen, kleine Galerien und zahlreiche Restaurants fügen sich nahtlos in das ländliche Flair der pastellfarbenen Natursteinhäuser Deiàs. Wenige Kilometer vom Dorfkern entfernt liegt die kleine Kieselsteinbucht Cala de Deià. Umrahmt wird sie von Aleppokiefern und Fischerhütten.

○ NATURPARK S'ALBUFERA

Der sumpfige Naturpark im Norden ist das bedeutendste Feuchtgebiet der Balearen. In einer ganz eigenen Welt kann man über 200 Vogelarten beobachten und mit Glück Lurche entdecken.

○ CAPDEPERA

In Capdepera findet man noch das ursprüngliche Mallorca. Den Ort lassen viele Besucher links liegen, dabei ist er mit seinem altertümlichen Charme durchaus interessant. Kulturhistorische Attraktion ist die ehemalige Stadtmauer von Capdepera mit ihrem dreieckigen Grundriss. Seitlich davon befindet sich ein kleiner Wachturm, dessen eckiger Sockel wohl einer der letzten Zeugen arabischer Architektur ist.

○ CAP DE FORMENTOR

Das Kap der Halbinsel Formentor im äußersten Norden erreicht man von Pollença aus über eine schmale Serpentinenstraße. Am Ende einer etwa 15 Kilometer langen Fahrt, vorbei an mit Pinien und Steineichen bewachsenen, steilen Felshängen, kommt man schließlich an den strahlend weißen Leuchtturm. Von seiner Plattform aus hat man die Nordwest- und Nordostküste im Blick, und bei klarer Sicht kann man bis hinüber nach Menorca sehen.

○ TAL VON SÓLLER

Das fruchtbare Tal am Fuß der Tramuntana-Berge besucht man am besten mit dem Zug. An der Strecke liegen herrliche Ausblicke. Anschließend sollte man die zauberhafte Atmosphäre des Ortes Sóller genießen.

○ FORNALUTX

Orangenbäume statt Strandpromenade, urige Taverne statt Schnellrestaurant – Fornalutx ist schon mehrfach zum schönsten Dorf Spaniens gekürt worden. Das Tal wird von gewaltigen Felsen umschlossen.

Links oben: Entspannt geht es auf der Plaça d'en Coll in Palma zu, Cafés locken zur Einkehr und auf einen Café con leche.

Links unten: Die von Felsen umrahmte Cala s'Amonia ist mit ihrem kristallklaren Wasser ein idealer Platz zum Schwimmen und Schnorcheln.

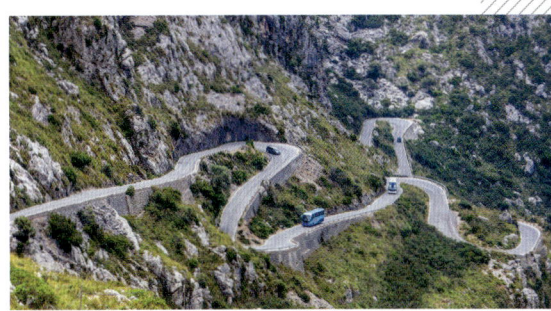

Rechts oben: Archäologische Funde belegen, dass das System der Tropfsteinhöhlen der Coves del Drac schon vor ungefähr 3000 Jahren besiedelt war.

Rechts unten: Das 14 Kilometer lange, kurvenreiche Asphaltband hinunter nach Sa Calobra ist ein wahres Kunstwerk des italienischen Ingenieurs Antonio Paretti, der 1932 den Auftrag zum Bau der Straße erhielt.

○ SANTUARI DE LLUC

Das Kloster Lluc in der Serra de Tramuntana gilt als spirituelles Zentrum der Insel. Mönche wohnen nur noch wenige dort, aber die Brüder vom Orden des Heiligen Herzens beherbergen Besucher auch über Nacht in den ehemaligen Zellen – vor allem wenn die Teilnehmer der traditionellen Wallfahrt am ersten Samstag im August hier ankommen. Ziel der Verehrung ist die schwarze Madonna.

○ COVES DEL DRAC

In den Drachenhöhlen an der Ostküste kann man einen der größten unterirdischen Seen der Welt bestaunen. Unvergesslich: ein klassisches Konzert mit anschließendem Lichteffekt eines Sonnenaufgangs.

○ POLLENÇA

Der hübsche Ort liegt in einem Tal im Norden der Insel. Sehenswert ist die historische Altstadt. Die Gemeinde verfügt auch über schöne Sandstrände und eine Steilküste.

○ VALLDEMOSSA

Valldemossa wird jedes Jahr von einer halben Million Touristen besucht, die meisten wandeln auf den Spuren von Frédéric Chopin und George Sand. Aber die Beschränkung von Valldemossa auf das Kartäuserkloster wäre ziemlich einseitig. Hier befindet sich beispielsweise auch das Kulturzentrum Costa Nord, eine Initiative des Schauspielers Michael Douglas mit Informationen über die Natur der Serra de Tramuntana.

AUSGEHEN

Palma: La Boveda // La Boveda ist die Tapasbar Palmas schlechthin. Zwar sind die Preise gesalzen, aber die Küche ist sehr gut und authentisch. Hier treffen sich mittags und abends Touristen, Mallorquiner und auch Prominenz.
// www.restaurantelaboveda.com

Algaida: Hostal d'Algaida // Hier kommt mallorquinische Hausmannskost auf den Tisch. Besonders köstlich: Brot mit Olivenöl, pa amb oli. Das kann hier als Hauptgericht mit hausgemachter Wurst gegessen werden.

Fornalutx: Ca'n Antuna // Das Restaurant ist weit über die Tramuntana hinaus bekannt – sogar der König kommt hin und wieder vorbei. Hier isst man die besten gebratenen Spanferkel der Insel, dazu kann man die herrliche Aussicht auf das hübsche Dorf und die umliegenden Berge genießen.

STRÄNDE

○ CALA MITJANA

Oberhalb von Cala d'Or lädt diese kleine windgeschützte Bucht zum Baden und Entspannen ein. Sie liegt etwas versteckt und gilt deshalb als Geheimtipp.

○ CALÓ DES MORO & CALA S'ALMUNIA

Wie eine riesige Badewanne oder ein natürlicher Swimmingpool scheint diese zwischen zwei Felsen liegende Bucht. In unmittelbarer Nähe befindet sich die kleine, aber wunderschöne Cala s'Almunia.

○ PLATJA PALMIRA
Der in Peguera gelegene Strand hat eine schöne Uferpromenade mit einladenden Bars und Restaurants.

○ COSTA DE CALMA
Im gleichnamigen Ort zieht sich der Strand die Felsküste entlang.

SHOPPING

○ ENJABONARTE IN PALMA
Die Seifen, Duschgels und Shampoos von Enjabonarte sind etwas Besonderes. Man kann sie hier in allen Farben und Düften – die Seifen auch grammweise in Blöcken – zu wohlfeilen Preisen erstehen.

// enjabonarte.es

○ RIALTO LIVING IN PALMA
Dies ist eines der schönsten Geschäfte Palmas und eines der ungewöhnlichsten allemal. Untergebracht in einem alten Kino, bieten die schwedischen Besitzer dort Ausgewähltes vom Kaschmirschal bis zum edlen Seidenstoff an. Auch Möbel, Geschirr, Stofftiere oder duftendes Briefpapier findet man hier.

// rialtoliving.com

○ TRÖDELMARKT IN PALMA
Immer am Samstagvormittag wird die Avinguda Gabriel Alomar i Villalonga zum Umschlagplatz für Kitsch und Kurioses.

○ ARTESANÍA EUGENIO IN SÓLLER
Wenn man Glück hat, trifft man den Meister der Holzschnitzkunst bei der Arbeit an. Wunderschöne Olivenholz-Schalen, Salatbestecke und weitere Gegenstände aus Olivenholz kann man bei ihm erwerben.

○ TÖPFERWAREN AUS PÒRTOL
Nicht weit von Palma liegt Pòrtol auf einem Hügel. Der Ort hat sich mit seinem Kunsthandwerk aus Ton einen Namen gemacht.

ÜBERNACHTEN

Palma: Hotel Born // Dunkles geschwungenes Holz, für die Insel typische edle Möbel – das kleine Hotel Born strahlt die Eleganz einer vergangenen Epoche aus.
// www.adresse-des-hotels.de

Palma: Hotel Portixol // Wer es klein, komfortabel und stilvoll mag, für den ist dieses 24-Zimmer-Hotel genau das Richtige. Es liegt am alten Fischerhafen von Portixol, etwa einen Kilometer östlich der Altstadt, hat ein erstklassiges Restaurant und eine Bar mit Terrasse.
// www.portixol.com

Deià: Hotel Belmond La Residencia // Im romantischen Künstlerort Deià thront das ehemalige Herrenhaus über den Olivenhainen und Gärten. Wer sich erholen will, findet hier ein vielfältiges Angebot, das von einem reichhaltigen Spa-Programm über die Teilnahme an der Olivenernte bis zum Speisen im Restaurant El Olivo, einem der besten Restaurants der Insel, reicht.
// www.belmond.com

AUF KEINEN FALL VERPASSEN

DER SONNENUNTERGANG AN DER TALAIA D'ALBERCUTX

Oberhalb des Mittelmeeres thront ein Wachturm in 380 Meter Höhe. Es gibt kaum einen eindrucksvolleren Blick auf die Halbinsel Formentor und die mallorquinische Küste als von diesem Ort aus.

IN DER BÄCKEREI CA NA JUANITA IN ALARÓ EINE ENSAÏMADA ESSEN

Der niedliche Ort bietet malerische Unterkünfte und hübsche Läden. Das Beste: Die über 100 Jahre alte Bäckerei macht die knusprigsten »ensaïmadas«, in Schmalz gebackene Hefeschnecken.

TAUCHGANG VOR DER ILLA DE CABRERA

Die kleinste bewohnte Insel der Balearen führt ein Dasein abseits des großen Tourismus. Es empfiehlt sich eine Tagestour per Boot mit Tauch-Stopp und Besuch der Blauen Grotte.

IN DER XOCOLATERÍA MANDELKUCHEN GENIESSEN

In der Xocolatería Ca'n Joan de S'aigo in Palma ist die Schokolade so dickflüssig, dass man sie löffeln kann. Und wem beides zusammen nicht zu süß ist, isst noch den typischen Mandelkuchen Gató dazu.

EINE ÖLMÜHLE BESUCHEN

Das Tal von Sóller ist berühmt für Oliven. Früher war das daraus gewonnene Öl eine Haupteinnahmequelle. Die Mühle Can Det aus dem 16. Jahrhundert kann besichtigt werden.

#03 MENORCA

ANDERS ALS MALLORCA ODER IBIZA GILT DIE INSEL ALS ORT DER RUHE UND DES GEMÄSSIGTEN TOURISMUS. BESONDERS FAMILIEN MIT KINDERN, NATURLIEBHABER UND KULTURINTERESSIERTE FINDEN HIER, WAS SIE SUCHEN: GROSSZÜGIGE HOTELS, KILOMETERLANGE SANDSTRÄNDE IM SÜDEN, WANDERMÖGLICHKEITEN IM INSELINNEREN UND RELIKTE DER TALAYOTKULTUR (ETWA 1300-100 V. CHR.), DIE MENORCA EBENSO WIE MALLORCA IN VORRÖMISCHER ZEIT PRÄGTE. DIE »TALAYOTS« SIND ZYLINDERFÖRMIGE STEINTÜRME, DIE EINE HÖHE VON BIS ZU ZEHN METERN ERREICHEN KÖNNEN UND IM INNEREN MIT KAMMERN UND KORRIDOREN AUSGESTATTET SIND. OFT FÜGEN SICH MEHRERE BAUTEN ZU EINER SIEDLUNG ZUSAMMEN - UND TORRALBA D'EN SALORT IST EINE DER BEKANNTESTEN. AUF MENORCA (LATEINISCH »MINOR« = DIE KLEINERE), DER ÖSTLICHSTEN UND ZUGLEICH NÖRDLICHSTEN INSEL DER BALEAREN, FINDET MAN DREI DEUTLICH VONEINANDER UNTERSCHEIDBARE REGIONEN VOR: HÜGELIGES WEIDELAND MIT GRASENDEN KÜHEN, KNORRIGEN OLIVENBÄUMEN UND VEREINZELTEN WEISS GEKALKTEN BAUERNHÄUSERN PRÄGT DIE INSELMITTE, WÄHREND WILD ZERKLÜFTETE SCHLUCHTEN UND KILOMETERLANGE SANDSTRÄNDE DEN SÜDEN BESTIMMEN.

○ MAHÓN

Knapp 30 000 Einwohner zählt Mahón und liegt damit mit Ciudella gleichauf. Beide zählen zu den größten Sehenswürdigkeiten der Insel. Die Stadt, die auch Maó genannt wird, ist die Hauptstadt Menorcas. Besichtigen sollte man vor allem die Kirche Santa Maria mit ihrer prachtvollen Orgel und den Claustre del Carme, einst Kreuzgang eines Klosters und heute Markthalle. Der über einen Kilometer breite und sechs Kilometer lange Hafen ist gesäumt von Restaurants, Bars und Boutiquen. In der Umgebung von Maó liegen mehrere prähistorische Denkmäler wie die Taula de Trepacó und die prähistorischen Siedlungsreste Talati de D'Alt.

HAFEN

Die Inselhauptstadt Mahón ist geprägt von ihrem Hafen. Sechs Kilometer zieht er sich schmal wie ein Fjord in das Landesinnere. Alte Festungen und sogar eine Insel am Hafeneingang sind bei einer Rundfahrt zu sehen. An dieser Lazarettinsel, wie sie auch heißt, wurden früher Besatzungen in Quarantäne geschickt, bevor sie die Insel betreten durften, um Krankheiten wie die Pest von Menorca fernzuhalten. Heute ist auf der Insel ein riesiger Bau aus dem Jahr 1842 zu sehen, damals war die Insel nicht nur Quarantänestation, sondern auch beliebter Platz für Kongresse und Meetings.

INNENSTADT

Jenseits des Hafens, der übrigens der zweitgrößte Naturhafen der Welt ist, zieht die Innenstadt Mahóns Besucher mit ihrer typisch balearischen Architektur in den Bann. Gegründet wurde die Hauptstadt wohl von den Karthagern vor etwa 3000 Jahren. Immer wieder war die Insel von anderen Völkern besetzt worden, zunächst die Araber, dann England und Frankreich, alle haben in Architektur und Lebensart ihre Spuren hinterlassen. Etwa in der verwinkelten Altstadt, in der die Kolonialzeit bis heute in einigen verzierten Gebäuden wie etwa dem Rathaus deutlich abzulesen ist.

MUSEO DE MENORCA

Im Inselmuseum sind neben archäologischen Funden auch Gemälde und Kunstwerke ausgestellt. Nicht nur die Exponate sind einen Besuch wert, sondern auch das Gebäude an sich, das in einem alten Franziskanerkloster untergebracht ist. Der Kreuzgang ist eine architektonische Meisterleistung und strahlt noch immer klösterliche Ruhe aus.

Links: Mit einer Fläche von 716 Quadratkilometern ist Menorca gerade mal ein Fünftel so groß wie Mallorca. Die spanisch-maurisch geprägte Hafenstadt Ciutadella hat sich in der Altstadt weitgehend ihren früheren Charme erhalten.

Rechts: Die Cala Macarelleta ist eine der beliebtesten Badebuchten der Insel, idyllisch schön zwischen Felsen gelegen.

FÜR WEN GEEIGNET? MENSCHEN, DIE NICHT GERN LANG FLIEGEN, SIND HIER EBENSO RICHTIG WIE ALLE, DENEN MALLORCA ZU GROSS UND ZU VOLL IST. MENORCA IST AUCH EIN TYPISCHES TOURISTENZIEL, ABER EBEN DOCH NICHT SO ÜBERSTRAPAZIERT WIE MALLORCA AN EINIGEN ORTEN ODER ZUR HAUPTSAISON. WANDERFREUNDE SIND AUF DER INSEL GENAUSO GUT AUFGEHOBEN WIE MENSCHEN, DIE ES GERN ETWAS NATÜRLICHER MÖGEN. DENNOCH MUSS NIEMAND AUF SCHÖNE STRÄNDE VERZICHTEN. EINIGE SIND SOGAR SO SCHÖN, DASS SIE AUSSEHEN, ALS WÜRDEN SIE IN DER KARIBIK LIEGEN.

○ CIUTADELLA

Die spanisch-maurisch geprägte Hafenstadt hat sich in der Altstadt weitgehend ihren früheren Charme erhalten. An der Plaça des Born über dem Hafen stehen das Rathaus, Herrenhäuser mit englischen Schiebefenstern, das Teatro Municipal des Born und die Kirche Sant Francesc (17. Jahrhundert). Über der Hafeneinfahrt thront das Castell de Sant Nicolau (17. Jahrhundert). Wahrzeichen Ciutadellas ist die gotische Kathedrale (13./14. Jahrhundert), Menorcas bedeutendster Sakralbau. Rund um Ciutadella erstrecken sich Sandstrände wie Cala Macarelleta, Cala Morell, Cala Blanca, Cala n'Bosch, Cala des Talaier, Cala Turqueta und die Strände von Algayarens mit ihren vielen Wassersport- und Freizeitmöglichkeiten. Fünf Kilometer östlich, auf dem Weg nach Maó, steht der bedeutendste prähistorische Bau Menorcas, die Naveta des Tudons, drei Kilometer weiter der Torre Trencada, eine drei Meter hohe Taula mit Steinkreis und Höhlen.

○ FERRERIES

Von Ciutadella führt die C721 quer durch die Insel nach Ferreries in der Inselmitte, wo die sehenswerte Kirche Sant Bartomeu (17./18. Jahrhundert) steht.

Oben: Über der Hafeneinfahrt von Ciutadella thront das Castell de Sant Nicolau (17. Jahrhundert).

Links: Menorca bietet eine stille Welt ohne Glamour und Massentourismus, ohne Diskotheken und Prominentenvillen, dafür mit umso mehr Ursprünglichkeit.

Eine ganz eigene Balearen-Welt: Auf Menorca gibt es einsame Küsten wie das Cap Favaritx (rechts oben) und mystische Orte wie die Überreste der Basilika von Son Bou (rechts unten).

Südlich des Ortes liegen die Ruinen der 4000 Jahre alten Siedlung Son Mercer de Baix.

○ BARRANC D'ALGENDAR

Südwestlich von Ferreries kann man durch die zauberhafte, sechs Kilometer lange Schlucht Barranc d'Algendar mit bis zu 80 Meter hohen Felswänden wandern, die bis zur mit Hotels vollgestellten Cala Galdana an der Südküste führt.

○ ALAIOR

Der drittgrößte Ort Menorcas ist bekannt für seinen Käse »Queso de Mahón« und seine Schuhproduktion. Sehenswert sind die Kirchen Santa Eulária und San Diego sowie der verträumte Friedhof Cementiri. In der Umgebung liegen die prähistorischen Fundstätten Torralba d'en Salort und Torre d'en Gaumés, die größte Anlage dieser Art auf Menorca.

○ BASILICA DE SON BOU

In der Nähe des Strandes findet sich ein mit Mauern abgestütztes Plateau, auf dem sich Reste einer alten Kirche befinden. Die Ruinen stammen aus dem 5. oder 6. Jahrhundert und gehören zu den ältesten Sakralbauten der Insel.

○ COVA DES COLOMS

Mit ihren Ausmaßen erinnert diese Höhle an eine Kathedrale: 24 Meter hoch und 110 Meter lang ist der Hohlraum im Felsen. Was 500 v. Chr. als Begräbnisstätte genutzt wurde, ist heute ein gut besuchtes Naturdenkmal.

○ NAVETAS

Sie sehen aus wie ein umgedrehter Schiffsrumpf, deswegen tragen sie auch den Namen Naveta (»Schiff«). Die so bezeichneten Grabanlagen stammen aus der Zeit zwischen 1000 und 820 v. Chr. Die größten und bekanntesten Anlagen dieser Art sind die Navetas von Rafal Rubí, die Naveta von Binia sowie die Naveta des Tudons.

AUSGEHEN

Cova d'en Xoroi // Es gibt Plätze, die muss man einfach gesehen haben: Die Höhlendiskothek auf Menorca gehört definitiv dazu. Sie befindet sich an Felsen direkt über dem Meer. Wer nicht spätabends hingehen will, trifft sich eben früher. Man kann dort auch schon mittags sitzen, doch traditionell kommt man abends zum Tanz in den Sonnenuntergang.

// www.covadenxoroi.com

Piqniq // Wer den kleinen Snack zwischendurch stilvoll genießen will, der geht in dieses Bistro. Es liegt inmitten von Ciutadella und hat nicht nur Burger zu bieten, sondern auch viele fleischlose Alternativen. Die Küche ist ebenso modern wie das Ambiente.

Cuk Cuk // Nur konsumieren gilt in diesem Restaurant nicht: Im Cuk Cuk bringen die Köche ihren Gästen bei, wie sie Paella und Co. zaubern können. Die Köche legen dabei Wert auf beste Zutaten, die möglichst regional sind. Ein nachhaltiges Vergnügen, weil man die Rezepte dann zu Hause nachkochen kann und sich noch einmal an den Urlaub erinnert.

// www.cuk-cuk.com

STRÄNDE

○ **SON BOU**

Der mit drei Kilometern längste Strand der Insel ist beliebt bei Familien, weil er flach abfällt und feinsandig ist, Duschen und Toiletten runden das Wohlfühlgefühl ab.

○ **CALA MITJANA**

Wer auf dem knapp 180 Kilometer langen Inselrundweg Camí de Cavalls wandert, trifft bestimmt auf

diese Bucht und wird zu einer kleinen Badepause verführt: ein abwechslungsreicher Sandstrand mit hübscher Bucht, übrigens auch gut mit dem Auto erreichbar.

○ **CALA DE MACARELLA**

Zu den Traumstränden der Insel zählt auch dieser mit seinem kristallklaren Wasser und dem weißen Sand. Oftmals wird er mit der Karibik verglichen.

○ **PLATJA CAVALLERIA**

Wer Kontraste liebt, ist an diesem Strand genau richtig: Er liegt eingebettet in eine Dünenlandschaft, gelber Sand bildet einen Gegensatz zu den roten Felsen. Es ist ein Naturstrand ohne Serviceeinrichtungen, also etwas für Puristen.

ÜBERNACHTEN

Grupotel Macarella Suites & Spa // Dieses Vier-Sterne-Haus ist ein klassisches Ferienhotel im gehobenen Stil. Die Zimmer sind teilweise sehr groß, die Anlage weitläufig, trotzdem bleibt die Atmosphäre gemütlich und heimelig.

// www.tui.com

Boutique Hotel Jardí de Ses Bruixes // Mit seinen 16 Zimmern bietet dieses Hotel ein Refugium jenseits des Massentourismus. Die Zimmer sind individuell ausgestattet, manche sogar mit eigenem Kamin, es ist im Stile eines Palazzos errichtet.

// www.hotelsesbruixes.com

Hotel Albranca // Obwohl es in der Stadt liegt, wirkt dieses Haus wie eine kleine Farm. Dieses Bild ruft zum einen seine Bauweise hervor, zum anderen das viele Grün in den Innenhöfen und Gärten. Eine Oase der Ruhe mitten im Trubel.

// www.grupelcarme.com

SHOPPING

○ **GIN**

Am Hafen von Menorca findet sich die alte Destille, in der die Engländer ihre Spuren hinterlassen und den Spaniern 1780 die Kunst der Wacholderbranntwein-Herstellung beigebracht haben. Die Destillerie Xoriguer stellt den Branntwein noch immer auf traditionelle Art und Weise her.

// www.xoriguer.es

○ **CAS SUCRER**

Diese Bäckerei ist eine Institution auf der Insel: Seit 1875 duftet es aus der Backstube dieses Hauses: Kleine Plätzchen oder große Ensaïmadakringel, klebriges Nougat oder Schokoladenspezialitäten – an diesem Haus führt kein Weg vorbei.

○ **MASCARO**

Handgearbeitete Taschen oder Schuhe finden sich in dieser Boutique, die ihre Ursprünge auf der Insel hat. Ob kleine Täschchen oder rote hochhackige Pumps, es ist für viele Geschmäcker Passendes dabei.

// www.mascaro.com

AUF KEINEN FALL VERPASSEN

RUND UM ES MERCADAL

Der Ort mit seinen weiß getünchten Häusern wird überragt von einer zum Restaurant umgebauten Windmühle. Auch ansonsten ist Mercadal bekannt für seine ausgezeichneten Restaurants. Einen Besuch wert sind die Reste der riesigen maurischen Zisterne Aljub, die noch heute genutzt wird. Wer gern wandert, sollte den nahe gelegenen Monte Toro besteigen, mit 357 Metern die höchste Erhebung Menorcas mit einer Christusstatue und Rundblick über die Insel. Von Mercadal aus lohnt sich ein Ausflug zum nördlichsten Punkt Menorcas, dem 90 Meter hohen Cap de Cavalleria mit seinem Leuchtturm. Ebenfalls eine Stippvisite wert ist der Ort Fornells an einer tief ins Land ragenden Bucht, an der ein schöner Sandstrand, ein Golfplatz und das Spezialgericht »caldereta de langosta«, ein köstlicher Langusteneintopf, warten.

DEN PARC NATURAL DE S'ALBUFERA DES GRAU ERKUNDEN

In der landschaftlichen Idylle des nordöstlichen Menorcas liegt das Naturschutzgebiet Parc natural de s'Albufera des Grau. Der etwa 1947 Hektar umfassende Naturpark besteht aus Feuchtgebieten, Landflächen und einer von drei Sturzbächen mit Süßwasser gespeisten Lagune, die durch einen Dünengürtel vom Mittelmeer getrennt ist. An der Küste gibt es sowohl Strände als auch felsige Bereiche. Das Ende 1993 zum UNESCO-Biosphärenreservat erklärte Gebiet ist der ideale Ort für Tierbeobachtungen. Mehr als 100 Vogelarten finden sich hier sowie über 200 verschiedene Pflanzenarten wie Schilfrohr, Binsen und Rohrkolben. Zu den hier vorkommenden Vogelarten gehören unter anderem Zwergtaucher, Stelzenläufer und Schilfrohrsänger, als Zugvögel überwintern hier zum Beispiel Graureiher, Kormorane und Löffelenten. Ein Besucherzentrum informiert über Flora und Fauna des Parks. Wanderwege führen durch herrliche Wälder und Seenlandschaften zu den Sanddünen hinter der Playa del Grau nahe dem angrenzenden Fischerdorf Es Grau, wo man in einem Strandrestaurant ausruhen kann.

KÄSE UND WACHOLDERSCHNAPS

Vielleicht nicht beides auf einmal, aber doch mindestens einmal sollte man Menorcas kulinarische Spezialitäten gekostet haben. Der Queso de Mahón wird nach wie vor aus Rohmilch von Hand gefertigt, die Originale erkennt man übrigens an dem Tuchabdruck auf der Rinde. Aus der englischen Herrschaft überlebte der Gin, auch bis heute traditionell hergestellt.

#04   IBIZA

AUCH HEUTE NOCH IST DER NAME IBIZA AUFS ENGSTE MIT DER VORSTELLUNG VON EXZENTRISCHEN PARTYGÄNGERN
VERKNÜPFT, DIE SICH HEISSE INSELNÄCHTE UM DIE OHREN SCHLAGEN. UND TATSÄCHLICH BEFINDEN SICH MIT »PRIVILEGE«,
»PACHA« UND »CAFÉ DEL MAR« EINIGE DER BEKANNTESTEN KLUBS EUROPAS AUF DER INSEL. DOCH IBIZA LÄSST SICH
NICHT AUF SEINE NIGHTLIFE-SZENE REDUZIEREN. AUF DEN KNAPP 600 QUADRATKILOMETERN INSELFLÄCHE TREFFEN
UNTERSCHIEDLICHE WELTEN AUFEINANDER: WÄHREND IM BERGIGEN NORDEN IBIZAS SCHÄFER UND BAUERN AUF DEN
FELDERN IHRE ARBEIT BEGINNEN, NEHMEN FRÜHAUFSTEHER IN IBIZA-STADT DEN ERSTEN KAFFEE EIN, MACHEN ALT- ODER
NEOHIPPIES IN IHREN FINCAS ERSTE MEDITATIONSÜBUNGEN UND SCHLAFEN TOURISTEN NOCH IN IHREN HOTELBETTEN. SO
FINDET JEDER SEINEN PLATZ AUF DER INSEL.

○ EIVISSA

Die Hauptstadt Ibizas ist eine karthagische Gründung
und eine der ältesten mediterranen Metropolen. Verschachtelte weiße Häuserkuben und eine ockerfar-
bene Festungsmauer rundherum, überragt von der
Kathedrale, prägen das Bild der Altstadt. Sie besteht
aus zwei Teilen: der Oberstadt Dalt Vila innerhalb der
Festungsmauern und der Unterstadt mit dem ehemaligen Fischerviertel Sa Penya und dem alten Hafenviertel La Marina. Hier beginnt für viele Besucher die
Stadterkundung, vorbei am Korsarendenkmal in der
Passeig des Moll, schräg gegenüber der Kirche Sant
Elm. Durch das Viertel Sa Penya zieht sich die schmale Carrer de la Verge hindurch mit all den Boutiquen,
die den spielerisch verwahrlosten Ibiza-Look berühmt
gemacht haben.

DALT VILA

Die befestigte Altstadt von Ibiza-Stadt ist ein Grund
dafür, dass Ibiza zum UNESCO-Weltkulturerbe ernannt

wurde. Beim Schlendern durch die engen Gassen fühlt
man sich ins Mittelalter zurückversetzt.

KATHEDRALE SANTA MARIA

Sie thront inmitten der Altstadt von Ibiza-Stadt und
ist fast von jedem Punkt der Stadt aus sichtbar. Ursprünglich im gotischen Stil errichtet, wurde die Kathedrale im 18. Jahrhundert im Barockstil umgebaut.

MUSEO DE ARTE CONTEMPORÁNEO

Im Museum für zeitgenössische Kunst in Ibizas Hauptstadt werden vor allem Werke einheimischer Künstler
gezeigt. Die Ausstellungen wechseln vierteljährlich.

NECROPOLIS DEL PUIG DES MOLINS

In Ibizas Hauptstadt befindet sich eine der größten
punischen Begräbnisstätten weltweit: Knapp 3500
gut erhaltene Grabkammern und Sarkophage wurden in der Nekropole, der Totenstadt, entdeckt und
können heute dort besichtigt werden.

*Oben: Die Altstadt von
Eivissa gehört seit dem
Jahr 1999 zum UNESCO-
Weltkulturerbe.*

*Links: Die kleine Bucht
Cala d'Hort auf Ibiza
bietet fantastische
Aussichten, unter
anderem auf die
vorgelagerte Insel
Es Vedrà.*

FÜR WEN GEEIGNET? PARTY-PEOPLE! NIRGENDWO WIRD SO GUT GEFEIERT WIE AUF IBIZA. JEDEM MUSIKGESCHMACK, JEDER COCKTAILPRÄFERENZ WIRD MAN HIER GERECHT WERDEN. DOCH AUCH WENN MAN LIEBER SCHLÄFT, STATT SICH DIE NACHT UM DIE OHREN ZU SCHLAGEN, UND DAFÜR GERN AM TAG WAS ERLEBT, HAT DIE INSEL EINIGE SCHÖNE ORTE ZU BIETEN.

MUSEO ARQUEOLÓGICO

Bereits das Äußere des Archäologischen Museums in Ibiza-Stadt entführt seine Besucher in vergangene Zeiten. Im Inneren werden Exponate aus der Urgeschichte der Insel bis hin zum Christentum gezeigt.

IGLESIA DE SANT RAFEL

Charakteristisch für die Kirche ist ihr pyramidenförmiger Glockenturm mit einer kleinen Kuppel. Das Bauwerk erinnert an einen arabischen Bau und ist wohl die ungewöhnlichste Kirche der Insel.

PUERTO DE IBIZA

Gigantische Kreuzfahrtriesen, kleine Fischerboote oder teure Jachten: Im mondänen Hafen von Ibiza-Stadt können sich Seefahrtfreunde nicht satt sehen.

○ PLAYA D'EN BOSSA

Nicht nur, weil sich hier der längste Strand der Insel befindet ist, ist Playa d'en Bossa der beliebteste Ferienort der Insel. Das berüchtigte Nachtleben in vielen Clubs zieht Feierwütige aus aller Welt an.

○ NATURSCHUTZGEBIET SES SALINES

Die Region umfasst neben Salzgewinnungsbecken auch weitläufige Seegrasfelder. Hier sind viele seltene Tierarten heimisch. Mit ein bisschen Glück kann man in dem UNESCO-Welterbe sogar Flamingos beobachten.

○ CAP JUEU

Fährt man in südwestlicher Richtung von Eivissa über Sant Josep de sa Talaia und Cala d'Hort, gelangt man zum Cap Jueu, der Südwestspitze der Insel. Nach einem kleinen Fußmarsch erreicht man hoch über der Steilküste den Torre del Pirata (18. Jahrhundert).

○ MIRADOR DEL SAVINAR

An der Südwestspitze der Insel befindet sich Ibizas schönster Aussichtspunkt. Der Rundumblick zu den vorgelagerten Inseln ist bei klarem Wetter spektakulär. In der Nähe liegt außerdem ein sehenswerter alter Wehrturm.

○ SANT ANTONI DE PORTMANY

Sant Antoni ist eines der großen Touristenzentren Ibizas mit einem durchaus sehenswerten alten Stadtkern. Leider ist der Blick darauf durch mehr als 90 Hotelburgen weitgehend verstellt. Frequentiert werden

Links oben: Ibiza ist Partyinsel. Ihren Höhepunkt erlebt die Feierei noch mal gegen Ende der Saison im September.

Links unten: Am Cap Jueu hat man nicht nur einen herrlichen Blick auf die Insel Es Vedrà, sondern kann auch den ehemaligen Wachturm Torre del Pirata erkunden, der in dramatischer Lage an der Steilküste steht.

sie von einem weitgehend jugendlichen Publikum, was für eine ausgesprochen lebendige, oft turbulente Atmosphäre sorgt – nicht nur nachts, sondern auch tagsüber an den umliegenden Stränden entlang der Bucht Badia de Sant Antoni, wie Cala Tarida, Cala Comte, Cala Bassa, Cala Grassico, Cala Salada und Punta Sa Galera.

○ CALA DE SANT VICENT

Von beiden Seiten durch bewaldete Steilküsten eingefasst, findet sich hier einer der schönsten Orte der Insel. In der Nähe der Bucht liegt zudem die Tropfsteinhöhle Es Culleram.

○ SANTA EULÀRIA DES RIU

Wer dem Trubel in Eivissa zumindest zeitweise entfliehen und die Insel erkunden möchte, sollte sich zurück in Richtung Osten bewegen bis zu diesem wesentlich ruhigeren Ort, sogar auf dem hiesigen »Laufsteg« Passeig de S'Alamera. Überragt wird das Städtchen von den weißen Mauern der Kirche Santa Eulária (16. Jahrhundert) auf einem 52 Meter hohen Hügel.

○ PONT VELL

Um die romantische Brücke aus dem 16. Jahrhundert, die in der Nähe von Santa Eulária liegt, ranken sich zahlreiche Mythen und Legenden, die zu ihrem Beinamen »Teufelsbrücke« führten.

AUSGEHEN

Diskothek Pacha // Seit dem Jahr 1973 wird in dieser umgebauten historischen Finca in Ibiza-Stadt wild gefeiert. Inzwischen hat sich das Pacha zu einer weltweiten Marke mit Dependancen in der ganzen Welt entwickelt.

// pachaibiza.com

Diskothek Privilege // Mit Platz für über 14 000 Menschen ist das Privilege in der Nähe von Sant Rafel der größte Club der Welt. Getanzt wird hier unter freiem Himmel und rund um die Uhr. *Der* Spot, um die Nacht zum Tag zu machen.

// privilegeibiza.com

Amante // Wer einen ruhigeren Abend dem Clubbing vorzieht, der bestellt sich einen Drink und genießt den weiten Panoramablick aufs Meer. Das Restaurant an der Cala Nova verwöhnt mit erstklassiger Küche und lohnt auf jeden Fall einen Besuch. Auch Mittag essen kann man dort in schöner Atmosphäre.

// www.amanteibiza.com

Rechts: Kleine Gassen mit Steinmauern, über die sich üppige Bougainvilleen recken, bieten die kleinen Dörfer Ibizas wie etwa hier in Santa Eulária des Riu. Man merkt dort nur wenig vom Trubel, der mancherorts in Ibiza vorherrscht.

STRÄNDE

○ PLAYA DE LAS SALINAS

Benannt ist dieser Strand nach den Salzfeldern, die man auf dem Weg dorthin durchquert. Das kristallklare Wasser sowie die zahlreichen Beachbars machen ihn zum »In-Treff« der Insel.

CALA BASSA

Fraglos zählt diese Bucht in der Nähe von San Antonio zu den schönsten der Insel. Türkisfarbenes Wasser, feinster Sand und gemütliche Strandbars machen den Strand zu einem beliebten Ausflugsziel für Einheimische wie für Touristen.

AGUAS BLANCAS

Türkisfarbenes Wasser, steile Klippen und unverbaute Natur. Dieser Strand in der Nähe von San Carlos ist ein Magnet für Touristen und Einheimische. Manche Besucher schmieren sich mit dem roten Lehm der Klippen ein, der gut für die Haut sein soll.

SHOPPING

HIPPIEMARKT LAS DALIAS

Jeden Samstag von Juni bis Oktober kann man in San Carlos zwischen 10 und 20 Uhr ein buntes Treiben erleben. Farbenfroh sind hier nicht nur die angebotene Mode, der Schmuck und die Accessoires, sondern auch die Standbesitzer und Marktbesucher.

PASSEIG DE VARA DE REY

Diese Prachtstraße von Ibiza-Stadt lädt mit exklusiven Boutiquen und Läden zum Schaufensterbummel und Shoppen ein. Ein Besuch lohnt sich auch wegen der häufig dort stattfindenden Konzerte und netten kleinen Straßencafés.

FÁBRICA DE LICORES ANISETA

Seit 1925 wird in Ibiza-Stadt der berühmte Kräuterlikör Hierbas hergestellt. Mehr als 20 verschiedene Kräutersorten werden dabei verarbeitet. Der Weg dorthin lohnt sich nicht nur wegen der tollen Mitbringsel, sondern vor allem auch wegen der leckeren Verkostung vor dem Kauf.

KUNSTHANDWERKSMARKT SANT RAFEL

Dieser Markt in Sant Rafel ist vor allem für seine Handwerkskunst aus Ton und Keramik bekannt. Aber auch frische Früchte, Säfte und Naschereien gibt es. Der Markt hat von Juni bis September immer donnerstagsabends geöffnet.

ÜBERNACHTEN

Agroturismo Can Jaume // Diese am Rand des Dorfes Puig d'en Valls gelegene Hotelanlage ist ein luxuriöses Landgut und verspricht viel Erholung im Grünen. Bis nach Ibiza-Stadt sind es rund zwei Kilometer.
// canjaume.org

One Ibiza Suites // Die Lage des Hotels direkt am Strand zählt zu den besten von ganz Ibiza-Stadt. Infinity-Pool, Whirlpool und Terrasse mit Meerblick – hier lässt es sich köstlich entspannen und auf einen langen Abend in der Partystadt vorbereiten.
// www.oneibizasuites.com

Hotel La Ventana // Mit den historischen Mauern von Dalt Vila vor der Nase und unzähligen Restaurants und Bars in unmittelbarer Nähe ist ein Aufenthalt in diesem bunten Hotel ein einmaliges Erlebnis. Die 13 Zimmer sind liebevoll und charmant eingerichtet. Zwar gibt es kein Restaurant im Hotel, dafür aber eine nette Bar und eine Dachterrasse.
// www.laventanaibiza.com

AUF KEINEN FALL VERPASSEN

DEN SONNENUNTERGANG AM STRAND CALA BENIRRAS BEOBACHTEN

Wer es romantisch mag, darf auf dieser Trauminsel keinen Sonnenuntergang verpassen. Am besten nimmt man sich eine gute Flasche Wein und etwas spanischen Schinken mit und macht es sich für dieses farbenfrohe Naturspektakel am Strand der Cala Benirras gemütlich.

EINEN COCKTAIL IM CAFÉ DEL MAR GENIESSEN

Im berühmten Café del Mar zu sitzen, der entspannten Musik zu lauschen und dabei am besten noch den Sonnenuntergang zu bestaunen, bringt selbst gestresste Workaholics zur Ruhe.

AN DEN STEILKÜSTEN ENTLANGWANDERN

Wo könnte der Blick über Ibizas Meer imposanter sein als bei einer Steilküstenwanderung? Nehmen Sie sich Zeit für solche Spaziergänge. Am besten plant man die Routen so, dass man an einem der vielen Traumstrände endet und sich hier vom Marsch erholen kann.

LECKERE FISCHGERICHTE SCHLEMMEN

Frischer kann man Fisch wohl nicht genießen als in einem der zahlreichen Hafenrestaurants der Baleareninsel. Ob Krustentiere, Tintenfisch oder Katzenhai, die Speisekarten sind voll von leckeren mediterranen Köstlichkeiten.

DURCH DIE ALTSTADT VON IBIZA-STADT SPAZIEREN

Wer es etwas ruhiger und kultureller mag, nimmt sich Zeit, um durch die malerische Altstadt von Eivissa zu schlendern. Vor allem Hobbyfotografen finden hier wunderschöne Motive. Die Altstadt ist nicht nur am Tag ein Highlight, am Abend und in der Nacht bezaubern die mit Strahlern angeleuchteten Fassaden mit einem besonders romantischen Flair.

#05   FORMENTERA

DIE NUR ETWA 100 QUADRATKILOMETER GROSSE SCHWESTERINSEL IBIZAS, FORMENTERA, GILT NOCH IMMER ALS EILAND FÜR JENE, DIE REIF FÜR DIE INSEL SIND. DIE ANZIEHUNGSKRAFT FÜR SENSIBLE BERUHT NICHT ZULETZT AUF IHREN EINZIGARTIGEN LICHTEFFEKTEN. DIE STRÄNDE HABEN DEN RUF, ZU DEN SCHÖNSTEN IM MITTELMEERRAUM ZU GEHÖREN, DARUNTER DIE VON ILLETES UND LLEVANT IM ÄUSSERSTEN NORDEN, WO AUCH DER SCHMALE PARC NATURAL DE SES SALINES GELEGEN IST. IM SÜDEN DER INSEL ERSTRECKT SICH SECHS KILOMETER LANG DIE PLATJA DE MIGJORN. SANDIGE BUCHTEN WECHSELN SICH ALLERORTEN AB MIT KLIPPEN, PINIENWÄLDER MIT KORNFELDERN UND WEINGÄRTEN, DAZWISCHEN IMMER WIEDER EINSAM STEHENDE FINCAS. DER DUFT VON ROSMARIN, LAVENDEL UND THYMIAN HÄNGT FAST ÜBERALL IN DER LUFT UND BEFLÜGELT RADFAHRER ODER WANDERER AUF DER STRECKE VON LA SAVINA BIS SANT FRANCESC UND VON DORT ÜBER SANT FERRAN DE SES ROQUES BIS NACH EL PILAR DE LA MOLA IM ÄUSSERSTEN OSTEN DER INSEL.

Oben: Im Nordosten Formenteras liegt der kleine Fischerort Es Caló de Sant Agustí, der mit einem hübschen Strand in der Nähe aufwarten kann. Das Wasser ist türkisblau und glasklar.

Links: Paradiesisch schön zeigt sich die Platja de Ses Illetes ganz im Norden der Insel.

○ SANT FRANCESC

Der Hauptort der Insel zählt 1500 Einwohner und ist geprägt von einem sehr gemächlichen Leben. Im Gegensatz zu den Schwesterinseln geht hier alles ruhig und gelassen zu, selbst in der Hochsaison, wenn die Boutiquen und Cafés aus allen Nähten zu platzen drohen. Das alte Rathaus am Marktplatz wird heute für Kunstausstellungen genutzt, nebenan steht eine Wehrkirche, deren dicke Mauern an die Zeiten der Piraten erinnern, und im Heimatkundemuseum erfahren Besucher etwas über die Traditionen auf der Insel.

○ S'ESPALMADOR

Eine Insel vor der Insel erkunden? Das macht immer besonderen Spaß. S'Espalmador heißt das unbewohnte Eiland, das sich im Norden der Insel fast in Schwimmnähe befindet. Doch auch wenn es so einfach aussieht, die Strömungen können tückisch sein und eine Bootsfahrt wäre ratsamer. Dann kann man auch Handtuch, Proviant und Sonnenmilch einpacken und sich auf zum Traumstrand S'Alga machen, der sich ebenfalls auf dem Inselchen befindet.

○ CAP DE BABARIA

Schroffe Felsen bilden eine Landschaft wie auf dem Mars, sie endet direkt am Meer, was zu einem beeindruckenden Kontrast führt. Der Leuchtturm sowie die Höhle dort sind die beliebtesten Sehenswürdigkeiten.

○ FARO DE LA MOLA

Bis nach Afrika soll man schauen können: Der Faro de la Mola, der sich als weißer Turm in der Landschaft erhebt, ist eines der am meisten fotografierten Motive der Insel, weil er aussieht, als stünde er am Ende der Welt. Hier hat Jules Verne auch Teile seines Romans »Reise durch die Sonnenwelt« spielen lassen.

FÜR WEN GEEIGNET? FORMEN-
TERA HAT EINE ENGE VERBINDUNG
ZUR HIPPIESZENE, ALSO IST DIE INSEL
GEPRÄGT VOM SÜSSEN LEBEN DER
BLUMENKINDER. KUNSTHANDWERK,
GESUNDES ESSEN UND STILVOLL RENO-
VIERTE ALTE HÄUSER BEHERRSCHEN
DIE SZENERIE. DOCH NICHT NUR: FOR-
MENTERA GILT AUCH ALS »KLEINE
MALEDIVEN« SPANIENS, WER ALSO
GERN DIE UNTERWASSERWELT ERKUN-
DEN WILL UND KEINEN GROSSEN GELD-
BEUTEL HAT, UM IN DEN INDISCHEN
OZEAN ZU FLIEGEN, IST HIER GENAU
RICHTIG.

○ ESTANY PUDENT

Pudent ist ein einheimischer Ausdruck für »stinkend«.
Die Algen, die sich in den kleinen Becken bilden, die
früher als Saline gedient haben, sorgen für einen ei-
genartigen Geruch. Der Anblick aber ist berauschend,
denn der See ist flach wie ein Spiegel.

○ ESTANY DES PEIX

Ein Wasserbecken, das mit dem Meer verbunden ist,
bot einen idealen Schutz für Schiffe und später diente es sogar als Fischzuchtanlage. Es wurde auch als
Saline genutzt, heute ist das Becken vor allem Zu-
fluchtstätte etwa für Basstölpel und andere Vögel.

○ CAMÍ DE SA PUJADA

Dieser Wanderweg zählt zu den schönsten auf der
Insel, denn er führt von der Küste in die Hochebene,
durch duftende Kiefernwälder, entlang an herrlichen
Aussichtsplattformen, von denen aus man bis nach
Ibiza schauen kann.

*Oben: In Es Calo warten
die Fischerboote noch auf
ihren täglichen Einsatz.*

*Links oben: Am Ausläufer
des populären Migjorn-
Strandes liegt der ruhige
Strandabschnitt
Playa d'Es Copinar.*

*Links unten: Der
Hippiemarkt bei El Pilar de
la Mola ist Anziehungs-
punkt für Künstler.*

ES CALO

Ein typischer kleiner Fischerort mit Holzhütten am Strand und Booten im natürlichen Hafen. Hier ist wenig los, vor allem in den Cafés direkt am Hafen lässt es sich gut sitzen, entspannt schlemmen und dabei aufs Meer blicken.

CA NA COSTA

Wer es mystisch mag, ist hier genau richtig: Dieser Dolmen gehört zu den spektakulärsten der Insel. Er wurde erst 1974 entdeckt, ist aber wohl mindestens 4000 Jahre alt. Vermutlich handelt es sich um eine Grabanlage; die Aufteilung und Symmetrie des Steinbaus sind beeindruckend.

AUSGEHEN

Es Moli de Sal // Reist man mit der eigenen Jacht auf die Insel und ankert direkt vor dem Restaurant, sticht ein Ruderboot in See und holt seine Gäste ab. Direkt über dem Meer thront dieses Restaurant, auf der Karte stehen typische Fischgerichte.

// www.esmolidesal.es

El Mirador // Wer bei Panoramaaussicht speisen möchte, ist hier genau richtig: In diesem Restaurant kann man die gesamte Insel überblicken. Auf der Karte stehen typische Gerichte wie Paella oder Fisch, aber auch Gemüsevarianten für Vegetarier.

Claro // Ganz in Weiß gehalten, mit ein wenig Südstaatenflair ist dieses kleine Café auf Formentera. Es gibt Snacks oder nachmittags Süßes zum Kaffee – ein hübscher Platz für eine kleine Pause, denn es ist keine typische Touristenfalle.

// www.claroformentera.es

Rechts: Die Platja de Ses Illetes gilt zu Recht als beliebtester Strand der Insel. Der flach ins Meer abfallende Strand bietet feinsten Sand und jede Menge touristische Infrastruktur.

STRÄNDE

MIGJORN-STRAND

Wie eine Perlenkette reihen sich die Sandbuchten aneinander, kleine Felsen trennen die einzelnen Buchten, was sie lieblicher erscheinen lässt und auch Schnorchler erfreut. Allerdings herrschen hier mitunter gefährliche Strömungen, deswegen sollte die Rote Flagge am Strand absolut ernst genommen werden.

PLATJA DES TRUCADORS

Dieser Strand ist einfach ein Traum: Weißer, feiner Sand erstreckt sich kilometerlang, davor liegt glasklares Wasser. Dass das Meer so klar ist, liegt an den riesigen Seegraswiesen, die sich unter Wasser ausbreiten und UNESCO-Weltkulturerbe geworden sind.

PLATJA DE SES ILLETES

Er ist wohl der beliebteste Strand der Insel, denn er hat eine Meerseite und kurz dahinter eine zum Binnenland zugewiesene; kleine Inseln sind zudem vorgelagert, und Strandbars versorgen in der Saison der Gäste.

SHOPPING

○ HIPPIEMARKT LA MOLA

Zweimal in der Woche (Mittwoch und Sonntagnachmittag) treffen sich bunte Gestalten auf dem Platz nahe El Pilar de la Mola. Dann findet auf der Insel der Hippiemarkt statt. Alle Produkte sind auf Formentera gefertigt, es gibt nicht nur Keramiken, sondern auch ausgefallene Kleidung und gutes Essen. Musikdarbietungen runden das Programm ab.

○ MAJORAL

Ein wenig in den Bergen versteckt befindet sich der Showroom des Juweliers Enric Majoral. Der Designer hat eine enge Verbindung zur Insel, die Stücke entstehen hier und sind inspiriert von den Farben und Formen des Meeres. Das Atelier kann besichtigt werden.

○ BLINK FORMENTERA

Immer der Zeit ein wenig voraus ist dieser Konzept-Store, der Designerstücke führt. Ob Stühle, Taschen oder Spielzeug, irgendwie wird hier fast jeder fündig.

ÜBERNACHTEN

RIU La Mola // Eine wunderschöne Ferienanlage ist dieses Hotel, das direkt am Sandstrand liegt. Die Pools bieten Entspannung jenseits der Meereswellen und die Terrassen weitläufige Möglichkeiten zum Kaffeetrinken und aufs Meer blicken. Dass es nicht langweilig wird, dafür sorgt ein umfassendes Animationsangebot.

Hotel Marès // Sandsteinmauern prägen dieses kleine Haus, das mit seinen 18 Zimmern sehr übersichtlich ist. Der Bau ist modern und im Architektenstil gehalten, die Anlage liegt an einer Felsbucht und bietet von den Terrassen schöne Blicke.

// www.hotelesmares.com

Bungalows Paraiso de los Pinos // In einen Palmenhain eingebettet befindet sich diese Bungalowanlage, die zu den gehobenen zählt. Manche Zimmer haben einen privaten Pool, aber der nahe Sandstrand lässt sich kaum übertreffen.

// www.bungalowsparaiso
delospinos.com

AUF KEINEN FALL VERPASSEN

WEIN TRINKEN

Dass auf Formentera Reben wachsen, würde man auf den ersten Blick gar nicht vermuten, denn die Insel wirkt flach und eher trocken. Doch seit dem 13. Jahrhundert kennen die Insulaner die Kunst des Kelterns. An den höchsten Stellen der Insel bauen sie die sonnenhungrigen Pflanzen an, in Terramoll und Cap de Babaria. Monastrell heißt die Weinsorte, die auf den sandigen, tonigen Böden gedeiht.

IN DER HOCHEBENE WANDERN

Mit nur 190 Metern erhebt sich der höchste Punkt von der Insel – die Hochebene La Mola ist aber dennoch ein Mikrokosmos für sich. Wilder Rosmarin und Pinien senden ihre Aromen in die Luft, der Blick schweift in die Weite auf das kristallblaue Meer – dennoch hört man die Grillen lauter als die Brandung. So hört sich Sommer auf der Hochebene La Mola an.

EINE BOOTSTOUR NACH IBIZA

Wer länger auf Formentera weilt, dem kann schon mal der Touristentrubel fehlen. Da bietet sich ein Ausflug mit dem Boot nach Ibiza an. Es liegt nur etwa eine halbe Stunde mit der Fähre entfernt. Da Formentera sowieso keinen eigenen Flughafen hat und per Fähre angelaufen werden muss, lohnt es sich, die beiden Inseln einfach zu kombinieren, entweder auf der Hin- oder auf der Rückfahrt oder bei beidem. Die Fähren brauchen unterschiedlich lang für die Strecke, die Autofähre absolviert die Strecke am langsamsten.

DAS PRALLE LEBEN IN ES PUJOLS GENIESSEN

Manchmal sind Geheimtipps auch zu ruhig. Stille und Gelassenheit sind schön und gut, aber mitunter braucht man auch Menschen, Trubel und Party. Dafür ist Es Pujols der richtige Ort mit seinen Boutiquen, Cafés, Restaurants und Diskotheken. Es gibt Fahrradverleihstationen und Souvenirläden, Biergärten und Tangobars. Sogar ein deutscher Bäcker hat sich dort angesiedelt und verkauft Mohnbrötchen.

#06   ELBA

DIESER NAME! ELBA. MAN HÖRT IHN UND HAT SCHON ASSOZIATIONEN IM KOPF. TÜRKISBLAUES WASSER. SCHROFFE FELSEN. HÜBSCHE, TOSKANISCHE HÄUSER UND VERTRÄUMTE DÖRFER. UND DAZU IMMER WIEDER DAS BILD DES FRANZÖSISCHEN HERRSCHERS NAPOLEON, DESSEN 300 TAGE AUF ELBA DER INSEL VERHOLFEN HABEN, IN DIE WELTGESCHICHTE EINZUGEHEN. ELBA SEHEN, OHNE NAPOLEONS SPUREN ZU BEGEGNEN, IST FAST UNMÖGLICH. EINE MINERALWASSERQUELLE TRÄGT SEINEN NAMEN UND SEIN PALAST IST BIS HEUTE DIE WICHTIGSTE SEHENSWÜRDIGKEIT DER INSEL: ELBA IST IMMER AUCH EINE REMINISZENZ AN NAPOLEON. DOCH DIE INSEL NUR UNTER DIESEM STEMPEL ZU VERBUCHEN, TÄTE IHR UNRECHT, DENN DIE LIEBLICHE SCHÖNHEIT, DIE SIE MIT IHREN DUFTENDEN WIESEN UND WÄLDERN VERBREITET, IST BETÖREND. ELBA BLEIBT EIN NACHHALTIGES ERLEBNIS FÜR DIE SINNE.

Oben: Am Kanal von Piombino liegt der kleine Ort Rio Marina, der mit einem schwarzen Strand aufwarten kann.

Links: Wie schön Portoferraio ist, erkannte bereits der Schriftsteller und Historiker Ferdinand Gregorovius (19. Jahrhundert), als er den Ort als »so graziös toskanisch, so lieblich und so klein« beschrieb und von »weltabgeschiedenem Wohlbehagen« schwärmte.

○ PORTOFERRAIO

Wie die Zuschauertribünen eines Stadions dehnen sich die in Reihe aneinandergebauten Häuser entlang des Hafenbeckens aus. Rote Tondächer, pastellig-zarte Gelbtöne der Fassaden – ein beliebtes Fotomotiv. Die Felsen formen eine Bucht, die als natürlicher Hafen schon von den Etruskern genutzt wurde.

VILLA MULINI

Die Villa war einst die Winterresidenz von Napoleon. In dem zweistöckigen Gebäude ist heute das Nationalmuseum untergebracht, das mit Stücken aus dem Leben des Herrschers ausgestattet ist – von seiner Lieblingslektüre bis hin zu Möbeln, die er aus Frankreich importieren ließ.

TORRE DEL MARTELLO

Der Hammerturm aus dem Jahr 1548 ist ein imposantes achteckiges Bauwerk am Ende des Hafens. Nebenan befindet sich eine Ausgrabungsstätte.

PIAZZA DELLA REPUBBLICA

Der Hauptplatz der Stadt ist nicht nur berühmt, weil dort einst Napoleons 1000 Soldaten starkes Privatheer aufmarschierte, sondern auch, weil dort heute das Leben der Stadt pulsiert. Nur einen Steinwurf entfernt befindet sich das roséfarbene Rathaus mit dem schönen Innenhof, und fast nebenan zeigt die Pinakothek der Insel Kunstwerke aus dem 19. Jahrhundert.

FESTUNGEN

Die Stadt hat nicht nur die Falcone-Festung mit ihrem wunderbaren Panorama zu bieten, sondern auch Forte Stella, ein rosafarbenes, achteckiges Bauwerk aus dem Medici-Besitz, das auch mit einem herrlichen Blick punktet.

PORTA AL MARE

Den ehemals einzigen Zugang zwischen Hafen und Stadt markiert ein rundbogiges Tor, durch das die Besucher in die Stadt gelangen.

FÜR WEN GEEIGNET? ELBA HAT VIELE GESICHTER, DAS MACHT DIE INSEL SO SPANNEND. SIE LÄSST SICH NICHT KLASSIFIZIEREN ALS REFUGIUM DER REICHEN ODER ALS KLASSISCHES WANDERZIEL. WER NACH ELBA FÄHRT, KANN AUF DEN HISTORISCHEN PFADEN DER ETRUSKER EBENSO WANDELN WIE EINFACH NUR ZEIT AM STRAND VERBRINGEN ODER AUF HOHEM NIVEAU SPEISEN. UND ZWISCHENDRIN FINDEN SICH AUCH IMMER NOCH RESTAURANT-GEHEIMTIPPS, BEI DENEN MAN NICHT TIEF IN DIE TASCHE GREIFEN MUSS.

○ VILLA SAN MARTINO

300 Tage lang soll er auf dieser Insel im Exil gelebt haben: Napoleon Bonaparte ist es zu verdanken, dass Elba plötzlich vom unbedeutenden Ort auf der Landkarte zu einem Platz der Weltpolitik aufgestiegen und aus den Geschichtsbüchern nicht mehr wegzudenken ist. Sein Aufenthalt hat auch die Insel maßgeblich verändert. Er einte die Insel zu einem Staat, kurbelte Hafenbetrieb und Handel an. Die Flagge, die der Kaiser damals hisste, ist heute noch das Wahrzeichen der Insel: eine weiße Fahne mit einer roten Diagonale, die von drei goldenen Bienen geziert ist. Sie weht auch über der Villa San Martino, dem einstigen Kaisersitz auf Elba und heute wichtigster Sehenswürdigkeit für viele Besucher. Wie hat der Herrscher auf dieser kleinen Insel gelebt? Darüber gibt der Palast, der längst Museum geworden ist, Auskunft. Man kann das Bett von Napoleon sehen und staunen, wie kurz es ist, erfährt in seinen Gemächern bei einer Führung einiges über seine Mätressen und lässt sich von den Repräsentativräumen beeindrucken. Trotz der weltgeschichtlichen Anmutung verströmt die Villa bis heute einen ländlichen Charme. Auch der Demidoff-Palast unterhalb der Anlage lohnt einen Besuch.

○ FONTE NAPOLEONE

In Restaurants und Kneipen steht es auf dem Tisch: Fonte Napoleone heißt das wohl beliebteste Mineralwasser der Insel. Die Quelle, die nach dem Kaiser und Kriegsherrn benannt worden ist, kann man als Tourist besuchen. Sie liegt an der Straße nach Poggio. Wer Flasche oder Kanister mitbringt, legt sich einen Vorrat des guten Tropfens an und das ganz kosten-

Oben: Durch den Demidoff-Palast unterhalb der Villa San Martino betritt man die ehemalige Sommerresidenz von Napoleon. Seine Entstehung verdankt der Palast dem Prinz Demidoff, einem entfernten Verwandten von Napoleon. Er ließ das Gebäude im Jahr 1851 errichten; es fungierte zunächst als eine Kunstgalerie.

Links oben: die romantische Bucht Innamorata und die Gemini-Felsen.

Links unten: das Bergdorf Poggio.

Rechts: Die Spiaggia di Cavoli an der Südküste Elbas ist vor allem bei jungen Leuten beliebt, die gern ein bisschen feiern wollen. Landschaftlich ist er wunderschön in einer Bucht gelegen.

los. Allerdings kann es zu Wartezeiten kommen, denn der Ort ist bei Urlaubern sehr beliebt.

○ MARCIANA

Es ist, als hätte jemand eine Treppe im Gebirge bebaut: Die älteste Siedlung der Insel fügt sich wie ein Nest mitten in den Wald. Steile, enge Gassen, schattige Plätze und ein gleichförmiges Gemenge von Häusern machen den Charme dieses Ortes aus. Wer Burgen liebt, steigt zur Festung Casa del Parco hinauf.

○ STEINMONSTER

Ist es ein Tier? Oder eine Grimasse? Manchmal stemmen Wind und Wetter merkwürdige Formen aus den Felsen. So ist es am Fuß des Monte Giove über Jahrhunderte passiert. Dort zeigen sich Formen im Gestein, die den Namen »Steinmonster« bekommen haben und gern Postkarten und Souvenirs zieren.

AUSGEHEN

Emanuel // Unter dem knorrigen Stamm des weiß gekalkten Feigenbaums sitzen, aufs Meer schauen und überlegen: Esse ich heute Tintenfisch oder Pasta? Bei Emanuel ist es verwunschen-romantisch und die Küche überzeugt mit typischen Rezepten der Region.
// www.emanuel-ristorante.it

Taverna die Poeti // Seit mehr als 100 Jahren existiert dieses Lokal schon, und die Tradition merkt man den Speisen an. Sie schmecken oftmals wie von Mama gekocht. Spezialität ist Stockfisch, aber auch gegrillter Fisch.
// www.latavernadeipoeti.com

Tamata // Feinschmecker gehen auf Elba ins Tamata. Die Speisen sind wie ein kleines Kunstwerk angerichtet, je nach Saison auch in bunten Blütentönen. Echte Gourmetqualität mit Augenschmaus, die natürlich ihren Preis hat.
// www.tamataristorante.it

○ CAPOLIVERI

Wie Marciana betört dieser Weiler mit seinem mittelalterlichen Charakter. Der gesamte Ort ist festungsähnlich angelegt, eng stehen die Häuser beieinander und wirken wie eine Steinkrone mitten im Wald. Es zählt zu den schönsten Dörfern der Insel und entführt in ländliche Idylle.

○ MENHIRE SASSI RITTI

Vier große Steine ragen aus der Landschaft auf. War es einst eine Totenstätte oder ein Kultort? Genaues weiß man nicht. Die Menhire Sassi Ritti stehen seit 11 000 Jahren dort und verströmen eine eigenartige Kraft.

○ PIETRA MURATA

Rund um den kleinen Ort finden sich Reste früher Siedlungen der Etrusker. Unter den Felsen entstanden kleine Hütten; Steinhäuser und ein Ausguck sind heute noch vorhanden. Und wie überall auf Elba findet man mitten auf den Feldern die kleinen Ziegenhäuser, die wie Iglus aus Natursteinen aussehen.

STRÄNDE

○ GOLFO DI CAMPO

Eineinhalb Kilometer ist der Sandstrand lang, der als längster der Insel gilt. Eine Strandpromenade sorgt dafür, dass man nicht nur im Sand liegt, sondern auch schön am Meer entlangspazieren kann. Im Hochsommer ist der rückseitig liegende Pinienhain eine schöne Schattenquelle.

○ COTONCELLO

Meer und Wind haben diese Felsen glatt geschliffen wie Möbelstücke, dort lässt es sich hervorragend sitzen. Und wer doch feinen Sand unter den Füßen spüren möchte, ist ebenfalls richtig, denn zwischen den Granitbrocken tut sich herrlicher gelber Zuckersand auf.

○ LACONA-BUCHT

Die Spiaggia Grande zählt zu den schönsten Stränden auf Elba. Sanft fällt der pudrige Strand ins türkisblaue Meer. Sie ist auch eine der beliebtesten Badestellen der Insel und verfügt über eine dementsprechend gute Infrastruktur aus Läden, Lokalen und Sportangebot.

SHOPPING

○ STRASSENMARKT PORTO AZZURRO

Samstags morgens ist der traditionelle Markttag in Porto Azzurro. Dann reihen Gemüseverkäufer Tomaten, Melonen und Pfirsiche zu Türmen auf und es entsteht eine Vielfalt, die einem die Entscheidung schwer macht, was man kaufen möchte. Zwischendurch finden sich viele Stände mit Kleidung und Haushaltswaren. In der Hauptsaison gibt es zusätzlich einen Abendmarkt, auf dem Kunsthandwerk zu finden ist.

○ ACQUA DELL'ELBA

Es sieht aus, als hätte jemand türkisblaues Meereswasser in Flakons gefüllt. Und erst dieser Duft: frisch und mit Meeresbrise in der Note. Das Acqua dell'Elba ist in vielen Läden der Insel erhältlich und wirklich ein einzigartiges Mitbringsel, dessen Duft immer ein wenig Urlaub ins Haus bringt. Zur Not auch nachbestellbar im Internet.

// www.acquadellelba.it

○ LOCMAN-UHREN

Den Uhrmachern über die Schulter schauen und sich vielleicht ein exklusives Mitbringsel schenken, dazu lädt Locman ein. Der Uhrenhersteller produziert seine Kollektion auf der Insel, die Werkstätten sind zur Besichtigung geöffnet.

// www.locman.it

ÜBERNACHTEN

Hotel Ilio // Stilvoll und modern eingerichtet präsentiert sich das Hotel Ilio direkt am Strand St. Andrea. Der Garten bietet die perfekte Oase, wenn die Sonne mittags zu sehr auf der Haut brennt und man einmal durchatmen möchte. Die Zimmer sind modern ausgestattet, der Service freundlich, denn das Hotel ist ein Familienbetrieb und das spürt man. Ein sehr gutes Preis-Leistungs-Verhältnis.

// www.hotelilio.com

Castello Monticello // Hochherrschaftlich fühlen sich die Gäste in diesem alten Schloss. Das Gebäude stammt aus dem Jahr 1920 und thront malerisch auf einem Felsen über dem Meer. Die Zimmer sind romantisch ausgestattet, der Blick von der Terrasse aus fantastisch.

// www.hotelcastellomonticello.com

Villa Ottone // Ein Herrenhaus im Rücken mit typisch großen, italienischen Fenstern zur blauen Seeseite, davor ein schattiger Garten aus Palmen und nur wenige Schritte weiter das tiefblaue Meer mit einem Privatstrand. Wer stilvollen Urlaub sucht, ist hier genau richtig.

// www.villaottone.com

AUF KEINEN FALL VERPASSEN

BEI ELBAS MUSIKFESTIVAL MITTANZEN

Im September verwandelt sich die Insel in eine große Bühne. Dann schafft sie innerhalb weniger Wochen die Metamorphose von der Ferien- zur Musikinsel. Isola Musicale d'Europa – »musikalische Insel Europas« – nennt sie sich, wenn das große Festival Kirchen, Plätze und Theater zu Konzertsälen für Jazz, Klassik, Pop und Rock werden lässt. Auch Ballett ist dabei. // www.elba-music.it

GONDELFAHRT ZUM CABANNE

Sie sehen aus wie Drahtkörbe, die Gondeln zum Monte Cabanne, dem höchsten Berg der Insel. Zwei Personen passen hinein, die Fahrt startet in Pozzatello und führt hinauf zur 1016 Meter hohen Gipfelstation. Der Blick unterwegs auf die Insel, die Wälder und das Meer im Hintergrund ist traumhaft schön und der Abenteuerfaktor bei dieser Gondelfahrt in den Stehkörben nicht zu unterschätzen. Schließlich kann man durch das Drahtgeflecht durchschauen, eine Herausfoderung für Menschen mit Höhenangst. Bei gutem Wetter reicht die Sicht bis nach Korsika.

KASTANIENSPEZIALITÄTEN PROBIEREN

Gedörrt, geröstet oder gemahlen, die Form ist egal – Hauptsache Kastanie. Die Bäume wachsen gut im Westen von Elba, im Gegensatz zu Weizen und Hafer. Deswegen ist die Kastanie das Grundnahrungsmittel der Insel. Die Verbreitung ging so weit, dass einst sogar Schulden mit Kastanien beglichen worden sind. Die nussartige Frucht schmeckt nicht nur den Wildschweinen, sondern, entsprechend zubereitet, lassen sich aus dem Mehl fantastische Kuchen, Nudeln oder sogar Pfannkuchen backen. Auch Brotaufstrich zeigt, dass es nicht immer Nuss-Nugatcreme sein muss. Kenner lieben sie in Calvados eingelegt.

DIE NASE IN DEN WIND HALTEN UND SCHNUPPERN

Elba ist eine Insel, die duftet wie kaum eine zweite. Sie ist wie eine Komposition verschiedener Noten. Die Würze der sommerwarmen Pinien erfüllt die gesamte Insel. Hinzu kommen an manchen Stellen süße Spuren blühender Zitrusbäume, intensiv riechende Mimosen, süßlich-reif duftende Kaktusfeigen und überall diese Kräuter: Wilder Fenchel, Thymian, Beifuß und Oregano lassen den Inselbesucher an einigen Orten glauben, er stünde vor einem Gewürzregal.

#07 SARDINIEN

»INSEL DER HIRTEN UND BANDITEN« HAT MAN SARDINIEN GENANNT. SIE IST NACH SIZILIEN DIE ZWEITGRÖSSTE INSEL IM MITTELMEER. MEHR ALS ZWEI DRITTEL DER INSEL SIND HÜGELIG ODER BERGIG, 18 PROZENT DER INSEL NEHMEN GEBIRGE EIN, DIE HÖCHSTE ERHEBUNG IST DIE PUNTA LA MARMORA (1834 METER). DIE STARK ZERGLIEDERTE KÜSTENLINIE IST INSGESAMT RUND 1850 KILOMETER LANG – RAUM GENUG FÜR HERRLICHE SANDSTRÄNDE UND OFT NOCH UNBERÜHRTE BUCHTEN. DAS WASSER IST TÜRKISBLAU UND SCHON OFT WEGEN SEINER HERVORRAGENDEN QUALITÄT AUSGEZEICHNET WORDEN. NICHT UMSONST TRÄGT DIE INSEL DEN BEINAMEN »TRAUM IN BLAU«. DIE TAUCHGRÜNDE IM NORDEN UND NORDOSTEN DER INSEL ZÄHLEN ZU DEN BESTEN DER WELT, ÄHNLICHES GILT FÜR DIE SEGELREVIERE. GANZ ANDERS DAGE-GEN IST DAS LANDSCHAFTSBILD IM INSELINNEREN, ZUM BEISPIEL IN DER BARBÁGIA, WO DIE GIPFEL DES GENNARGENTU BIS AUF MEHR ALS 1800 METER MEERESHÖHE REICHEN. DIE DÖRFER LIEGEN HIER HÄUFIG WEIT AUSEINANDER, DAZWISCHEN ERSTRECKEN SICH KAHLE BERGHÄNGE, KORK- UND STEINEICHENWÄLDER UND DICHTE MACCHIA.

Steile Klippen, die häufig von Leuchttürmen gekrönt sind, und einst zur Abwehr der Sarazenen gebaute Wachtürme säumen die spektakuläre Felsküste Sardiniens. Traumhafte Strände und Buchten kontrastieren mit dem kargen und rauen Landesinneren, in dem man immer wieder auf schöne Bergdörfer und geheimnisvolle Nuraghen trifft. Die nur wenige Kilometer breite Bocche di Bonifacio trennt das Capo Testa (links) ganz im Norden von der nördlich gelegenen Insel Korsika.

Rechts: Das alte Castello-Viertel, die auf einem Hügel gelegene Altstadt, thront imposant über dem Hafenviertel von Cagliari.

○ CAGLIARI

Die Hauptstadt Sardiniens liegt ganz im Süden der In-sel am Golfo di Cagliari. Sie ist umgeben von »stag-ni« genannten Strandseen und Kalkhügeln. Cagliari geht auf eine Gründung der Phönizier zurück, diese nannten sie Karalis, »felsige Stadt«. Aus römischer Zeit stammt das gut erhaltene Amphitheater (15 000 Plätze), das aus den Kalksteinfelsen herausgeschla-gen wurde und in dem noch heute Aufführungen stattfinden. Castello, das älteste Viertel der Stadt, thront auf einem Hügel. Es wurde während der pisa-nischen und spanischen Besetzung gebaut. Sehens-wert sind die Herrenhäuser, die Kathedrale, der Pa-lazzo Boyl und die Bastione San Remy mit einem herr-lichen Ausblick von der Terrazza Umberto I. aus auf den Hafen und das umliegende Sumpfland. Unweit davon ragt der Torre dell'Elefante auf, ein 35 Meter hoher Festungsturm aus dem 14. Jahrhundert.

○ NORA

Die zwischen dem 9. und 8. Jahrhundert v. Chr. er-baute phönizische Siedlung liegt auf einer Landzun-ge und war bis zur Ankunft der Römer die be-deutendste Stadt Sardiniens. In der Area Archeologi-ca di Nora werden Überreste aus phönizischer (Tem-pel der Tanit) und römischer Zeit (Terme di Levante, Amphitheater, Forum, gepflasterte Straßen und ein Abwassersystem) gezeigt. Das Amphitheater wird auch noch heute für Dichterlesungen genutzt.

○ IGLESIAS

Die ansehnlichen Bürgerhäuser mit ihren blumenge-schmückten Eisenbalkonen sind sichtbarer Ausdruck

des Wohlstands, den sich die Bewohner einst durch den Bergbau erworben hatten. Unweit der Stadt be-fanden sich Silberminen, die Stadt hatte zudem das Recht, Münzen zu prägen. Im sehenswerten histori-schen Zentrum stehen an der Piazza Municipio die Kathedrale Santa Chiara (13. Jahrhundert) und der barocke Bischofspalast Palazzo Vescovile.

○ COSTA VERDE

Sardiniens »grüne Küste« wartet mit einigen High-lights auf: In Marina di Arbus erwarten den Besucher bis zu 50 Meter hohe Sanddünen, die vom französi-schen Mistral in ständiger Bewegung gehalten wer-den. Zwischen Capo Pécora und Marina di Arbus lie-gen weitgehend unberührte Sandstrände. Höhepunkt ist der Stagno di Santa Giusta. Dort staksen im Win-ter rosarote Flamingos durch das Brackwasser des Lagunensees. Am See liegt Santa Giusta mit einer Ka-thedrale im pisanisch-romanischen Stil. Dieses Gottes-haus, ein Meisterwerk seiner Zeit, entstand in der ers-

FÜR WEN GEEIGNET? ES GIBT WOHL KAUM »DEN« KLASSISCHEN SARDINIEN-URLAUBER, DENN DIE SCHMUCKE INSEL IST VIELSEITIG. BESONDERS IM NORDEN TUMMELN SICH AKTIVURLAUBER, DORT IST SARDINIEN NICHT NUR EIN ECHTES PARADIES FÜR SUFER UND TAUCHER, SONDERN AUCH IDEAL FÜR WANDERER. ROMANTIKER WERDEN DIE KLEINEN STÄDTCHEN LIEBEN UND AUCH DIE VERSTECKTEN BUCHTEN UND STRÄNDE IM OSTEN DER INSEL. FÜR DEN FAMILIENURLAUB EIGNET SICH DIE WESTKÜSTE.

ten Hälfte des 12. Jahrhunderts. Im Inneren wurden Säulen aus den nahe gelegenen Römersiedlungen eingearbeitet. Die Fischer des Orts fahren mit aus Riedgras gebauten Booten auf den See, deren Vorbilder bis auf die phönizische Zeit zurückreichen.

○ ORISTANO

Das am gleichnamigen Golf gelegene, eher dörflich anmutende Oristano ist die wichtigste Stadt Westsardiniens. Es war im 14. Jahrhundert Wirkungsstätte der Richterin Eleonore d'Arborea, deren Gesetzbuch »Carta de Logu« bis 1827 in Sardinien Gültigkeit hatte. Die Piazza Eleonora d'Arborea mit ihrem Denkmal wird von eindrucksvollen Bauwerken umrahmt, u. a. dem Palazzo Comunale (17. Jahrhundert). Die Kathedrale Santa Maria Assunta stammt aus dem 13. Jahrhundert und wurde im 17. Jahrhundert barockisiert.

○ BOSA

Das schöne Städtchen am Temo besitzt den einzigen Flusshafen Sardiniens. Der mittelalterliche Stadtkern zieht sich zum genuesischen Castello di Serravalle (12. Jahrhundert) hinauf. Innerhalb der Festungsmauern liegt die Kirche Nostra Signora di Regnos Altos (14. Jahrhundert) mit ihren mittelalterlichen Fresken. Das Castello soll angeblich durch unterirdische Gänge mit der Cattedrale dell'Immacolata und mit San Pietro, der ältesten romanischen Kirche Sardiniens, verbunden sein.

○ ALGHERO

»Spanische Stadt« nennen die Sarden die 1102 von den Genuesern gegründete Stadt an der Westküste. 1353 geriet sie unter spanische Herrschaft, katalanische Siedler vertrieben anschließend die einheimische Bevölkerung. Bis auf den heutigen Tag hat sich der katalanisch gefärbte Dialekt der Einwohner erhalten, auch das weitgehend mittelalterlich geprägte Stadtbild und die Glockentürme der Kirchen Santa Maria (16. Jahrhundert) und San Francesco (14. Jahrhundert) können den spanischen Einfluss nicht verleugnen.

○ CAPO CACCIA

Das steil abfallende Kap ist ein landschaftliches Highlight; auf den Simsen nisten Felsentauben, Wanderfalken und Silbermöwen. Die 100 Meter tiefer gelegene Grotta di Nettuna erreicht man über die 656 Stufen lange Escala del Cabirol.

Links oben: Starke Winde umwehen häufig die Bucht vor Stintino mit dem Torre de Pelosa und schaffen eine gute Ausgangslage für Windsurfer.

Links unten: Die Costa Smeralda, die »Smaragdküste«, im Nordosten Sardiniens ist für ihre einmalige Wasserqualität und die vielen Felsformationen berühmt.

Rechts: Boote ankern im Hafen von Alghero, das auf drei Seiten von einer Stadtmauer geschützt wird.

○ SASSARI

Der historische Stadtkern mit seinen Plätzen, Gassen, Arkaden und Bauwerken ist ein lohnenswertes Ziel. Ein besonders schönes bauliches Ensemble bietet die Piazza d'Italia, die von klassizistischen Palästen wie dem Palazzo della Provincia und dem Palazzo Giordano umgeben ist. Santa Maria di Betlem stammt ursprünglich aus dem 12. Jahrhundert, wurde jedoch im Lauf der Zeit mehrfach erweitert und umgebaut, sodass sich romanische und barocke Elemente mit Ergänzungen aus dem 19. Jahrhundert mischen. Hübsch ist der Renaissancebrunnen Fontana del Rosello.

○ ARCIPELAGO DI LA MADDALENA

Ausflugsboote setzen die Gäste von Palau zum 12 000 Hektar großen Nationalpark mit den Inseln La Mad-

dalena, Caprera, Spargi und Santo Stefano sowie weiteren kleinen Inseln über. Das Ziel des Nationalparks ist es, den Bestand von Vögeln wie etwa Korallenmöwe, Flussseeschwalbe, Krähenscharbe oder Gelbschnabel-Sturmtaucher zu sichern. Die Eilande im Westen sind dagegen alle unbewohnt. Alle Inseln weisen eine zerklüftete Küstenlinie, glasklares Wasser und von Wasser und Wind zu schroffen Formationen erodierte Felsen auf.

○ DORGALI UND CALA GONONE

Dorgali ist ein hübscher Ort, dessen Gebäude fast alle aus dunklem Vulkangestein gebaut wurden. Ein lohnenswertes Ziel ist das Museo Archeologico. Darin befinden sich die bedeutendsten Fundstücke aus dem Nuraghendorf Serra Orrios. Über eine Serpentinenstraße geht es zur Küste in den spektakulär gelegenen Ferienort Cala Gonone. Nördlich und südlich davon liegen mehrere Höhlen, u. a. die Tropfsteinhöhle Grotta del Bue Marino, die nur mit dem Boot zugänglich ist.

AUSGEHEN

Porto Cervo: Il Pescatore // Vom Meer auf den Tisch: Das noble und traditionsreiche Il Pescatore an der Smaragdküste versteht sich bestens auf Meeresfrüchte und Fischgerichte.
// www.ilpescatorerestaurant.com

Cagliari: Caffè degli Spiriti // Die Location will sich nicht gern klassifizieren lassen und so ist es eine Mischung aus Bar, Lounge, Restaurant und Livemusikbühne. Bestechend ist die Aussicht über Stadt und Meer.

Magomadas: Riccardo // Die bodenständige Trattoria etwas außerhalb von Magomadas an der Westküste serviert typisch sardische Gerichte, dabei aber nicht nur Fisch. Besonders empfehlenswert sind die hausgemachten Nudelspezialitäten sowie die Desserts.

Sassari: Pan Cafè // Kuchen, Smoothies, Eis und weitere süße Köstlichkeiten warten auf Freunde von biologischer oder veganer Ernährung neben der Universität von Sassari.

STRÄNDE

○ CAGLIARI: POETTO

Acht Kilometer lang und bis zu 150 Meter breit ist der Stadtstrand Poetto, der östlich des Capo Sant'Elia im Südosten der Stadt Cagliari liegt und am Wochenende von vielen Badegästen aufgesucht wird.

Links: Der Strand von La Pelosa gilt als einer der schönsten der Insel. Schieferfelsen und üppige Macchiavegetation prägen hier das Landschaftsbild.

○ **CAPO TESTA**

Experten zählen das Meeresgebiet im Norden der Insel zu den besten Taucharealen der Welt. Den am Kap landschaftsprägenden Granit haben bereits die Römer abgebaut.

○ **CAPO DEL FALCONE: LA PELOSA**

Von der Hafenstadt Stintino ist es nicht mehr weit zum Capo del Falcone, das von zwei Festungsanlagen geschützt wird. Einer der schönsten Strände Sardiniens ist La Pelosa im Nordwesten nahe dem Kap.

SHOPPING

○ **MERCATO DI SAN BENEDETTO**

In der Markthalle in Cagliari bekommt man von Montag bis Samstag frische Lebensmittel der Insel und ihrem umgebenden Meer geboten, von Obst über Süßigkeiten bis zu den obligatorischen Meeresfrüchten.

○ **DAVIDE SESSA ARTIGIANO PELLETTIERE**

Ein Traum für Liebhaber von edlem Leder: Davide Sessa fertigt in seinem Geschäft in Pula Taschen, Gürtel und Schuhe. Besonders ist dabei die individuelle Anpassung an jeden Fuß und für jeden Geschmack.

// www.davidesessa.it

○ **AUCHAN**

Klassisches, preisgünstiges Einkaufszentrum für alle Kaufsüchtigen und Schlecht-Wetter-Muffel in Olbia.

// www.olbia.gallerieauchan.it

ÜBERNACHTEN

Cagliari: Miramare // Einzigartigkeit ist das schlagende Argument des Boutiquehotels. Die Zimmer sind individuell eingerichtet, kombinieren dabei Zeitgenössisches mit Vintage des 19. Jahrhunderts. Blick auf das Meer oder die Altstadt inklusive.

// **www.hotelmiramarecagliari.it**

San Panthaleo: Hotel Arathena // Vom gemütlichen und sehr natürlich ausgestatteten Hotel Arathena im Bergdorf San Panthaleo erreicht man gut die beliebtesten Strände der Smaragdküste und kann trotzdem aufgrund der ruhigen Lage bestens entspannen.

// **www.arathena.it**

Capo Ferrato: Tiliguerta // An der ausgezeichneten Costa Rei liegt diese Ferienanlage, die mehr als ein Zeltplatz ist. Unter schattigen Pinien stehen hier komfortable Bungalows und Mobilhäuser, ideal für Strandurlaub mit der Familie und für Freundesgruppen.

// **www.tiliguerta.com**

AUF KEINEN FALL VERPASSEN

SARDINIENS NURAGHEN BESUCHEN

Wahrzeichen Sardiniens sind die Nuraghen, stumpf-kegelförmige Rundbauten mit einem Basisdurch-messer von bis zu zehn Metern und einer Maximal-höhe von 18 Metern. Alle Anlagen wurden aus mörtellosen, dafür aufeinandergeschichteten Steinblöcken errichtet. Etwa 7000 mehr oder weniger gut erhaltene Nuraghen stehen auf Sardinien, die meisten davon sind frei zugänglich. Die ersten wurden schon um 1800 v. Chr. angelegt, also gegen Ende der Bronzezeit. Man weiß bis heute nicht genau, welches Volk sie errichtet hat, auch ihre damalige Funktion ist nicht vollständig erforscht. Das nordöstlich von Barumini gelegene UNESCO-Weltkulturerbe Su Nuraxi ist besonders eindrucksvoll.

OSTERSPEKTAKEL IN IGLESIAS

Besonders interessant ist ein Besuch in Iglesias in der Karwoche und an Ostern, denn hier finden nicht nur die vielerorts üblichen Karfreitagsprozessionen statt, sondern es werden auch Mysterienspiele aufgeführt: am Karsamstag Iscravamentu (Abnahme Christi vom Kreuz) und am Ostersonntag S'Incontru (Begegnungen des Auferstandenen).

AUSFLUG AUF DIE ISOLA DI SAN PIETRO

Von Portovesme aus fahren Fähren nach Carloforte, den Hauptort der Isola di San Pietro. Die Stadt wird von verwinkelten Treppengassen und dem Castello geprägt. Im Herbst ist die Insel das Hauptbrutgebiet der Eleonorenfalken, die Zugvögel jagen. An der Punta delle Colonne im Süden ragen einzelne Felssäulen aus dem Meer.

FESTE FEIERN IN SASSARI

Am dritten Maisonntag ist Sassari Schauplatz der »Cavalcata Sarda« mit Folkloregruppen aus ganz Sardinien und waghalsigen Reiterspielen. Spektakulär ist auch die große Lichterprozession Faradda di li Candareri am 14. August zum Gedenken an eine Pestepidemie im 16. Jahrhundert.

#08   CAPRI

WOHL KAUM EINE INSEL WECKT MEHR TRÄUME VON MITTELMEER, ORANGEFARBENER SONNE UND DUFTENDEN BÄUMEN ALS CAPRI. OFT IN LIEDERN BESUNGEN, ZIEHT SIE URLAUBER NOCH IMMER AN WIE EIN MAGNET. WAREN ES EINST NUR DIE SCHÖNEN UND REICHEN, DIE EINE AUSZEIT VON STADT UND KÄLTE AUF DER INSEL GENOSSEN, IST DIE INSEL HEUTE OFFEN FÜR FAST JEDEN GELDBEUTEL. UND DOCH HAFTET IHR ETWAS EXKLUSIVES AN, DAS SICH AUCH BEWAHRHEITET - SPÄTESTENS WENN MAN DIE SCHAUFENSTER DER NOBELBOUTIQUEN DES INSELORTES ANSCHAUT. CLAUDE DEBUSSY WIDMETE DEN HÜGELN VON ANACAPRI SEINE PRÉLUDES (»LES COLLINES D'ANACAPRI«), MODESCHÖPFER VALENTINO LIESS SICH VON DER INSEL ZU NEUEN FARBEN UND MUSTERN INSPIRIEREN UND PABLO NERUDA DICHTETE »CAPRI, FELSENKÖNIGIN, IN DEINEM GEWAND, LILIEN- UND AMARANTHENFARBEN, LEBTE ICH, DAS GLÜCK VERMEHREND ...« SEINE SCHWÄRMEREI HAT BIS HEUTE NICHTS AN AKTUALITÄT VERLOREN.

Oben: Wenn man sich Capri auf Wanderpfaden erschließt, wird man immer wieder durch herrliche Ausblicke auf Neapel und den Golf von Sorrent belohnt.

Links: Der Arco Naturale, ein 18 Meter hoher Natursteinbogen, ist eine der Hauptsehenswürdigkeiten der Insel. Für einen Spaziergang zu ihm und den an der Südostspitze Capris aus dem Meer ragenden Felsnadeln Faraglioni muss man ungefähr 1,5 Stunden veranschlagen. Der Weg führt durch eine zauberhafte Gartenlandschaft.

○ BLAUE GROTTE

Es gibt einen Stau auf dem Wasser: Boote stehen in Reih und Glied, schaukeln auf dem Meer und warten, bis die schmale Passage frei ist. Nur schlanke Rümpfe können den Eingang zur berühmtesten Attraktion der Insel passieren. Wenn man aber den Kopf eingezogen hat und durch die Felsenge gekommen ist, beginnt das Farbwunder. Blau schimmert es in vielen Tönen, so als ob in der Tiefe eine Lampe stünde. So ähnlich funktioniert die Blaue Grotte tatsächlich, denn unter Wasser gibt es ein großes Loch in der Felswand, durch das das Sonnenlicht hereinstrahlt und sich bricht. Und so hat man das Gefühl, auf einem schimmernden Edelstein zu schippern, mit vielen anderen Booten, deren Anwesenheit spätestens dann deutlich wird, wenn deren Skipper beginnen, Balladen zu trällern. Die Blaue Grotte ist nicht die einzige Wasserhöhle auf Capri, die es zu besichtigen lohnt. Auch die Dunkle, Rote, Grüne und die Weiße Grotte sind einen Abstecher wert.

○ VIA KRUPP

Wenn Industrielle Urlaub machen, fangen sie schnell an zu optimieren. Dem Unternehmer Friedrich Alfred Krupp war offensichtlich der Weg vom Hafen Capris zu seinem Hotel zu beschwerlich und kompliziert. Er brachte nicht nur mit seinem Geld den Bau eines Eselpfades voran, der heute eine der berühmtesten Sehenswürdigkeiten der Insel ausmacht, sondern auch mit Rat und Tatkraft. Insgesamt misst die Strecke 1346,60 Meter und gleicht einer Aneinanderreihung von extremen Haarnadelkurven. Fertiggestellt wurde sie 1902, immer mal wieder ist sie wegen Steinschlags gesperrt.

○ AUGUSTUS-GÄRTEN

Dunkelgrün und englisch gepflegt wächst der Rasen zwischen roten und weißen Blüten – Italiens Nationalfarben. Die Gärten wurden im Zuge der Arbeiten für die Via Krupp angelegt und sorgen dafür, dass die Pause auf dem anstrengenden Weg eine schöne wird:

FÜR WEN GEEIGNET? LA DOLCE VITA – WER DAS SÜSSE LEBEN SUCHT ODER ANDEREN DABEI ZUSCHAUEN MÖCHTE, WIE SIE DAS SÜSSE LEBEN GENIESSEN, IST AUF CAPRI RICHTIG. DIE INSEL EIGNET SICH AUCH GUT FÜR EINEN KURZURLAUB, DA SIE SEHR KLEIN IST UND IN EIN PAAR TAGEN UMFASSEND ERKUNDET WERDEN KANN. WER ALLERDINGS GERN ISST, IN GÄRTEN SPAZIERT UND EINFACH NUR DEN MOMENT GENIESSEN KANN, DER IST AUF CAPRI GENAU RICHTIG.

Alles scheint hier etwas mehr zu flirren und lebendig zu sein. Und dann dieser Blick über die Marina Piccola und die Farglioni-Felsen – Capri von seiner schönsten Seite.

○ MARINA PICCOLA UND MARINA GRANDE

Schon die Könige Augustus und Tiberius benutzten diesen Ort als Fischerhafen und wichtigen Verkehrspunkt. Doch die einfachen Galeeren kann man sich heute kaum noch vorstellen, wenn man am Hafen entlangschlendert. Dort ankern feudale Jachten, bunte Fischerboote und Ausflugsschiffe, die Touren zur Blauen Grotte anbieten. Nicht zu vergessen die Fähren, die hier anlanden und bis zu 15 000 Tagestouristen auf die Insel bringen. Dann wird es etwas voll auf dem häusergesäumten Uferstück nördlich von Capri-Stadt. Die Marina Grande verschlankt später in die Marina Piccola.

○ FARAGLIONI-FELSEN

Wie riesenhafte Zinnsoldaten ragen vier Felsen an Capris Südostspitze aus dem Wasser: Nach der Blauen Grotte sind die Faraglioni-Felsen das zweite Wahrzeichen der Insel. Sie sind bis zu 109 Meter hoch und dienten in alter Zeit als Ort für Leuchtfeuer, worauf ihr Name hinweist.

Oben: Die Faraglioni-Felsen gelten als Wahrzeichen der Insel und bieten bei Sonnenuntergang einen reizvollen Anblick.

Links oben: »Wenn bei Capri die rote Sonne im Meer versinkt...« heißt es in einem alten Schlager, und dem Zauber eines Sonnenuntergangs auf der Insel mag sich wohl auch heute niemand entziehen.

Links unten: Trotz allem Touristentrubel hat sich Capri an vielen Orten das romantische Flair einer Fischerinsel bewahrt.

○ VILLA JOVIS

Kaiser Tiberius besaß im Jahr 27 n. Chr. zwölf Villen auf Capri, doch diese war die spektakulärste. Errichtet wie eine Festung, aber doch als Wohnhaus gebaut, liegt die Villa Jovis direkt über den 300 Meter hohen Steilklippen an der Ostspitze. Von dort aus muss der Blick herrlich gewesen sein, und der Kaiser konnte wohl aus seinem Esszimmer bei guter Sicht sogar bis zum Vesuv schauen. Heute sind nur die Grundmauern geblieben und das wunderbare Panorama.

AUSGEHEN

Eiscafé Buonocore // Capris Eis schmeckt nicht, wie hierzulande Stileishersteller weismachen wollen, nach Orange, sondern Zitrone: Die beliebte Eisdiele an der Piazzetta lockt wie ein Magnet immer Kunden an, die dort Schlange stehen. Wer einmal auf den Geschmack gekommen ist, kehrt immer wieder zurück. Zu köstlich sind die Sorten, die in den selbst gemachten Butterwaffeln kredenzt werden.

Da Paolino // Im Zitronengarten sitzen, den Duft genießen und einen Salat, Fisch oder eine Pizza essen – das Paolino ist der Klassiker auf der Insel. Die Stimmung unter den Bäumen ist vor allem abends bezaubernd, das Essen in guter Qualität.

// www.paolinocapri.com

Terrazza Brunella // Dort muss man zur Blauen Stunde sein: Wenn sich Tag und Nacht küssen und die ersten Lichter in Capri-Stadt angehen, dann ergibt sich hier oben ein wunderbarer Blick. Aber Aussicht ist nicht alles, auch das Essen ist sehr gut zubereitet und der Service freundlich.

// www.terrazzabrunella.com

○ ANACAPRI

Dieser höher gelegene Ort der knapp elf Quadratkilometer großen Insel ist nicht nur über die Via Krupp, sondern auch über die Scala Fenicia erreichbar, eine Treppe, die rund 500 Stufen zählt. Diese Treppe war jahrhundertelang die einzige Verbindung zwischen Capri und Anacapri. Wer die Treppen bestiegen hat, weiß, warum sich die Bewohner oftmals so fremd und feind waren, denn sie kamen nur sehr beschwerlich zueinander.

VILLA SAN MICHELE

Arkaden mit duftig-bunt rankenden Blumen, kleine Innenhöfe, die das große Gelände unterteilen, und im Inneren ein museales Sammelsurium antiker Möbel: Die Villa San Michele zählt zu den wichtigsten Sehenswürdigkeiten von Anacapri. Dort residierte der schwedische Arzt und Autor Axel Munthe. Ende des 19. Jahrhunderts hat er den Bau auf den Überresten einer alten Kapelle so spektakulär errichten lassen. Munthe sammelte dort nicht nur seine Kunstschätze, sondern richtete auch ein privates Vogelschutzgebiet ein.

CASA ROSSA

Es ist wirklich tiefrot: Dieses Haus besticht aber nicht nur durch seine Farbe und seinen Turm samt Kreuzgang, sondern auch durch die Gemälde und Skulpturen, die hier gezeigt werden. Einige der Bildnisse sind Fundstücke aus der Blauen Grotte.

STRÄNDE

○ LIDO DEL FARO

Wer es abenteuerlich und nicht ganz so überfüllt haben möchte, der macht sich auf zum Leuchtturm und dem darunterliegenden Strand. Betonplattformen bieten eine Liegefläche, über Treppen geht es an diesem Felsstrand ins Meer. Mal etwas anderes als immer nur Sand.

○ SPIAGGIA MARINA GRANDE

Der beliebteste Strand der Insel ist ein Sandstrand und liegt zentral im Norden. Ab und an sind kleine Abschnitte mit Kies zu sehen, ansonsten ist der Sand hell und fein. Die Infrastruktur ist super; Bars, Restaurants und Mietliegen finden sich dort ebenso wie Freizeitangebote. Dafür ist dieser Strand entsprechend voll.

○ MARINA PICCOLA

Ein kleiner Streifen, etwas kieselig und nicht ganz so bequem wie an der großen Marina, bildet dieser Abschnitt eine gute Alternative zum Hauptstrand der Insel. Er ist zudem gut per Bus erreichbar.

SHOPPING

○ CANFORA CAPRI

Auf die Idee, Sandalen mit Steinen oder Muscheln zu verschönern, kam ein Schuster auf Capri. Die Capri-Sandale ist inzwischen Kult geworden, sie wird auch heute noch per Hand gefertigt und hat ihren Preis. Ab 300 Euro kosten die Modelle, dafür trägt sie auch so mancher Promi.

// www.canfora.com

○ CARTHUSIA

Als die Mönche von Capri der Königin Johanna von Anjou im 14. Jahrhundert einen Blumenstrauß schenkten, haben sie ganz nebenbei das Parfum entdeckt. So will es die Legende. Denn nach drei Tagen hatte das Blumenwasser den Duft der Blüten angenommen. Die Mönche begannen zu experimentieren und entwickelten ein Parfum. Carthusia ist heute eine der kleinsten Parfummarken der Welt. Für die Düfte werden nur Zutaten aus Capri verwendet. Die Parfums sind heute in den Parfümerien und Boutiquen der Insel zu finden.

// www.carthusia.it

○ LIMONCELLO

Dieser Zitronenlikör, der so kalt getrunken wird, dass das Glas beschlägt, hat ebenfalls seinen Ursprung auf Capri oder an der Amalfiküste. Das Originalrezept ist schwer auszumachen, benutzt doch jede Familie eine eigene und spezielle Zusammensetzung der Zutaten. Einfach durchprobieren, bevor die Mitbringselflasche in den Einkaufskorb wandert!

ÜBERNACHTEN

Punta Tragara // Runde Betten, großzügige Zimmer und modernste Ausstattung – das Hotel gehört zu den Spitzenhäusern der Insel. Ein Blick auf die Terrasse genügt, um zu wissen, warum. Denn diese Lage ist einfach traumhaft. Dazu hochwertige Ausstattung und ein Verwöhn-Spa.

// www.hoteltragara.com

Gran Hotel Quisisana // Legendäres Hotel, in dem schon viele Stars übernachtet haben. Wer sich dort umschaut, weiß, warum er dort ist: Die Ausstattung erinnert ein wenig an ein Herrenhaus. Und dann dieser Blick! Das blaue Meer scheint durch jedes Fenster zu funkeln, die Felsen von Faraglioni sind fast zum Greifen nah.

// www.quisisana.com

Da Gelsomina // Im Stil eines Bed & Breakfast aufgemachtes Hotel für die preisbewussten Besucher, die dennoch nicht auf Blick und Lage verzichten wollen. Gutes Preis-Leistungs-Verhältnis.

// www.dagelsomina.com

AUF KEINEN FALL VERPASSEN

BADESCHUHE EINPACKEN

Nicht überall verfügt Capri über fußschmeichelnde Sandstrände. Es kann auch sein, dass einen plötzlich am felsigen Ufer die Badelust überkommt. Deswegen ist es ratsam, Badeschuhe im Gepäck zu haben, nur für den Fall der Fälle. Es gibt inzwischen auch ganz leichte Varianten, die an Socken aus Neopren erinnern. Und dann steht dem spontanen Badevergnügen nichts mehr im Wege.

EINE GROTTENTOUR MIT DEM BOOT UNTERNEHMEN

In der Grotta dei Santi sehen die Steine aus, als seien es Heiligenbildnisse. Deswegen trägt die Höhle auch den Namen. Sie ist nur eine der vielen Höhlen, die sich jenseits der Blauen Grotte an Capris Küste auftun und mit speziellen Effekten locken. Am besten ist es, sich ein Boot zu mieten und eine Grottentour zu unternehmen. Mit etwas Glück ist dann auch schon Abend und die Tagesgäste und vielen Boote an der Blauen Grotte verschwunden, sodass man vielleicht sogar dort schwimmen kann.

INSALATA CAPRESE ESSEN

Es ist ein typisch italienisches Gericht: Tomate-Mozzarella-Salat besitzt nicht nur die Trikolore Italiens, sondern auch ordentlich Textur und ganz viel Geschmack. Dass dieses Gericht aber auf Capri erfunden wurde, weiß heute kaum jemand auf der Welt, obwohl der Name eindeutig darauf hinweist. Caprese wurde vor mehr als 100 Jahren auf Capri erfunden

MONTE SOLARO MIT DEM SESSELLIFT

Gemütlich schaukeln die Gondeln des Sessellifts ihre Passagiere zum Dach der Insel. Knapp 300 Meter Höhenunterschied überwinden sie dabei, die Fahrt dauert 13 Minuten und ist ein einzigartiges Erlebnis. Denn über den Wipfeln und Dächern zu schweben, sorgt für wunderbare Ausblicke – ebenso wie die Bar auf dem 586 Meter hohen Gipfel. Hier kann man einen Cocktail trinken und dann am besten die zweite Strecke zu Fuß erwandern. Der Abstieg dauert 40 Minuten, führt vorbei an einer Einsiedelei und immer wieder fantastischen Panoramapunkten auf die Faraglioni-Felsen bis nach Anacapri.

#09   ISCHIA

WIE EIN GARTEN EDEN MUSS ES DEN MENSCHEN AUS DEM NORDEN VORGEKOMMEN SEIN, ALS SIE DAS ERSTE MAL AUF ISCHIA WAREN: FEIGEN, GRANATÄPFEL, WEIN, REIFE TOMATEN - HIER SCHEINT ALLES EINE SPUR SONNIGER ZU SCHMECKEN. MÖGLICHERWEISE LIEGT ES AM INSELHOCH: IN EINER REGION, DIE OHNEHIN SCHON SONNENVERWÖHNT IST, STRAHLT DAS LICHT DES MEERES NOCH MAL AUF FELDER UND BÄUME, SORGT FÜR EIN EINZIGARTIGES AROMA UND ERFREUT DIE HERZEN DER KULINARIKER. DOCH ES WAR NICHT DAS ESSEN, DAS IN DEN 1960ER- UND 1970ER-JAHREN FÜR EINEN TOURISTENBOOM GESORGT HAT, SONDERN DIE KURURLAUBE, DIE VON VIELEN DEUTSCHEN KRANKENKASSEN BEZAHLT WURDEN. UNTER DEN ZAHLREICHEN QUELLEN DER INSEL FINDET SICH EIN WASSER FÜR FAST JEDE KRANKHEIT, OB GELENKSCHMERZEN, RHEUMATISMUS ODER UNFRUCHTBARKEIT. HEUTE IST DEUTSCH ZWEITE FREMDSPRACHE AUF DER GRÖSSTEN INSEL IM GOLF VON NEAPEL, DENN VIELE DER EINSTIGEN KURGÄSTE SIND EINFACH FÜR IMMER GEBLIEBEN.

Das Castello Aragonese wurde im 15. Jahrhundert von Alfonso Aragon erbaut und thront auf einem vulkanischen Felsen (oben). Es ist durch eine 200 Meter lange Landbrücke mit Ischia verbunden. Herrlich ist auch die Aussicht von der Festung aus auf Ischia Ponte und die Insel (links).

○ ISCHIA PONTE

Eng und farbenfroh reihen sich die bunten Häuser aneinander, schmale Gassen führen durch die Fluchten hindurch. Hinter den Fassaden verbergen sich Kunstgalerien, kleine Läden und Cafés. Ischia Ponte ist der beschauliche Teil der Hafenstadt Ischia und lockt zudem mit einem Meeresmuseum. Ein schöner Kontrast zum eher mondänen Riva Destra, das von der Vergnügungsmeile beherrscht wird.

CASTELLO ARAGONESE

Es sieht aus, als wären Mauern, Felsen und Gestrüpp eins: Burg, Berg und Sträucher sind ineinander verwachsen. An manchen Stellen wölben sich Kuppeln, an anderer Stelle Mauern mit Torbögen oder auch Treppen und lange Gänge. Das Castello Aragonese auf der vorgelagerten kleinen Insel war jahrzehntelang das Bollwerk im Meer, das fremde Angreifer, aber auch Piraten abgewehrt und den Insulanern zugleich

Zuflucht gewährt hat. Die verlassene Festung ist heute in privater Hand und wird gern als Bühne für Veranstaltungen und Ausstellungen genutzt. Eine Steinbrücke verbindet die Festung mit Ischia.

CARTAROMANA

Südlich des Castello Aragonese befindet sich diese Bucht mit den dunklen Vulkanfelsen. Dort sprudelt das warme Thermalwasser direkt ins Meer, erwärmt den Ozean so, dass es auch noch im Spätherbst angenehm ist, dort zu baden. Wer sich ins Meer wagt, sollte Schnorchel und Taucherausrüstung nicht vergessen, denn die Unterwasserwelt ist spektakulär.

○ FORIO

Die Thermalquellen waren es, die dem Ort Aufschwung bescherten und sein Schicksal vom Fischerdorf zur Urlauberstadt besiegelten. Die verschlungenen Gassen, die kubische Bauform der Häuser, die

FÜR WEN GEEIGNET? ISCHIA IST BEI DEN DEUTSCHEN BELIEBT, DORT BEFINDET SICH EINE GROSSE KOLONIE AN AUSWANDERERN, DESWEGEN KOMMEN AUCH NICHT ITALIENISCH ODER ENGLISCH SPRECHENDE DORT SCHNELL UND GUT WEITER. WER ANSONSTEN GERN KURT UND THERMALANWENDUNGEN MAG, FÜR DEN IST DIE INSEL VOR NEAPEL GENAU RICHTIG. ABER AUCH »NUR« ZUM AUSSPANNEN UND ERHOLEN BIETET SIE SICH AN. ES LÄSST SICH ZUDEM DORT GUT WANDERN. FÜR JUNGE MENSCHEN IST NICHT ALLZU VIEL GEBOTEN, DAS ANGEBOT AN KNEIPEN UND DISKOTHEKEN IST BESCHRÄNKT, DIE ZIELGRUPPE IST EHER IN DEN BESTEN JAHREN.

eine Mischung aus maurisch und italienisch zeigt, und die wunderbar blühenden Innenhöfe sind schon allein einen Blick wert, ebenso wie die kleine Wallfahrtskirche Santa Maria del Soccorso. Als würde das nicht reichen, setzt die Stadt mit den Thermalgärten noch einen drauf und lockt mit den Poseidon-Gärten, einer Anlage mit vielen Pools und Thermalwasser, die sich zwischen Strand und Steilwand treppenförmig aus der Landschaft erhebt – in einem unwirklichen Grün.

LA MORTELLA

Tellergroße Seerosenblätter biegen sich an den Rändern nach oben. Flechten bilden Bärte und zittern leise im Wind. Fontänen plätschern. Allein schon das Geräusch gibt den Eindruck von Erfrischung. La Mortella, »die Myrte«, ist ein öffentlicher Park, der als kleiner Garten Eden auf Ischia gilt. Angelegt hat ihn im Jahr 1956 der englische Komponist William Walton, der sich nicht nur in eine Argentinierin, sondern auch in die italienische Insel Ischia verliebt hatte. Die Anlage, von der aus man einen wundervollen Blick auf den Hafen von Forio hat, gestaltete der Engländer so, dass sie heute aussieht wie eine tropische Landschaft: sattgrün und mit außergewöhnlichen Pflanzen, vielen Brunnen und Wasserstellen. Überall plätschert und grünt es. Das Wohnhaus des Musikers beherbergt ein Museum und einen Konzertsaal.

○ TERME BELLIAZZI

In einer alten Kuranlage können die Gäste sich bis heute verwöhnen lassen und etwa Fangopackungen auftragen lassen. Wer das nicht möchte, schaut trotzdem vorbei, denn die Führung ist beeindruckend. Möglicherweise wurde dieser Platz schon von den Römern genutzt, erfährt der Besucher beim Rundgang, ebenso kann er zusehen, wie Fangopackungen aufbereitet werden.

○ MUSEUM SANTA RESTITUTA

Reste aus griechischer und römischer Zeit, die bei Ausgrabungen in Gräbern gefunden wurden, präsentiert dieses Museum.

○ VILLA ARBUSTO

Wer wissen möchte, wer sich denn alles so auf Ischia getummelt hat und wie es war, als der Jetset die Insel für sich entdeckt hat, der besucht diese Villa. Sie wurde im 18. Jahrhundert erbaut und leuch-

Links oben: Noch immer gilt Ischia als Kurinsel, zahlreiche Thermen und Thermalbäder laden zu Badevergnügen und ärztlichen Anwendungen ein, wie etwa die Aphrodite-Therme in Sant'Angelo.

Links unten: Der Maronti-Strand ist der längste Strand der Insel und dementsprechend weitläufig, auch wenn er ein Besuchermagnet ist.

Rechts: Gänzlich autofrei und schon deshalb ein Ort der Erholung ist Sant'Angelo. Zur entspannten Atmosphäre tragen aber auch die spektakuläre Lage und die Thermenanlagen bei.

AUSGEHEN

Bar Calise // Gibt es auf Ischia eine Institution, dann ist es dieses Café: Ob mittags zum Lunch oder abends zum Essen mit musikalischer Untermalung, in Calise ist eigentlich immer etwas los. Die Bar befindet sich in einem großen Pinienhain, dort sitzt man wunderschön und schaut aufs Meer.

// **www.barcalise.com**

Il Focolare // Verträumt in den Bergen liegt dieses Restaurant, das Wert auf regionale Zutaten und Slow Food legt. Es ist ein Familienbetrieb; die Preise sind bezahlbar, der Service kinderlieb.

// **www.trattoriailfocolare.it**

Forio: Agriturismo La Cantina di Jack // In den Gewölben eines alten Weinguts sitzen und italienischen kulinarischen Einfallsreichtum genießen, dafür steht die Cantina di Jack. Die Zutaten stammen meist aus dem eigenen Garten und werden in der Küche mit viel Sorgfalt einfallsreich zu Menüs zusammengefügt.

tet bis heute weiß am Hang. Eine halbrunde Pergola umgibt das herrschaftliche Gebäude, in der kleinen Hauskapelle lohnt es sich, die Fresken anzusehen. Das Haus wird heute als Museum genutzt.

○ **SANT'ANGELO**

Der einzige autofreie Ort der Insel: Dort surren elektrobetriebene Caddys durch die Straßen. Das hübsche Dorf ist zum Schlendern und Spazieren geeignet. Jachten ankern in der Bucht und am Hafen. Der vorgelagerte Felsen, der wie ein Klotz den Hafen beschützt, ist ein beliebtes Fotomotiv, ebenso wie die bunten Häuser des Ortes und die Halbinsel La Rola, die das Ensemble zu umschließen scheint.

GIARDINI APHRODITE APOLLON

Neben der Thermalanlage befinden sich die Fumarolen, aus denen heiße Dämpfe emporsteigen. Dort kann man mit professioneller Hilfe des Bademeisters Sandbäder nehmen und sich völlig einbuddeln lassen. Dies soll bei Erkrankungen wie Rheuma helfen.

STRÄNDE

○ **CHIAIA-STRAND**

Unterhalb der Poseidon-Gärten befindet sich eine der beliebtesten Badebuchten der Insel: Gleißend hell leuchtet der Chiaia-Strand, nur etwa 300 Meter vom

Stadtzentrum Forio entfernt. Das Besondere daran sind die Thermen, die oberhalb zum Erholen einladen. Also kann man nicht nur im Meer baden, sondern auch Heilanwendungen genießen.

○ MARONTI

Der längste Strand der Insel misst zwei Kilometer. Liegen breiten sich dort unter Palmen aus, der Strand ist zwar nicht leuchtend weiß, aber dafür befinden sich oberhalb die Tropical-Thermalgärten mit ihren vielen Becken und dem urwaldähnlichen Garten.

○ SPIAGGIA DEI PESCATORI

Der »Strand der Fischer«, wie dieses Ufer übersetzt heißt, zählt zu den zentralen Stränden der Insel. Der Sand formt kleine Buchten, an denen man herrlich entspannen kann. Wem das nicht reicht: Ein Steg dient als Anlegeplatz für Wassertaxis, sie bringen ihre Passagiere zu abgelegenen Stränden.

SHOPPING

○ CORSO VITTORIA COLONNA

In der Inselhauptstadt lockt, nur wenige Gehminuten vom Hafen, diese Shoppingmeile mit Boutiquen und Juwelieren. Wer ausgefallene Schuhe oder Mode sucht und das in hoher Qualität, wird dort bestimmt schnell fündig.

○ I SAPORI DELL'ISOLA D'ISCHIA

Zitronenlikör, Feigenmarmelade, Olivenöl oder Honig – manchmal sind kulinarische Spezialitäten die besten Mitbringsel. Hier findet sich eine reiche Auswahl, vor allem die Liköre sind zu empfehlen.

// www.saporischitani.it

○ MENNELLA

Bunt bemalte Teller, Tassen und Pfeifen oder Olivenölkaraffen finden sich in der großen Terrakotta-Fabrik von Mennella. Die Produkte sind typisch für Ischia und kommen auch in einigen Tavernen auf den Tisch.

// www.mennella.it

Links: Steil und gewunden sind die hübschen Gassen in Sant'Angelo.

ÜBERNACHTEN

Mezzatorre // Auf einem Felsvorsprung in Alleinlage befindet sich dieses kleine Hotel, das in seiner Aufmachung an einen arabischen Turm erinnert. Die Zimmer sind hell, freundlich, modern und alle mit ganz eigener Note. Die Lage ist traumhaft, und eine kleine Badestelle am Fels gehört zum Hotel, das mit Pool und Spa kaum Wünsche offen lässt.

// www.mezzatorre.it

Miramare Sea Resort // Der Ausblick auf die Felsen und die vorgelagerte Insel ist fantastisch von diesem Haus, das sich an den steilen Hang der Berge duckt. Auf der Terrasse sitzt man direkt über dem Meer. Obwohl das Hotel schon seit 1933 Gäste empfängt, ist es auf dem neuesten Stand, vor allem auch an den schönen Pools.

// www.miramaresearesort.it

Punta Chiarito Resort // Der Ausblick auf die Felsen und Forio ist fantastisch von diesem Haus, das sich an den steilen Hang der Berge duckt. Der Pool verfügt über einen kleinen Wasserfall, die Terrassen stehen unter Obstbäumen und die Zimmer sind im typischen italienischen Stil eingerichtet. Gutes Preis-Leistungs-Verhältnis.

// www.puntachiarito.it

AUF KEINEN FALL VERPASSEN

EINE WANDERUNG VON FORIO AUS UNTERNEHMEN

Wer Forio in Richtung Norden verlässt, stößt auf eine Halbinsel. Sie lässt sich einfach zu Fuß unrunden und bietet wunderschöne Panoramablicke auf das Meer und die Insellandschaft. Kleine Straßen erleichtern das Gehen. Wen das Wasser lockt, der badet in der Bucht Baia di San Montano, die am Wegesrand liegt. Schattige Wälder sorgen auf dem Weg immer wieder für Abkühlung und gute Luft. Wer noch genügend Puste hat, wagt den Aufstieg zum kleinen Monte Vico.

AUSFLUG MIT DEM BOOT

Steilwände, Grotten, bizarre Felsformationen – die Küstenlinie der Insel ist außerordentlich vielfältig. Deswegen lohnt es sich, ein Boot zu mieten – und am besten gleich den Bootsführer dazu – und einen Ausflug zu den schönsten Buchten zu unternehmen, denn diese locken mit feinem Sand und ihrer Unberührtheit. Mietstationen finden sich in allen Häfen der Insel. Besonders schön ist es, wenn man sich dazu noch ein Picknick einpackt.

FANGOPACKUNG AUSPROBIEREN

Der »heilende Schlamm«, wie Fango übersetzt heißt, entspannt Muskeln, stärkt das Immunsystem und bringt die Hormone in Wallung: Ischia wird auch als Geburtsstätte der Fangotherapie bezeichnet. Überall in den Spas und Thermen werden Fangopackungen angeboten. Wer schon einmal auf der Insel ist, sollte es ausprobieren, es gehört zum Urlaub hier dazu.

NATÜRLICHE THERMALBÄDER VON CAVA SCURA

Ganz in der Nähe des Maronti-Strandes befindet sich die Badeanstalt Cava Scura. Ein antiker Platz, an dem schön die Römer gekurt haben, liegt in der kleinen Schlucht. Dort strömen ein Wasserfall aus den Felsen und eine Quelle, deren Wasser 90 Grad hat. Rund um diesen Platz haben schon die Menschen der Frühzeit Becken aus dem Gestein getrieben, damit man sich dort entspannen kann. Eine Gelegenheit zum natürlichen Kuren, die man sich nicht entgehen lassen sollte – in unmittelbarer Nähe zum Meer.

#10   PONZA

WIE EINE INS WASSER GEFALLENE MONDSICHEL BREITET SICH DIESE INSEL IM TYRRHENISCHEN MEER AUS. PONZA BESITZT SCHÖNE STRÄNDE, TÜRKISBLAUES WASSER UND HAT DENNOCH ÜBERRASCHEND WENIG TOURISTEN. EIN KLEINES WUNDER, DIE INSEL IST NOCH IMMER VOM MASSENTOURISMUS VERSCHONT GEBLIEBEN. GENAU DAS MACHT IHREN CHARME AUS. DIE SEHENSWÜRDIGKEITEN SIND DORT EHER IN DER NATUR ZU FINDEN ALS IN SACHEN KULTUR. ES GIBT BUCHTEN, DIE AUSSEHEN WIE RIESIGE HERZEN. ZUGVÖGEL LIEBEN DIE INSEL ALS STATION AUF DEN FLÜGEN INS WINTER- ODER SOMMERQUARTIER, UND TAUCHER FINDEN IN DEN GRÜNDEN DES ARCHIPELS NOCH EINE UNTERWASSERWELT, DIE WEITGEHEND INTAKT GEBLIEBEN IST. ALSO AUF NACH PONZA, ABER PSSST – BLOSS NICHT WEITERSAGEN!

Wer auf Ponza baden will, muss auf Sand verzichten: Diese Insel ist aus Stein. Wind und Brandung haben an der Küste imposante Gebilde mit glatten Flächen daraus geformt. Dies zeigt sich an den Steilklippen (oben), an natürlichen Hafenbuchten (links) oder an den Höhlenwohnungen (rechts).

○ CALA FONTE

Was machen Fischer mit ihren Fängen, wenn sie keine Eimer mitgebracht haben? Sie legen sie in kleine Becken an den Steinen des Ufers. Wo früher Angler gesessen haben, fanden sich später Badende ein, die die flachen Felsen, den kleinen vorgelagerten Torbogen und das fast geschlossene Felsenbecken genossen haben. Heute ist der Strand wegen Steinschlaggefahr allerdings immer wieder mal gesperrt.

○ L'ARCO NATURALE

Wie ein natürlicher Triumphbogen türmt er sich im Meer auf. Der Naturbogen ist beliebt bei (Hobby-)Fotografen. Sie warten dann auf den Moment, an dem kleine Boote die Öffnung in der Mitte passieren. Ein kleines Schiff macht die gigantischen Verhältnisse der Felsen erst richtig deutlich.

○ HÖHLENWOHNUNGEN

Als zur Bourbonenzeit die Insel neu besiedelt werden sollte, fehlte es an Unterkünften. Die Arbeiter aber wussten sich zu helfen und trieben Wohnungen in die Höhlen am Meer. Die Behausungen stellen heute eine Attraktion dar, und einige sind nicht nur zu besichtigen, sondern auch für Feriengäste ausgestattet.

FÜR WEN GEEIGNET? DIESE INSEL IST EIN KLEINOD, DENN SIE HAT ES GESCHAFFT, VOM MASSENTOURISMUS UNENTDECKT ZU BLEIBEN. WER ALSO DAS URSPRÜNGLICHE SUCHT, KURZE WEGE UND VIEL NATUR MIT WUNDERBAREN MEERBLICKEN MAG, WIRD AUF PONZA VERWÖHNT. WER ALLERDINGS ABWECHSLUNG, TRUBEL UND MONDÄNE SHOPPINGMEILEN ODER CAFÉS BRAUCHT, DEM KÖNNTE ES AUF PONZA BALD LANGWEILIG WERDEN. DANN EIGNET SICH DIE INSEL VIELLEICHT EHER FÜR EINEN TAGESAUSFLUG.

Bilder links: Kleine Strände und herrliche Tauchreviere zeichnen Ponza aus. Ganz oben: Leuchtturm am Punta della Guardia.

Oben: Dies ist wohl das schönste Panorama der Isola di Ponza: Der Blick geht über die geschützte Bucht und den kleinen Hafen, dahinter die hübschen weißen Häuser. Die Boote und Jachten liegen sicher in der Bucht vertäut.

Rechts: Vor der kleinen Bucht Cala Felce lädt das glasklare Wasser zum Schwimmen und Schnorcheln ein.

○ CORSO PISACANE

Die Flaniermeile der Insel, zwischen Hafen und Altstadt des Hauptorts Ponza, verströmt typisch italienisches Ferienflair mit den kleinen Cafés, Eisbuden und Souvenirgeschäften. Auf dieser kurzen Bummelzone treffen sich nicht nur die Touristen, auch Stars und Prominente, die sich auf der Insel eine Auszeit gönnen, sind dort schon gesehen worden, etwa Naomi Campbell oder Caroline von Monaco.

○ BOTANISCHER GARTEN

Als in den 1980er-Jahren Meldungen die Runde machten, dass einige Pflanzen auf Ponza vom Aussterben bedroht sind, fasste sich der Arzt Dr. Biagio Vitiello ein Herz und gestaltete einen Garten mit bedrohten heimischen Pflanzen. Orchideen, Sträucher und Kräuter wachsen dort und bilden heute das botanische Schmuckstück der Insel. Dramatischer könnte die Kulisse nicht sein, denn einige der Pflanzen krallen sich zäh an die steil ins Meer abfallenden Felsen.

○ FARO DELLA GUARDIA

Auf einem vorgelagerten, runden Felsen liegt dieser Leuchtturm. Er ist ein beliebtes Ziel für Wanderer. Obwohl man ihn nicht von innen besichtigen kann, wird er gern als Fotomotiv verewigt.

STRÄNDE

○ CHIAIA DI LUNA

Wie eine helle Sichel breitet sich dieser Strand aus, darüber helle Steilküste, davor türkisblaues Meer – eindeutig der schönste Strand der Insel. Leider war er in der Vergangenheit häufig wegen Steinschlags gesperrt, also unbedingt auf die Beschilderung achten, bevor man dort hinuntergehen möchte. Zur Not aber den traumhaften Blick von oben genießen!

○ LUCIA ROSA

Wenn die Sonne untergeht, ist dieser Strand am allerschönsten. Dann leuchten die Felsnadeln, die aus dem Meer ragen, in warmen Tönen. Die Bucht ist dramatisch schön mit ihren schroffen Felsen und dem lieblichen Meer darunter.

AUSGEHEN

Bar Tripoli // Die älteste Bar der Insel ist noch immer der Treffpunkt der Szene: Mit einem Campari Orange vor der Nase auf den Regiestühlen sitzen und zusehen, wie die Boote im Sonnenuntergang schaukeln, gehört zu den wichtigsten Abendbeschäftigungen auf der Insel.

Il Pescatore // Ambitionierte, gute Küche, die vor allem auf Fisch spezialisiert ist. Ein wunderbarer Platz mit herrlichem Panorama lässt die Mahlzeiten noch mal so gut munden.

Eea // Thunfisch, fein und neu arrangiert, in Begleitung mit Algen oder Quellersalat – hier sind es die neuen Ideen, die der Küche Pep geben. Wunderbar ist der Ausblick auf den Hafen.

// www.mondoeea.it

Links: Für viele Römer ist Ponza zum beliebten Sommerreiseziel geworden, dennoch hat die Insel noch nichts von ihrer Bodenständigkeit eingebüßt.

○ FRONTONE

Der belebteste Strand der Insel ist ein Kieselstrand, Liegen lassen sich für eine Gebühr mieten. Frontone liegt zentral – das ist wohl sein größter Pluspunkt.

SHOPPING

○ IL BRIGANTINO

Hübscher Buchladen, einziger der Insel. Dort gibt es auch ein Büchlein über Ponza, das der Ladenbesitzer herausgegeben hat. Es lohnt sich schon allein wegen der Zeichnungen.

○ BREZZA DI MARE

Zwei Künstler führen diese kleine Boutique, die neben Dekoobjekten auch hübsche Kleidung führt, allen voran solche aus Leinen, was perfekt zum Klima der Insel passt, weil es so schön kühlt.

○ PASTICCERIA CAFFETTERIA NAPOLETANA

Wer italienisches Gebäck mag, sollte unbedingt in dieser kleinen Bäckerei vorbeischauen. Dort gibt es raffinierte Küchlein und Sahnetorten.

ÜBERNACHTEN

Grande Hotel Santa Domitilla // Dieser Poolbereich ist ein Traum: Mit seinen künstlichen Grotten und den abends beleuchteten Becken lässt er das Gefühl aufkommen, bei »Tausendundeiner Nacht« zu sein – sehr romantisch und fantasievoll. Mehrere Becken lassen es nicht an Wasserspaß mangeln, das Hotel befindet sich zudem im Hafenbereich der Inselhauptstadt.

// www.santadomitilla.com

Grand Hotel Chiaia Di Luna // Diese Lage! Weit oben über dem Meer mit Blick auf die weiße Steilküste. Die Zimmer sind nicht allzu groß, dafür sitzt man auf der Terrasse des Hauses wunderbar und blickt auf den schönsten Strand der Insel.

// www.hotelchiaiadiluna.com

AUF KEINEN FALL VERPASSEN

DEN HÖCHSTEN BERG DER INSEL ERKLIMMEN

283 Meter ist er nur hoch, doch von seinem Gipfel aus ergeben sich wunderbare Blicke über das glitzernde Meer, auf dem Segeljachten vor sich hinschaukeln, sowie Felsen und Inseln des Archipels: Der Monte Guardia ist der Aussichtspunkt erster Wahl auf Ponza. Schon der Dichter Eugenio Montale kam bei dem Blick von hoch oben ins Schwärmen: »Zwischen Bougainvilleen und Explosionen von Ginster verliere ich mich in der Schönheit dieser Sonnenuntergänge und finde auf der Erde mein Paradies.« Also: Die Mühe des Aufstiegs lohnt sich!

ÜBER DIE ALTEN SAUMPFADE WANDERN

Wenn sich eine Insel zum Wandern eignet, dann diese. Auf Ponza kann man alles gut zu Fuß erreichen, die Entfernungen sind überschaubar, die Orientierung kann man kaum verlieren. Und auf dem Weg finden sich mit Sicherheit immer irgendwelche Zeugnisse aus der Vergangenheit. etwa der alte Hafen Santa Maria oder eine Totenstadt.

VOR PONZA TAUCHEN

Die Tauchgründe vor Ponza sind spektakulär. Ob Zackenbarsch, Barrakuda oder bunte Korallen, es lässt sich viel Farbenfrohes unter Wasser finden. Ponza ist ganz klar ein Hotspot der Taucherszene, viele der Urlauber schwärmen mit Druckluftflasche und Schwimmflossen aus und man sieht sie erst wieder abends in den Restaurants. Wer noch keinen Tauchschein hat, kommt hier in Versuchung, einen abzulegen.

NACHBARINSELN ERKUNDEN

Ponza ist nicht die einzige Insel des Archipels, aber die einzige, die bewohnt ist. Wer einmal hier ist, sollte eine Bootstour zu den Nachbarinseln unternehmen, etwa auf das unbewohnte Gavi oder nach Palmarola. Auch Zannone lohnt einen Stopp, vor allem wegen des einsamen Klosters Santo Spirito di Zannone. Wer auf dem Meer unterwegs ist, hat manchmal auch kulinarisches Glück: In der Hauptsaison verkehrt dort ein Boot, das Eiscreme verkauft.

#11   ÄOLISCHE INSELN

WÜRDE MAN ITALIENISCHES TEMPERAMENT MIT EINER INSEL BESCHREIBEN, ES WÄRE WOHL STROMBOLI. FEURIG, AUF-BRAUSEND UND VOLLER EIGENWILLIGER SCHÖNHEIT. DIE LIPARISCHEN INSELN, WIE DIE SIEBEN EILANDE VOR SIZILIEN AUCH GENANNT WERDEN, SCHEINEN MANCHMAL, ALS HÄTTE MAN SIE VERGESSEN. ZU STARK IST DIE STRAHLKRAFT SIZILIENS UND DES FESTLANDES. DAS TUT DEN ÄOLISCHEN INSELN, WIE IHR ZWEITER NAME AUCH LAUTET, NUR GUT. EINE UNAUFGEREGTHEIT HAT SICH DORT GEHALTEN, UND AN MANCHEN STELLEN FÜHLT MAN SICH WIRKLICH GANZ WEIT WEG VON ALLEM, AUCH VON ITALIEN. JEDE DER SIEBEN INSELN ZEIGT DABEI IHR UNVERWECHSELBARES GESICHT. ZWEI STUNDEN FÄHRPASSAGE VON MILAZZO UND NOCH MAL EINEINHALB AUTOSTUNDEN VON DORT BIS ZUM NÄCHSTEN FLUGHAFEN CATANIA - DIE LIPARISCHEN INSELN MACHEN ES IHREN GÄSTEN NICHT LEICHT, SIE ZU EROBERN. WER ES TROTZDEM SCHAFFT, SCHAUT NICHT ZUFÄLLIG VORBEI. EINE GEGEND MIT KÖSTLICHEM WEIN, GLASKLAREM MEERWASSER UND KREATIVEN MENSCHEN.

Oben: Nahezu kreisrund lässt der 675 Meter hohe Vulkan Filo del'Arpa nicht viele Besiedlungsmöglichkeiten auf dem 5,2 Quadratkilometer großen Alicudi. Die 100 Einwohner leben vom Fischfang und der Landwirtschaft. Sie wohnen in dem einzigen Ort namens Alicudi Porto im Südosten und bauen Feigen, Kapern, Mandeln und Wein an. Erst seit 1990 gibt es Elektrizität und Telefonanschluss auf der Insel.

Links: Bis ins 19. Jahrhundert hinein war Vulcano unbesiedelt – zu gefährlich und unberechenbar schien der Feuer speckende Berg zu sein. Seit etwa 1970 haben Tagestouristen das von vier Vulkanen erschaffene Eiland für sich entdeckt, und der strenge Geruch, der über Vulcano wabert, hält sie nicht ab.

○ SALINA

»Eine Insel mit zwei Bergen« – dieses Kinderlied kommt einem unwillkürlich in den Sinn, wenn die Fähre auf Salina zusteuert. Ein Zwillingsvulkan beherrscht die Formgebung der Insel und ragt mit seinen beiden Kegeln aus der Landschaft. Die zweitgrößte der Liparischen Inseln ist zugleich landschaftlich die lieblichste. Bekanntheit erlangte die Insel durch den Film »Il Postino« (1994), der die Freundschaft des im Exil lebenden Dichters Pablo Neruda mit einem Postboten beschreibt. Der Hauptdrehort ist zu besichtigen: Das Haus steht über der malerischen Bucht von Pollara, die mit ihren in den Felsen gehauenen Bootsschuppen für sich schon sehenswert ist, ebenso wie der Inselhauptort Santa Marina.

○ STROMBOLI

Er rumpelt. Erst nur ein leichtes Beben, dann wird es laut unter der Erde und schon bald spuckt der Krater kleine Rauchwolken aus: Kaum ein Vulkan lässt sich so gut berechnen wie der Stromboli. Er bricht jeden Tag aus, oft sogar mehrfach pro Stunde. Dann poltert es in seinem Bauch, bevor er Feuer speit. Klar, dass ein derart besonderer Platz außergewöhnliche Menschen anzieht und so ist Stromboli bis heute eine Hippie-Insel geblieben. Wer dort ist, hat eigentlich nur eines im Sinn: den Vulkan erleben, entweder bei einer Wanderung zu seinem Krater oder bei einer nächtlichen Bootsfahrt auf dem Meer. Auch das Dorf mit den bunt angemalten Häusern lohnt den Besuch. Übrigens: Schon Jules Verne hat den Vulkan in seinem Werk »In 80 Tagen um die Welt« beschrieben.

○ VULCANO

391 Meter ragt er aus dem Meer hinaus, doch irgendwie scheint er wie ein Riese. Schwefelgase haben seine Hänge teilweise gelb gefärbt, es brodelt und zischt aus den Erdspalten. Die Insel ist dünn besiedelt und

FÜR WEN GEEIGNET? SIZILIEN IST SCHÖN. DIE ÄOLISCHEN INSELN SIND NOCH SCHÖNER. VIELLEICHT WEIL SIE SICH EINE GEWISSE URSPRÜNGLICH-KEIT ERHALTEN HABEN. SIE SIND ABER NUR PER HUBSCHRAUBER UND MIT DEM SCHIFF ANZUSTEUERN, ALSO NICHTS FÜR MENSCHEN, DIE SCHNELL SEEKRANK WERDEN. DIE EINZELNEN INSELN SIND SEHR UNTERSCHIED-LICH, AUCH IN DEM, WAS SIE BIETEN, EINERSEITS IM PREIS-LEISTUNGS-VER-HÄLTNIS, ANDERERSEITS MIT IHREN AKTIVITÄTEN. DESWEGEN SOLLTE MAN SICH VORHER GENAU INFORMIEREN, WELCHE DER SIEBEN EILANDE ZU EI-NEM PASSEN.

Touristen kommen meistens für einen Tagesausflug. Zwei Sehenswürdigkeiten hat Vulcano: den aktiven Krater des Vulkans, in dem der Schwefeldampf ein-zigartige Muster beim Kristallisieren gebildet hat. Nahe dem Hafenbecken lockt zudem das Schlammbad Vasca di Fanghi mit seinen verschiedenen natürlichen Pools und heißen Quellen.

○ LIPARI

Bunt angestrichene Fischerboote schaukeln friedlich im Hafenbecken. Dahinter sind verschachtelte, ocker verputzte Häuser zu sehen, und über allem thront eine alte Burg: Die Festung aus dem 16. Jahrhundert wirkt eher wie ein Palast denn wie eine trutzige Wehranla-ge, wenn man innerhalb der Mauern steht. Von au-ßen allerdings wirkt sie uneinnehmbar. Ein Erdbeben hatte 1783 viele der alten Gebäude zerstört. Inzwi-schen gleicht die Burganlage einer Stadt in der Stadt mit ihrer Kathedrale, dem Archäologischen Museum und den alten Häusern. Am besten eine Nacht blei-ben, dann entfaltet sich die Hauptstadt der Insel und atmet wieder auf, wenn die letzte Fähre die Tagestou-risten mitgenommen hat. Strandliebhaber bleiben an den weißen Ufern, an der der Bimsstein dem Meer ein unwirkliches Blau entlockt – wie in der Südsee.

○ FILICUDI

An den Hängen der schlummernden Vulkane grünt und blüht es: Filicudi wird von drei Feuerbergen be-herrscht, und große Teile der Insel stehen unter Na-turschutz. Wie Vulcano ist es reich an Obsidian und war deswegen ein bedeutendes Handelszentrum in der Jungsteinzeit. Auf Filicudi befand sich eine der wichtigsten Siedlungen des Mittelmeerraums zur frü-hen Bronzezeit. Wie weit entwickelt die Kultur der Menschen damals war, davon erzählen unter ande-rem die Keramiken der Capo-Graziano-Kultur, wie diese frühe Siedlungsform auch genannt wird. Wen Historisches weniger interessiert, der findet ein schö-nes Wanderwegenetz entlang der alten Maultierpfa-de und kleinen Kapellen. Schnorchler und Taucher sind fasziniert von den vielen Grotten auf der Insel. Und die Felsnadel La Canna, die so einsam aus dem Meer ragt, gehört zudem zu den fotografischen Hö-hepunkten.

○ ALICUDI

Die westlichste der sieben äolischen Perlen ist nicht nur die abgelegenste, sondern auch die kleinste. Au-

Links oben: Zahlreiche Fähren verbinden die Inseln untereinander und ermöglichen ein entspanntes Inselhopping.

Links unten: Es gibt Hinweise, dass die 57 Grad warme Therme auf Lipari schon in der grie-chischen Antike bekannt war. Denn die ersten Bewohner kamen bereits rund 5000 v. Chr. auf das Eiland, das mit 37,5 Quadratkilometern die größte Liparische (= Äolische) Insel ist und der Gruppe ihren Namen gab.

tos und Straßenbeleuchtung sucht man auf Alicudi vergeblich, es gibt noch nicht einmal Straßen. Dafür Treppen, viele Treppen, der Ort scheint fast nur aus Treppen zu bestehen. Maultiere schleppen das Gepäck der Touristen. Es gibt nur wenige Restaurants und Cafés: Das autofreie Alicudi ist die Insel des Nichtstuns, des Wanderns und der Tage, an denen man endlich mal genug Zeit hat, vor sich hin zu sinnieren.

○ PANAREA

Wenn Salina die Liebliche ist und Stromboli die Feurige, dann ist Panarea die Exklusive: Dort treffen sich die Reichen und Schönen, die komplette Infrastruktur der Insel ist auf Luxus ausgerichtet. Uma Thurman, Antonio Banderas oder Giorgio Armani urlaubten schon dort. Panarea ist die Insel, die Stromboli am nächsten liegt. Von hier aus starten die Hubschrauberrundflüge über die Caldera des Vulkans, viele Gäste aber lassen sich mit dem Heli gleich von Sizilien auf die Insel fliegen und ersparen sich die Schiffspassage. Sehenswert ist vor allem der Hauptort mit seinen engen Gassen, den gepflegten Vorgärten mit den bunten Rankpflanzen, die einen wunderschönen Kontrast geben zu den strahlend weißen Häusern, hinter deren Fassaden sich viele kleine Boutique-Hotels und Restaurants verstecken.

AUSGEHEN

Panarea: Ristorante Cusiritati di Foti Amelia // Auf der Dachterrasse sitzen und auf den Hafen von Panarea blicken, Segler bei An- und Ablegemanövern beobachten oder einlaufende Touristenboote: Wer in diesem Restaurant speist, hat immer etwas zu gucken. Das Essen ist hochwertig und mit Raffinesse zubereitet.
// www.myadj.it

Salina: Mamma Santina // Pasta, Fisch oder Meeresfrüchte genießen, auf der Terrasse sitzen und den ausbrechenden Stromboli in der Ferne beobachten – Mamma Santina vereint einen wunderbaren Panoramaplatz mit hochwertiger Küchenkunst, denn dort kocht der Chef persönlich.
// www.mammasantina.it

Stromboli: Café Ingrid // Es gibt einen Platz auf Stromboli, an dem sich wirklich jeder abends trifft – der große Platz vor der Kirche. Dann setzt man sich entweder auf die Stühle des Café Ingrid oder holt sich etwas auf die Hand, lässt sich auf den Treppen des Platzes nieder und genießt den Blick in die untergehende Sonne.

STRÄNDE

○ PANAREA: CALA DEI ZIMMARI

Der einzige Sandstrand der kleinen Insel ist eher klein und schmal. Trotzdem ist es schön dort, zum Sonnen und Baden reicht es.

○ STROMBOLI: FICOGRANDE

Vulkanerde ist etwas anderes als Sand. Das zeigt sich nicht nur in der Farbe. Schwarzer Strand ist nicht jedermanns Sache, denn er lässt das Meer unergründlich tief erscheinen. Was bei dem einen Angst hervorruft, begeistert den anderen. Der Staub ist viel feiner, leichter und klebt auch länger an den Füßen. Doch

Rechts: Die herrliche Landschaft auf Lipari erwandern Naturfreunde am besten auf alten Maultierpfaden, die Straßen lassen sich mit dem Mountainbike oder per Vespa erkunden.

Links: Sehenswert ist die Hafenstadt Lipari: Seit Jahrtausenden legen hier Schiffe an. Kamen einst Piraten oder segelten die Bewohner zu Beutezügen, verkehren heute vor allem Tagestouristen.

wer dort badet, weiß hinter sich den Vulkan, der mit seiner Unbändigkeit vielleicht in diesem Moment den nächsten kleinen Ausbruch tätigt.

○ VULCANO: ACQUE CALDE

In einem Fangotümpel sitzen und Wärme und Wasser arbeiten lassen – diese Kombination macht Vulcano zu einem einzigartigen Erlebnis. Der heiße Schwefelschlamm soll sich mildernd auf Probleme mit Gelenken und der Haut auswirken. Er tut aber auch an kühleren Herbsttagen einfach nur gut. An dieser Stelle befindet sich auch ein kleiner Strand, und die heißen Quellen münden direkt ins Meer.

SHOPPING

○ SALINA

Rund um die Kirche Madonna del Terzito laden kleine Boutiquen zum Shoppen ein. Bunte Keramiken und Trachten, aber auch Spezialitäten aus Kapern oder Marmeladen werden feilgeboten.

○ STROMBOLI: TOTEM TREKKING

Wanderschuhe vergessen? Kein Problem. In diesem Sportgeschäft findet sich schnell ein Paar neuer Schuhe, um den Aufstieg zum Stromboli zu wagen. Aber auch Stöcke und anderes Zubehör gibt es dort. Und wer nichts kaufen will, kann sich auch Schuhe und andere Ausrüstung leihen.

// www.totemtrekkingstromboli.com

○ BIMSSTEIN VON LIPARI

Auf Lipari haben einige Künstler die Steine der Insel zu kleinen Kunstwerken geschliffen. Die weißen, aufgeblähten Magmastücke werden in den kleinen Souvenirgeschäften der Inselhauptstadt feilgeboten. Ein einmaliges Mitbringsel, das besonders hübsch in Ketten, Armbändern oder Ringen aussieht.

ÜBERNACHTEN

Salina: Hotel Signum // Kultur und Stil, gepaart mit mediterraner Leichtigkeit – das finden Gäste hier. Die Möbel sind alle individuell ausgesucht, viele Antiquitäten, ein Musikzimmer, eine Bibliothek – man fühlt sich wie im Urlaub auf einem Landgut. Man kann hier übrigens auch herrlich speisen. Die Fröhlichkeit der Küche ist ansteckend, hier fühlt man sich einfach wohl.

// www.hotelsignum.it

Panarea: Quartara // Ein kleines Hotel mit viel Stil und hübschen Kleinigkeiten in den Ecken: Dort ein Mini-Pool, hier ein hübsches Blumenbeet. Die Zimmer sind geräumig und im robust-modernen Haciendastil eingerichtet, das Haus verwöhnt auf hohem Niveau und verfügt über ein eigenes Spa.

// www.quartarahotel.com

Stromboli: Il Mulino // In einer alten Windmühle ohne Flügel übernachten die Gäste auf Stromboli. Das Haus, direkt an der Küste, bietet Meerblick. Es herrscht eine warme Atmosphäre, das Preis-Leistungs-Verhältnis ist gut.

// www.casavacanzestromboli-ilmulino.it

AUF KEINEN FALL VERPASSEN

MIT DEM HUBSCHRAUBER ÜBER STROMBOLI FLIEGEN

Einen ausbrechenden Vulkan zu sehen, das ist etwas Einmaliges. Vor allem, wenn man ihm direkt in seinen Schlund schauen kann und die Feuerfontänen, die er gen Himmel spuckt, auf sich zurasen sieht. Es klingt gefährlicher, als es ist: Ein Hubschrauberflug über den Stromboli gehört zu den beeindruckensten Erlebnissen, die man sich gönnen kann. Das Schöne daran ist, dass Stromboli ständig ausbricht und damit so berechenbar ist.

STROMBOLI BEI NACHT AUSBRECHEN SEHEN

Wenn der Vulkan ausbricht, ist es beruhigend, nicht auf der Insel zu sein, auf der der Boden gerade rumpelt. Doch verpassen sollte man dieses Spektakel keineswegs. Wer es nicht schafft, den Hubschrauberflug zu buchen, sollte sich auf ein Schiff begeben – es werden viele nächtliche Touren aufs Meer angeboten –, um den Stromboli von dort aus zu betrachten und zu sehen, wie die rot glühende Lava die Berge hinabrinnt.

INSELHOPPING MACHEN

Die Liparischen Inseln sind zu schön, um nur auf einer zu bleiben. Es lohnt sich, von Insel zu Insel zu ziehen und auf jeder einige Nächte zu verweilen. Ein Netz an Fähren verbindet die Häfen und macht es Reisenden leicht. Manche der Inseln wie Panarea oder Stromboli sind so klein, dass man gar kein Mietauto braucht, sondern zu Fuß gut vorankommt; auf Salina fahren Busse. Wenn Inselhüpfen einfach ist, dann auf diesen Inseln!

KAPERN ESSEN

Die besten Kapern kommen aus Salina und den umliegenden Inseln. Das jedenfalls behaupten die Menschen dort. Tatsächlich sind die kleinen grünen Früchte im Aroma außerordentlich stark, vielleicht liegt es an der salzigen Luft, die sie aufnehmen. Kapern gehören zur Küche der Liparischen Inseln dazu, ob in der Nudelsauce oder zum Fleisch. Und wer sie nicht mag, der sollte unterwegs an den Sträuchern genauer hinsehen. Die feinen weiß-lilafarbenen Blüten sind ein fragiles Gesamtkunstwerk.

BIMSSTEINBRUCH IM NORDEN VON LIPARI

Wie viele Farben die Erde haben kann, zeigt sich im alten Steinbruch von Lipari. Dort ist nicht nur der weiße Bimsstein zu bewundern, sondern auch Gesteinsschichten, die sich in Regenbogenfarben aneinanderreihen.

#12

SIZILIEN

DIE GRÖSSTE INSEL ITALIENS KOMMT IN IHRER KULTURELLEN VIELFALT EINEM GANZEN KONTINENT GLEICH. KLASSISCHE GRIECHISCHE TEMPEL, NORMANNISCHE KATHEDRALEN UND BAROCKE PALÄSTE MACHEN AUS DER INSEL EINE ART ÜBERDIMENSIONALES STILKUNDEMUSEUM. EINEN KRAFTVOLLEN KONTRAPUNKT SETZT DIE NATUR MIT DRAMATISCHEN FELSKÜSTEN UND SUPERLATIVEN WIE EUROPAS HÖCHSTEM VULKAN. AM RANDE EUROPAS, ABER IM ZENTRUM DER MEDITERRANEN WELT: PRÄGNANTER LÄSST SICH DIE ROLLE SIZILIENS IN GESCHICHTE UND GEGENWART WOHL KAUM BESCHREIBEN. FÜR BEWUNDERER DER ANTIKE IST DIESE 26 000 QUADRATKILOMETER GROSSE, VOM IONISCHEN UND VOM TYRRHENISCHEN MEER UMSPÜLTE INSEL EIN STÜCK GRIECHENLAND. FÜR MAILÄNDER UND TURINER IST SIE EIN VON DUNKLEN MÄCHTEN BEHERRSCHTER STOLPERSTEIN VOR DER SPITZE DES ITALIENISCHEN STIEFELS, DER DEN FORTSCHRITT NUR HEMMT. FÜR DIE SIZILIANER HINGEGEN BLEIBT SIE, AUCH WENN VIELE UNTER DEN FEUDALEN VERHÄLTNISSEN LEIDEN UND AUS ARMUT FORTGEHEN MUSSTEN, IMMER NOCH »TERRA SANTA« – IHRE VOM »STIEFEL« ITALIEN ALLZU OFT GETRETENE HEILIGE HEIMAT.

Links: Sizilien zieht nicht nur durch seine wilde landschaftliche Schönheit, sondern auch durch sein reiches kulturelles Erbe die Besucher an. Ende des 19. Jahrhunderts entdeckte versteinerte Reben bewiesen, dass Wein bereits seit frühester Zeit auf Sizilien wuchs. Mit seiner Kultivierung begannen die Griechen im 8. Jahrhundert v. Chr.; sie führten auch die Rebenziehung in Form von Bäumchen (»alberello«) ein. Heute ist Sizilien die größte Weinregion Italiens.

○ PALERMO

Im Ersten Punischen Krieg Hauptstützpunkt der karthagischen Flotte, erlebte Palermo in der Folge unter Arabern, Normannen und Staufern kulturelle Blütezeiten sondergleichen. Aus all diesen Epochen hat sich ein immenser Schatz an Baudenkmälern erhalten. In der Altstadt stehen byzantinische Kirchen neben Moscheen, barocke und katalanische Paläste neben klassizistischen Kasernen und arabischen Lustschlössern. Glanzstücke sind die gewaltige Kathedrale und der Normannenpalast mit der mosaikgeschmückten Cappella Palatina, sehenswert auch die Kirchen San Cataldo, La Martorana und San Giovanni degli Eremiti, ferner der Palast La Zisa, das Teatro Massimo, die Katakomben des Kapuzinerkonvents sowie Nationalgalerie und Archäologisches Museum.

CAPPELLA PALATINA

Einer der kostbarsten Schätze Palermos ist die Cappella Palatina im Palazzo dei Normanni. Die Hofkapelle wurde unter König Roger II. von 1132 bis 1140 in die Palastanlage eingefügt. Byzantinische Mosaiken und arabisches Schnitzwerk prägen die Ausstattung des von einer Kuppel gekrönten dreischiffigen Bauwerks. Auf Säulen ruhende spitzbogige Arkaden trennen das Mittelschiff der Kapelle von den Seitenschiffen.

○ MONREALE

Kein Aufenthalt in Palermo ist denkbar ohne die Fahrt hinauf in das rund acht Kilometer entfernte Bischofsstädtchen. Von der Anhöhe des Monte Caputo aus hat man die sizilianische Hauptstadt unvergleichlich

schön vor sich liegen. Die Hauptsehenswürdigkeit aber ist die weltberühmte Kathedrale. 1172 hatte Wilhelm II. hier eine Benediktinerabtei gestiftet, um die sich alsbald eine Stadt bildete. In ihrem Zentrum ließ er einen Dom bauen – eine dreischiffige Basilika, die den Triumph des Christentums über den Islam symbolisieren sollte. Diese mit einer Länge von 102 Metern und einer Breite von 40 Metern größte Kirche Siziliens ruht auf 18 antiken Säulen. Die große Sensation sind freilich ihre einzigartigen Mosaiken, die auf einer Fläche von 6300 Quadratmetern mit beispielloser Pracht biblische Geschichten erzählen.

○ CEFALÙ

Das unter einem mächtigen Kalkfelsen geduckte Fischerstädtchen wäre allein schon wegen seiner orientalisch anmutenden Altstadt und dem Sandstrand einen Zwischenstopp wert. Es wartet auf mit der Ruine eines antiken Heiligtums und arabischen Waschhäusern. All dies wird aber im wahrsten Sinne des Wortes vom Dom in den Schatten gestellt. Den Grundstein für diesen ältesten Sakralbau Siziliens aus der Normannenzeit ließ König Roger II. im Jahr 1131 legen. Die Fassade mit ihrem romanisch strengen Bogenportal wird von wuchtigen Wehrtürmen gesäumt. Meister aus Konstantinopel schufen im Chorbereich noch zu Lebzeiten des Stifters herrliche, golden gleißende Mosaiken.

○ SEGESTA

In der heute unbewohnten Hügellandschaft hatten sich in der Antike die Elymer, angebliche Nachkom-

FÜR WEN GEEIGNET? MIT DEN UN-ZÄHLIGEN HISTORISCH BEDEUTSAMEN STÄTTEN IST SIZILIEN EIN GEEIGNETES ZIEL FÜR ALLE, DIE SICH IM URLAUB NICHT NUR AUF DIE FAULE HAUT LE-GEN, SONDERN GERN ETWAS KULTU-RELLE BILDUNG GENIESSEN MÖCH-TEN. EBENSO IST SIZILIEN FÜR ALLE FREUNDE DES ITALIENISCHEN FLAIRS UNBESTREITBAR AUF DER MUST-SEE-LISTE, DENN NICHT ZU UNRECHT SAGT MAN, DASS MAN ITALIEN ERST KENNT, WENN MAN AUF SIZILIEN WAR. NICHT ZULETZT IST DIE INSEL ABER AUCH EINE SCHÖNE DESTINATION FÜR NA-TURLIEBHABER MIT IHREN VULKANEN UND DER TEILS SUBTROPISCHEN VEGE-TATION.

men der Trojaner, niedergelassen. Von der Stadt die-ses Volkes sind ein majestätischer, jedoch unvollen-det gebliebener dorischer Tempel und ein prachtvoll gelegenes Amphitheater erhalten.

○ **SELINUNTE**

Die Stadt, einst dank des Weizenhandels einer der wichtigsten griechischen Orte auf Sizilien, wurde im 7. Jahrhundert v. Chr. von Dorern gegründet und 250 v. Chr. von den Karthagern zerstört. Trotz etli-cher Erdbeben und des Missbrauchs als Steinbruch haben sich auf dem riesigen Ruinengelände imposan-te Relikte erhalten. Auf der Akropolis und zwei Hü-geln wurden direkt am Meer insgesamt neun Tem-pelanlagen freigelegt. Einige sind wiederhergestellt und bilden Paradebeispiele für monumentale Hei-ligtümer der klassisch-griechischen Zeit.

○ **TAORMINA**

Beeindruckende Kirchen, Klöster, Paläste, Gässchen und Plätze, dazu das weltbekannte antike Theater mit der Küste und dem Ätna als Kulisse: Siziliens meist-besuchter Ort hat schon Goethe fasziniert.

○ **RAGUSA**

Die Stadt bildete schon unter den Sikulern, den an-tiken Bewohnern Ostsiziliens, ein wichtiges Zentrum. Nach dem verheerenden Erdbeben von 1693 wurde sie komplett neu erbaut. Ihr östlicher Teil, Ragusa-Ibla,

Oben: Vom Spätbarock geprägt ist das Gesicht der Stadt Noto. Der Palazzo Ducezio (Rat-haus) wurde 1746 von Vincenzo Sinatra erbaut.

Links oben: Fliegende Händler gehören auch heute noch zum Alltag in Palermo, das sich einen altmodischen Charme bewahren konnte.

Links unten: Das Teatro Greco in Taormina ist, entgegen dem Namen, eigentlich ein römischer Bau. Von hier aus hat man einen prächtigen Blick auf den Ätna.

drängt sich mit seinen winkeligen Gassen auf einem Felssporn und wird von der Basilika San Giorgio überragt. In der westlichen, 100 Jahre jüngeren Stadthälfte finden sich die Kathedrale, repräsentative Palazzi und das Museo Archeologico Ibleo. Beide Bezirke bieten ein barockes Stadtbild par excellence.

○ NOTO

Das auf einem flachen Ausläufer der Iblei-Berge erbaute Städtchen gilt als schönstes urbanes Gesamtkunstwerk im Stil des sizilianischen »Nachbeben-Barock«. Die Hauptachse des rechtwinkeligen Straßenrasters, das, in Terrassen abgestuft, den Hang überzieht, bildet der Corso Vittorio Emanuele. Franziskanerkirche, Kapuzinerkonvent, Dom San Nicolò, Rathaus, Erzbischöfliches Palais: Die reich stuckierten Fassadenfronten schaffen hier im Verbund mit Freitreppen, Parks und Plätzen eine Kulisse von kaum überbietbarer Theatralik.

○ SIRACUSA (SYRAKUS)

Beim ersten Blick auf die gesichtslosen Neubauten von Syrakus mag man kaum glauben, dass diese Provinzhauptstadt vor 2300 Jahren eine Million Einwohner zählte und dass sie einst die mächtigste der griechischen Städte in Süditalien war, ein Brennpunkt des Handels, aber auch der Philosophie und Wissenschaft. Doch ein Gang durch die malerische Altstadt öffnet die Augen. Denn jene Insel namens Ortigia, auf der von der Gründung durch die Korinther (um 740 v. Chr.) bis heute das historische Herz von Syrakus schlägt, hat etliche Relikte der frühen Blüte vorzuweisen – den Apollotempel etwa, die Arethusaquelle und einen dorischen Tempel, den man im 7. Jahrhundert zum heutigen Dom ausgebaut hat.

○ CATANIA

Siziliens zweitgrößte Stadt liegt keine 30 Kilometer Luftlinie vom Hauptgipfel des Ätna entfernt und hatte unter dieser Nachbarschaft oft zu leiden. Im Verlauf ihrer fast 3000-jährigen Geschichte haben Lavaströme und Erdbeben sie wiederholt zerstört. Ende des 17. Jahrhunderts wurde sie nach einem verheerenden Beben streng nach Plan aus dunklem Lavagestein in spätbarockem Stil wieder aufgebaut. Aus der Vielzahl pompöser Paläste und Kirchen ragt der Dom heraus.

Rechts: Nach dem Erdbeben 1693 wurde Ragusa komplett neu erbaut. Ragusa-Ibla im Osten drängt sich mit seinen winkligen Gassen auf einen Felssporn und wird von der Basilika San Giorgio überragt. In der westlichen, 100 Jahre jüngeren Stadthälfte finden sich die Kathedrale, repräsentative Palazzi und das Museo Archeologico Ibleo. Ragusa bietet ein barockes Stadtbild par excellence.

AUSGEHEN

Palermo: Rosso Di Sera // Hier dreht sich alles um Wein, Meeresfrüchte und Fisch – ein Sinnbild für die gesamte Insel also. Etwas außerhalb im Vorort Sferracavallo gelegen, mit freundlichem Service und gutem Ambiente.

Palermo: Osteria Mercede // Die ideale Adresse, um besten sizilianischen Fisch zu schlemmen und dennoch den Geldbeutel nicht zu sehr zu strapazieren.

Letojanni: Niny Bar // Gemütlich unter Sonnenschirmen einen köstlichen Eisbecher genießen, kann man in Letojanni am besten in der Niny Bar. Auch die Kuchen und Snacks wie Panini sind zu empfehlen.

Catania: First Lounge Bar // Hipster-Bar mit viel Flair in einem Hinterhof, zu ausgewählter Musik gibt es Snacks, Cocktails und Bier.

STRÄNDE

○ SAN VITO LO CAPO

Steile Felsen rahmen San Vito Lo Capo ein, während der Strand selbst mit rein weißem Sand und traumhaft türkisfarbenem Wasser punktet.

○ CALA MARINELLA

Im Nordosten des Landes wartet im Naturreservat von Zingaro eine Reihe an Buchten und Stränden auf Sonnenhungrige. Am schwersten zu erreichen ist die Cala Marinella – dafür aber wohl die schönste Bucht und die mit der meisten Privatsphäre.

ÜBERNACHTEN

Cefalù: Le Calette // Die Hotelanlage punktet mit einer schönen Aussicht auf das Meer, dem privaten Zugang direkt zum Strand und dem Swimmingpool. Auch das Frühstück gehört zu den Stärken.
// www.lecalette.it

Palermo: BB 22 // Luxuriöse Appartements für Selbstversorger mit Anspruch: In einem renovierten Pallazzo des 15. Jahrhunderts wollen die komplett ausgestatteten Suiten ein Zuhause in der Fremde für die Gäste sein.
// www.bb22.it

Taormina: B&B Villa Valentina // Mit viel Liebe geführtes Bed and Breakfast, ideal, um Taormina und die Umgebung zu erkunden. Die Lage ist ruhig, inmitten einer Orangenplantage, passend dazu gibt es frisch gepressten Orangensaft zum Frühstück.
// www.villavalentinataormina.com

○ SPIAGGIA DI MONDELLO

Von Palermo aus mit der Buslinie 806 zu erreichen, ist der Strand von Einheimischen und Touristen gleichermaßen gern besucht, empfehlenswert ist es deshalb, nicht an einem Feiertag zu kommen.

SHOPPING

○ PALERMOS MÄRKTE

Im »Bauch Palermos« befindet man sich auf dem lebhaften Vucciria-Markt an der Piazza Caracciolo im Stadtviertel Loggia. Er ist der bekannteste Markt der Stadt und einer der ältesten Europas. Auf dem Mercato di Capo, dem zweitgrößten Markt von Palermo, reihen sich wie in einem orientalischen Souk Stände und Geschäfte mit frischer Feinkost aneinander.

○ LABORATORIO CERAMICHE D'ARTE

Traditionelle sizilianische Töpferkunst trifft auf originelle Ideen im Laboratorio Ceramiche d'Arte. Zu finden im Örtchen Erice im Nordwesten der Insel.

○ CENTRO ETNAPOLIS

Im Hinterland von Catania gelegen, öffnet das Shoppingcenter Etnapolis seine Tore für alle Schnäppchenjäger, die es zu schätzen wissen, dass es nicht dieselben Läden wie in jedem anderen Center der Welt gibt.

// www.centroetnapolis.it

Unten: Mondello ist das gepflegte Strandbad der Palermitaner.

AUF KEINEN FALL VERPASSEN

AUSFLUG ZUM ÄTNA

Mongibello (vom italienischen »monte« und vom arabischen »gebel«, die beide »Berg« bedeuten) nennen ihn die Sizilianer im Wissen um seine bedrohliche Launenhaftigkeit. Doch so heikel das Leben im Schatten des größten Vulkans Europas sein mag: Ein Ausflug auf den 3323 Meter hohen Gipfel ist, wenn man auf den vorgegebenen Pfaden bleibt, ungefährlich und ein unvergessliches Erlebnis. Von Nicolosi oder Zafferana führt die Strada dell'Etna in vielen Kurven bis zum Schutzhaus Sapienza auf 1910 Meter Höhe. Weiter geht's per Seilbahn auf 2600 Meter und zuletzt mit Führer im Allradfahrzeug bis zum Kraterrand. Wer etwas mehr Abstand halten will, kann an seinen Hängen wunderbar wandern. Das landschaftlich reizvolle Gebiet wurde 1981 zum Nationalpark erklärt.

DAS VALLE DEI TEMPLI BESUCHEN

Im Südosten der auf einem Hügel über dem Meer gelegenen heutigen Stadt Agrigent erstreckt sich das »Valle dei Templi«, wie die imposanten Überreste der einstigen griechischen Kolonie Akragas genannt werden. Die Lage mit steil abfallenden Abhängen bot damals Schutz. Eine ganze Parade von Relikten dorischer Tempel entlang der noch sichtbaren antiken Stadtmauern bezeugt die Blütezeit von Akragas im 5. vorchristlichen Jahrhundert.

AUSFLUG ZU DEN ÄGADISCHEN INSELN

Jedes der ehemaligen Piratennester ist bemerkenswert: Marettimo als ein wunderbar unberührtes Wandergebiet, Levanzo wegen seiner steinzeitlichen Höhlenmalereien, Favignana aufgrund der Thunfischjagd, Mattanza genannt.

SCHLEMMEN!

100 Kilogramm Nudeln soll jeder Sizilianer pro Jahr verspeisen. Ob man dieser Zahl im Urlaub nacheifern sollte, ist fraglich, doch zumindest sollte man nicht abreisen, ohne einmal Pasta gegessen zu haben. Auch weitere typische Spezialitäten sollte man sich nicht entgehen lassen: Arancini, gefüllte Reisbällchen, oder die Schichttorte Cassata – und natürlich Fisch.

#13　　PELAGISCHE INSELN

ALS SÜDLICHSTER AUSSENPOSTEN EUROPAS LIEGT LAMPEDUSA WENIGER ALS 140 KILOMETER VON DER KÜSTE TUNESIENS ENTFERNT. DAS EILAND, DAS BIS VOR EINIGEN JAHREN EIN EHER UNAUFFÄLLIGES DASEIN GEFRISTET HAT, IST PLÖTZLICH IN DIE MEDIEN GERATEN, DENN AUF LAMPEDUSA STRANDEN VIELE FLÜCHTLINGSBOOTE, OFTMALS NUR ÄRMLICHE SCHLAUCH-BOOTE. ZWAR HAT SICH DIE LAGE WIEDER ETWAS NORMALISIERT, DENNOCH IST DIE INSEL NOCH IMMER ÜBERFORDERT MIT DER SITUATION UND DIE LAGER SIND ÜBERFÜLLT. DIE EINHEIMISCHEN HABEN ANGST, DASS IHR FERIENGEBIET IN GEFAHR IST. ABGESEHEN VON DIESER PROBLEMATIK IST LAMPEDUSA EINE KLEINE INSEL, 20 QUADRATKILOMETER GROSS, UND ZÄHLT ZU DEN WÄRMSTEN DES MITTELMEERES. NICHT SELTEN WERDEN AUCH IM FEBRUAR 15 GRAD GEMESSEN, DAS ÖDE LANDESINNERE UND DIE WALDARME GEGEND MIT DEM DUNKLEN BODEN SORGEN ZUDEM DAFÜR, DASS SICH DIE ERDE SCHNELLER AUFHEIZT UND TEMPERATUREN ÜBER 40 GRAD KEINE SELTENHEIT SIND.

Oben: Unüberschaubar scheint die Anzahl an Jachten, Segelschiffen und kleinen Motorbooten, die im neuen Hafen von Lampedusa-Stadt vor Anker liegen.

Links: Der Faro di Capo Grecale am nordöstlichen Ende von Lampedusa sendet noch immer seine Leuchtsignale in die Straße von Sizilien. Er wurde bereits 1855 erbaut und ragt 19 Meter hoch auf.

○ LAMPEDUSA

LAMPEDUSA-STADT

Ferienwohnungen, Hotels und Tavernen bestimmen das Bild dieses Hafenortes, der auch architektonisch kaum noch an Italien erinnert. Die kubistischen Häuser bilden eher eine Brücke nach Nordafrika als nach Sizilien. Nicht nur wenn die Fähren ein- und auslaufen, pulsiert dort das Leben. Feriengäste nutzen gern die Gelegenheit, die Shoppingmöglichkeiten der Insel abzuklappern und sich inspirieren zu lassen. Der Uhrturm der Stadt gibt Orientierung, an der Piazza della Libertà sind Kunstwerke zu sehen.

MADONNA DI PORTO SALVO

Weiß und schlicht steht die kleine Kirche mitten in der Landschaft. Der Turm ist nicht besonders hoch,

nur ein hellbrauner Schmuckstrich dient als Blickfänger. Was von außen so unspektakulär wirkt, birgt im Inneren die wichtigste Reliquie der Insel: eine Madonnenstatue, die als Schutzpatronin des Eilands angesehen wird. Ob die Geschichte stimmt, dass hier einst ein Flüchtling per Floß anlandete, dessen Segel ein Madonnenbildnis trug, sei dahingestellt. Fest steht aber bis heute, dass Lampedusa schon immer irgendwie im Kreuzfeuer der verschiedenen Strömungen lag. Das wird deutlich, wenn man sich die Grotte anschaut, die sich hinter dem Kirchlein befindet. In ihr finden sich drei Gebetsstätten: eine für Christen, eine für Juden und eine für Muslime. Mit der Vielfalt des Glaubens hatte die Insel schon immer zu tun, Schiffbrüchige kommen nicht erst seit Neuestem auf die Insel. Es ist seit Jahrhunderten Tradition, die in Not geratenen Ankömmlinge mit Decken und Nahrung

FÜR WEN GEEIGNET? AUCH WENN LAMPEDUSA IN DEN LETZTEN JAHREN VERMEHRT DURCH NEGATIVE SCHLAGZEILEN AUFGRUND DER FLÜCHTLINGSSITUATION AUF DEM MITTELMEER AUF SICH AUFMERKSAM GEMACHT HAT: JENSEITS DIESER TATSACHEN EIGNET SICH LAMPEDUSA PRIMA FÜR TAUCHER UND MENSCHEN, DIE ES ABGELEGEN UND AUTHENTISCH HABEN MÖCHTEN, DENN AN DIESEM FLECKCHEN ERDE GEHEN DIE UHREN NOCH EIN WENIG LANGSAMER. DAS GILT AUCH FÜR DIE ANDEREN PELAGISCHEN INSELN, AUF DENEN MAN HERRLICH ENTSPANNEN KANN – IN, UNTER UND AM WASSER.

Bilder links: Die Tauchreviere der Pelagischen Inseln sind noch nicht überfüllt. Welch ein Glück! So hat man ausreichend Gelegenheit, in Ruhe Höhlen oder die Madonna del Mare zu erkunden. Oben: Die kleine Isola dei Conigli (Kanincheninsel) liegt Lampedusa vorgelagert, vor dem gleichnamigen Strand (ganz oben).

zu versorgen. Nirgendwo wird das deutlicher als in dieser Kirche.

MADONNA DEL MARE

Eine Madonnenfigur in 14 Meter Tiefe? In Lampedusa steht das Abbild der heiligen Jungfrau tatsächlich auf dem Meeresboden. Kunstvoll auf einem Sockel befestigt, blickt die Statue zum Licht, das von der Meeresoberfläche in die Tiefe dringt. Ein unwirkliches Bild, das Taucher umso faszinierender finden.

○ ISOLA DEI CONIGLI

Kanincheninsel heißt der Name dieses kleinen Eilandes wörtlich übersetzt. Es ist dem Südwesten Lampedusas vorgelagert und ein wahres Refugium. Zum einen machen dort Zugvögel Rast auf dem Weg nach Nordafrika. Viel wichtiger aber ist die Bedeutung der kleinen Insel für die Schildkröten. Die Unechte Karettschildkröte hat sich das Eiland als Platz zur Eiablage gesucht und jedes Jahr schlüpfen dort die Kleinen und machen sich dann ganz fix auf den Weg ins Meer.

○ LINOSA

Fischer reparieren ganz gemächlich ihre Netze im Hafen dieser kleinen Insel. Stunde um Stunde sitzen sie dort am Wasser und flicken die Löcher, die Gestein und Fische hineingerissen haben. Das ist schon fast die einzige Attraktion dieser beschaulichen Insel. Linosa hat keine aufregenden Dinge zu bieten. Keine hippen Cafés, keine angesagten Clubs. Mit Glück erwischt man eine Ferienwohnung. Dafür aber punktet die Insel mit jeder Menge Naturerlebnissen. Wie etwa dem großen Vulkankrater, dessen Silhouette die Insel beherrscht. Oder natürlichen Pools, die in den Felsen entstanden sind und schön warm auch im Herbst noch das Baden ermöglichen. Knapp 500 Menschen leben dort vor allem vom Fischfang und der Landwirtschaft (Wein, Kapern und Linsen), noch spielt der Tourismus eine untergeordnete Rolle.

○ LAMPIONE

Die unbewohnte Insel gehört auch zum Archipel der Pelagischen Inseln. Der Leuchtturm ist das einzige Gebäude, das auf dem Eiland zu finden ist. Eine Einsamkeit, die vor allem Zackenbarsche, Haie und Korallen mögen. Die Gewässer um die Insel sind klar und ein Ausflug lohnt sich.

AUSGEHEN

Sciuri e Fava Winebar e Cucina // Wein zu trinken ist in Süditalien immer eine gute Idee. Wer es stilvoll haben möchte mit Häppchen, die auf die Weinsorte geschmacklich abgestimmt sind, besucht diese Bar auf Lampedusa. Die Aufmachung ist modern, die Speisen leicht, dafür aber in großen Portionen.

// www.sciuriefava.it

Bar Sbarcatoio // Eine Lounge zum Chillen mit Cocktails darf auf Lampedusa nicht fehlen. Man trifft sich dort, isst Kleinigkeiten zum Drink und genießt es, wenn sich die Nacht über die Insel senkt und Kühle mitbringt.

Panificio Luca // Manchmal muss es Essen auf die Hand sein – und dafür ist diese Bäckerei auf Lampedusa perfekt. Ob mit Sahne gefüllte süße Hörnchen oder Auberginenkuchen – es gibt für jeden Geschmack etwas. Ein wunderbarer Snack für zwischendurch.

STRÄNDE

○ LAMPEDUSA: CALA CALANDRA

Eine schöne Mischung aus Felsstrand, den ja alle lieben, die gern schnorcheln, und Sandstrand findet sich an diesem Küstenstreifen. Davor strömt das kristallklare Wasser.

○ LAMPEDUSA: GUITGIA

Eine kleine Bucht mit weißem feinen Sand, das macht den hübschen Strand von Guitgia aus. Er ist kein Geheimtipp mehr und gern besucht, vor allem in der Hochsaison.

ÜBERNACHTEN

Cavalluccio Marino // Moderne Zimmer mit einer wunderbaren Terrasse und einem weiten Blick: Dieses Hotel vereint den typischen Mittelklassestil. Das hoteleigene Restaurant ist beliebt.

// www.hotelcavalucciomarino.com

Hotel Blu & Green Villaggio Club // Wohnen wie in einem Künstlerhaus, so kommt es einem vor, wenn man sich diese Unterkunft anschaut. Viele der Möbelstücke sind selbst gebaut, einiges im Hippiestil, was eine hübsche Atmosphäre ausstrahlt. Vieles in Natursteinen mit alten, schweren Möbeln, die an die Zeit der Mauren erinnern. Eine märchenhafte Unterkunft wie ein kleiner Bauernhof.

// www.hotel-lampedusabluegreen.it

○ LINOS: CALA POZZOLANA DI PONENTE

Zwischen den braun-schwarzen Kieseln dieses Strandes auf der Insel Linosa verstecken die Karettschildkröten ihre Eier zwischen Juni und September zum Ausbrüten. Umweltschützer markieren die Stellen und achten auch darauf, dass Touristen in dieser Zeit dem Strand meiden. Ansonsten zählt er zu den schönsten der Insel.

SHOPPING

○ NUSAT

In dem kleinen Laden finden sich hübsche, leichte Modestücke in bunten Farben sowie Accessoires aus Leder und unechten Perlen, vieles handgearbeitet.

○ LA BOTTEGA DEL MARE

Fröhlich grinsende Schildkröten, in bunten Farben auf Kacheln und Kühlschrankmagneten gebannt, zählen zu den Standardmitbringseln aus Lampedusa. Dieser Laden ist ein typisches Souvenirgeschäft, das Muscheln, Seesterne und Schmuckdosen feilbietet. Außerdem im Sortiment: Kleidung.

○ SAPONI & PIÙ

Naturschwämme in allen Größen und Formen führt dieses Geschäft. Darüber hinaus gibt es bunte Töpferwaren und Seifen.

Unten: Es gibt durchaus Stimmen, die die Spiaggia dei Conigli als schönsten Strand Europas bezeichnen. Das mag jeder für sich entscheiden, aber feinster Sand und türkisblaues Wasser sind auf jeden Fall reizvolle Pluspunkte.

AUF KEINEN FALL VERPASSEN

COUSCOUS MIT FISCH ESSEN

Nirgendwo vereinen sich afrikanische und italienische Einflüsse besser als auf dem Teller. Da Lampedusa näher an Afrika als an Sizilien liegt, ist es kein Wunder, dass Couscous längst zur Nationalspeise geworden ist. Die Vereinigung beider Geschmäcker ist perfekt, wenn es zu raffiniert gegrilltem italienischen Fisch serviert wird. Aber auch wer keinen Fisch mag, sollte unbedingt das Hartweizengericht probieren.

SCHILDKRÖTENZENTRUM BESUCHEN

Sie geraten in die Netze der Fischer, verletzen sich so, dass sie gepflegt werden müssen, oder verschlucken Angelhaken – den Meeresschildkröten im Mittelmeer wird das Überleben nicht immer leicht gemacht. Deswegen hat der WWF vor mehr als 20 Jahren auf Lampedusa eine Schildkrötenhilfsstation eingerichtet. Dort werden die Tiere geröntgt und gepflegt, bis sie wieder fit sind, um allein im Wasser zu überleben. Wer Gutes im Urlaub tun will, kann seine Arbeitsleistung dort ehrenamtlich anbieten, Helfer werden immer gesucht. Ansonsten öffnet das Zentrum aber auch ganz normal zur Besichtigung und informiert, wie sehr die Schildkröten bedroht sind und wie man den Tieren helfen kann. // www.lampedusaturtlegroup.org

EINE BOOTSFAHRT UNTERNEHMEN

Die Gewässer des Archipels sind bezaubernd und viel zu schön, um sie nur von Land aus zu bewundern. Viele Buchten lassen sich zu Fuß auch gar nicht erreichen, sondern sind nur vom Wasser aus zugänglich. Eine Bootstour sollte deswegen unbedingt auf dem Plan für den Inselbesuch stehen, am besten mit Schwimmstopps, denn in dieses türkisfarbene Nass muss man einfach eintauchen.

ACHTSAM MIT TRINKWASSER UMGEHEN

Wasser ist rar auf der Insel, deren eigene Quellen inzwischen verödet sind. Trinkwasser wird über das Meer auf die Insel geschafft, das sorgt für entsprechende Preise. Wer auf Lampedusa urlaubt, sollte deswegen ganz besonders achtsam mit dem Trinkwasser umgehen.

#14 MALTA

SANDGELB IST DIE ERSTE FARBE, IN DER SICH MALTA VOM FLUGZEUG AUS PRÄSENTIERT: DIE FELSEN DER INSEL, DIE WIESEN UND AUCH DIE HÄUSER IN DEN STÄDTEN - TATSÄCHLICH IST DIESER FARBTON OMNIPRÄSENT AUF DER MITTELMEERINSEL. MÜSSTE MAN MALTA MIT ZWEI WORTEN BESCHREIBEN, WÄRE ES VIELLEICHT SANDSTEIN UND RITTER, DENN WIE DER STEIN BEHERRSCHT AUCH DIE VERGANGENHEIT DES MALTESERORDENS DIE INSEL. DOCH NUR AUF DEN ERSTEN BLICK. WER GENAUER HINSIEHT, ERKENNT IN DEM AM DICHTESTEN BESIEDELTEN LAND EUROPAS JEDE MENGE KULTUR, VON TEMPELN AUS DER JUNGSTEINZEIT ÜBER MAURISCH-TRUTZIGE BOLLWERKE BIS ZU MODERNEN ARCHITEKTURHIGHLIGHTS. UND ZWISCHENDRIN JEDE MENGE MACCHIA UND WIESENLANDSCHAFT, IN DER ES SICH HERRLICH WANDERN UND RADFAHREN LÄSST. NICHT UMSONST IST MALTA BEI URLAUBERN SO BELIEBT.

Links: Mit Schnell- und Fischerbooten befahren Besucher die Blaue Grotte und ihre kleinere Schwester. Und sehen dort, abgesehen von der eindrucksvoll vorübergleitenden Steilküste, ein wunderbares Schauspiel. In den pittoresken Meereshöhlen spiegeln sich die phosphoreszierenden Farben des Lebens unter Wasser, insbesondere der orangefarbenen Algen. Am intensivsten wirkt die Lichtreflexion am Vormittag in der Blauen Grotte.

○ VALLETTA

Maltas Hauptstadt ist dicht. Dicht besiedelt. Dicht mit Verkehr. Und dicht an Sehenswürdigkeiten. Wenn es eine Mittelmeerinsel gibt, die urbanes Flair verströmt und gleichzeitig südeuropäische Lebensart, dann ist es diese. Malta aber haftet auch immer noch der Ruf des Zweifelhaften an. Tatsächlich lebt die Insel von Wetten und der Spielindustrie, aber auch vom Schiffbau und von Spielzeugproduktion – und vom Tourismus. Wer als Gast kommt, dem bietet sich auf kleinem Raum eine Menge. Vor allem in Valletta, einer Stadt, die eigentlich drei in einer vereint. Die einstigen drei Städte liegen auf drei Landzungen im Meer und sind längst zu einer Metropole verschmolzen.

GROSSMEISTERPALAST

Eine der bekanntesten Sehenswürdigkeiten in Valletta ist der Großmeisterpalast. Der mächtige Sandsteinbau stammt aus dem 16. Jahrhundert, findet sich im Zentrum Vallettas und diente als Regierungssitz. Vom einstigen Prunk und dem Willen, als kleine Insel und doch mächtiger Malteserorden ganz vorn in der Weltgeschichte mitzuspielen, erzählen die verschiedenen Prunkräume, etwa die Grand Council Chamber oder der Armoury Corridor mit seinen Ritterstatuen und hübschen Bodenmosaiken.

BARRAKKA GARDENS

Jeden Mittag um zwölf Uhr knallen die Schüsse aus den Kanonen. Ein kurzer Feuerball ist zu sehen, er verpufft irgendwo im Nichts und hinterlässt eine graue Wolke aus Rauch. Die Saluting Battery ist eine der beliebtesten Attraktionen der Inselhauptstadt Valletta. Malta pflegt alte Traditionen und die haben viel mit Wehrhaftigkeit und Rittern zu tun. In den Barrakka Gardens, die in der St. Peter and St. Paul Bastion oberhalb des Hafens liegen, huldigen Arkadengänge mit Büsten und Plastiken berühmten Besuchern wie Albert Einstein oder Michail Gorbatschow; Kunstwerke und Denkmäler stehen zwischen bunten Beeten und plätschernden Brunnen und bieten einen schönen Rahmen für Entspannung. Ein Aufzug verbindet die oberen Gärten mit den unteren.

ST. JOHN'S CO-CATHEDRAL

Von außen wirkt sie unspektakulär, kein großer Turm, nichts, was sich aus der maltesischen Architektur hervorhebt. Doch im Inneren ist die Kirche überbordend geschmückt mit Fresken, Vergoldungen und kunstvollen Friesen.

MANOEL-THEATER

Das Manoel gehört zu den ältesten bespielten Theatern der Welt. Dort werden seit dem Jahr 1732 Stücke in Szene gesetzt.

CASA ROCCA PICCOLA

Ein typisches englisches Herrenhaus auf Malta verkörpert die Casa Rocca Piccola. Da die Inhaber mit dem englischen Königshaus verwandt sind, hat dort sogar schon die Queen übernachtet. Solche und andere Geschichten erfährt man bei einer Führung durch die feudalen Räume.

○ HYPOGÄUM VON HAL SAFLIENI

Wie mögen sie das wohl gemacht haben? Und wie lange hat es gedauert, mit Hörnern, Knochen und Steinkeilen drei Geschosse in den Fels zu treiben und insgesamt bis zu 14 Meter tief zu graben? Und das

FÜR WEN GEEIGNET? MALTA IST NICHT NUR ALS FERIENZIEL FÜR KULTURINTERESSIERTE BELIEBT, SONDERN AUCH FÜR (JUNGE) MENSCHEN, DIE IHRE ENGLISCHKENNTNISSE VERBESSERN WOLLEN. SPRACHURLAUB AUF MALTA IST ÜBERALL PRÄSENT, INSBESONDERE AN DER PARTYMEILE PACEVILLE, AN DER DIE JUNGEN SPRACHSCHÜLER ABENDS FEIERN, BIS DER UNTERRICHT WIEDER BEGINNT. AUCH JENSEITS DIESER STÄDTISCHEN STRUKTUREN FINDEN SICH VIELE SCHÖNE PLÄTZE AUF MALTA, MAN MUSS NUR DIE BALLUNGSZENTREN ETWAS VERLASSEN. VOGELLIEBHABER ALLERDINGS KÖNNTEN AUF MALTA IN RAGE KOMMEN, DA SINGVOGELFANG AUF DER INSEL NOCH IMMER GANG UND GÄBE IST.

vor 5000 Jahren? Während man über die Entstehung nur mutmaßen kann, ist ziemlich klar, was dieser Ort einmal war: eine religiöse Kultstätte für Opferungen, Feiern und Rituale in der Jungsteinzeit.

○ MARSAXLOKK

Eigenwillig waren sie schon immer, die Einwohner von Marsaxlokk. Sie sprechen sogar ihren eigenen Dialekt, dem sogar mancher Malteser nur mit Mühe folgen kann. Doch dafür sind sie weniger bekannt: Das kleine Fischerdorf zählt heute zu den wichtigsten Zielen für Touristen, weil dort die bunten, langen Boote so hübsch im Hafen schaukeln. Mit den Sandsteinbauten im Hintergrund wirkt die Szenerie ein wenig wie Venedig, nur bunter.

○ POPEYE VILLAGE

Malta erlangt mehr und mehr Beliebtheit als Drehort für Kinofilme. Das Potenzial der Insel hat als einer der ersten Robert Altman erkannt, als er 1979 den Film »Popeye« dort drehen ließ. Das Filmdorf des Sets ist bis heute erhalten und in einen Freizeitpark umgewandelt worden.

○ MDINA

Schon von Weitem kann man erkennen: Diese Stadt muss etwas Besonderes sein. Gehalten von dicken

Oben: Die Kuppel der Karmeliterkirche und der Turm der St. Paul's Co-Cathedral beherrschen die Silhouette von Valletta am Marsamxett Harbour.

Links oben: Ein unterhaltsamer Tagesausflug führt auf die Insel Comino und zur Blauen Grotte. Die kleinste der drei maltesischen Inseln ist ein drei Quadratkilometer großes, von einer spärlichen Vegetation bedecktes Felsplateau. Die felsige Küste ist reich an Höhlen.

Links unten: Parallel zur Küstenstraße liegt an der Mellieha Bay Maltas längster und wohl schönster Sandstrand.

Oben: Die seichten Felsenpools bei St. Peter laden zum Baden ein – auch bei Sonnenuntergang.

Mauern, bildet die alte Hauptstadt Mdina eine einzige Festung. Kein Wunder also, dass sie »von Mauern umgebene Stadt« heißt und auch schon als Drehort der Erfolgsserie »Game of Thrones« diente. Der arabische Einfluss auf der Insel wird in Mdina überdeutlich, viele der Gebäude könnten so auch in Marokko stehen mit den engen Gassen, den ockerfarbenen Wänden der Häuser und dem Gefühl, durch eine riesige Festungsanlage zu spazieren. 6000 Jahre reicht die Geschichte der Stadt zurück. Dennoch wirkt die Stadt dank der zahlreichen Restaurants, Cafés und Läden äußerst lebendig und abwechslungsreich.

○ MEGALITH-TEMPEL

Die Frühmenschen der Jungsteinzeit haben auf Malta einzigartige Zeugnisse ihrer Kultur hinterlassen, die von der UNESCO zum Weltkulturerbe erklärt worden sind. Diese Tempel sind heute zu besichtigen und stellen mit ihrer schweren Steinquaderbauweise viele Forscher vor das bisher nicht gelöste Rätsel, wie man vor 5000 Jahren derartige Brocken bewegen konnte. Mystisch interessierte Menschen fragen sich eher, wofür sie errichtet worden sind. Wichtigste Tempel sind die von Hagar Qim, Mnajdra, Ta'Hagrat, Skorba und der Tempel von Tarxien.

STRÄNDE

○ ST. PETER'S POOL

Es muss nicht immer Sand sein. Manchmal können Felsen auch einen schönen Platz an der Sonne bieten. Vor allem, wenn sie natürliche Pools bilden wie in der Bucht von St. Peter. Dort ist es auch in der

AUSGEHEN

Restaurant La Giara // Bodenständige, italienisch angehauchte Mittelmeerküche gibt es in diesem Restaurant, das zu dem Palast Casa Rocca Piccola gehört. Die Küche ist sizilianisch geprägt, das Ambiente herrschaftlich.

// www.lagiaramalta.com

Strait Street // Einst standen dort Damen mit kurzen Röckchen und zweifelhaften Angeboten: Die Strait Street, das frühere Rotlichtviertel Vallettas, hat einen kompletten Wandel erlebt und gilt als Szenemeile der Hauptstadt. Wer einen Cocktail trinken möchte oder ein Bier, ist hier richtig. In der engen Gasse lässt es sich hervorragend sitzen und mit anderen Menschen ins Gespräch kommen.

Café del Mar // Eine Bar mit gemütlichen Outdoormöbeln, einer Halle, die sich nierenförmig am Boulevard entlangschlängelt, Clubmusik und einem herrlichen Blick auf die untergehende Sonne. Das Café del Mar in St. Paul's Bay liegt zwar nicht auf Maltas Partymeile Paceville, aber beweist, dass man auch außerhalb gut feiern kann. Und das niveauvoll, wenn man den Prosecco auf den Sesseln der Terrasse trinkt und chillt.

// www.cafedelmar.com.mt

Saison noch relativ leer und Einheimische kommen gern, um ein Bad im Meer zu nehmen.

○ MELLIEHA BAY

Der beliebteste Strand der Insel breitet sich wie ein großer Halbmond in der Bucht aus. Er hat alles, was der Urlauber begehrt: Sand, flach abfallendes Wasser, viele Hotels und Restaurants.

○ GHAJA TUFFIEHA

Treppenstufen sind das Hindernis: An dieser Bucht kann man nicht direkt mit dem Auto vorfahren, sondern muss zunächst viele Stufen bewältigen, um ans Meer zu gelangen. Dafür aber wird die Mühe belohnt: mit wunderbar feinem Sand unter den Füßen und einem Meer, das in Türkistönen changiert wie ein Aquarell.

SHOPPING

○ FISCHMARKT MARSAXLOKK

Jeden Sonntag findet in Marsaxlokk ein Fischmarkt statt. Er ist ein Augenschmaus für alle, die ins echte Mittelmeerleben eintauchen wollen. Wenn dort Lampuki und Schwertfisch auf Eis liegen oder in Papier eingerollt werden, kommt für viele Urlaubsstimmung auf. Einige Stände bereiten die Meeresfrüchte auch vor Ort zu. Ein echtes Erlebnis!

○ LIMESTONE HERITAGE

Sie sind aus maltesischem Stein: Teelichthalter, kleine Schalen oder Reliefs – Kunstwerke aus Sandstein zählen zu den typischen Mitbringseln von der Insel. Am besten kauft man sie bei Limestone Heritage, dort stammen sie garantiert auch nicht aus Fernost.

○ SILBERSCHMUCK

Der filigrane Silberschmuck ist typisch für Malta: Fein ziselierte Schmetterlinge, Blumen oder andere Formen lassen den Einfluss des Orients erkennen. Erhältlich sind die Silberarbeiten überall auf der Insel und wer es dort nicht geschafft hat, bekommt am Flughafen eine letzte Chance.

Links: Die Golden Bay im Nordwesten von Malta bietet einen sehr schönen ockergelben Sandstrand.

ÜBERNACHTEN

Dolmen Hotel // Große Hotelanlagen müssen nicht immer schrecklich sein. Das beweist das Dolmen-Hotel auf Malta. Es liegt herrlich zentral, punktet mit schönen Pools und Zimmern mit einem fantastischen Blick über Meer und Stadt. Selbst nach ein paar Tagen Aufenthalt hat man das Gefühl, noch nicht alles auf dem Gelände entdeckt zu haben.

// www.dolmen.com.mt

Saint John // Modern und doch traditionell im englischen Stil zeigt sich das Hotel Saint John in Valletta. Die riesigen Betten erinnern mit ihren dunklen Farben an die enge Verbindung zum Vereinigten Königreich und lassen vermuten, man würde in einem Club schlafen. Es mangelt nicht an Verwöhnprogramm in diesem Haus.

// www.thesaintjohnmalta.com

La Falconeria // Ein Luxushotel mit verspielten Details mitten in Valletta. Hier schläft man wie König und Königin, die Terrassen sind ein Traum und bieten einen fantastischen Blick über die Dächer der Stadt. Service, Essen und Spa entsprechen höchstem Standard.

// www.lafalconeria.com

AUF KEINEN FALL VERPASSEN

AUF ZUR BLAUEN LAGUNE VON COMINO!

Die Insel Comino im Norden von Malta ist einen besonderen Ausflug wert: Hier wartet die Blaue Lagune auf Badende, Schnorchler und Sonnenhungrige. Eine natürliche Bucht zwischen Comino und dem Inselchen Cominotto überrascht mit intensiv türkisfarbenem Wasser. Karibikfeeling pur!

WANDERUNGEN ZU DEN DINGLI-KLIPPEN

Im Süden Maltas gehören die schroffen Klippen zu den beeindruckendsten Landschaftsmerkmalen der Insel. Wer gern wandert, sollte unbedingt den Weg entlang der Klippen wählen. Er wird nicht nur mit schönen Ausblicken belohnt, sondern auch mit dramatischen Felsformationen vor dem himmelblauen Meer. Übrigens auch ein absoluter Logenplatz für Sonnenuntergänge!

SPASS HABEN IM PLAYMOBIL FUNPARK

Wer mit Kindern unterwegs ist, kommt an diesem Freizeitpark kaum vorbei: Playmobil produziert seine kleinen Figuren auch auf Malta und unterhält dort einen eigenen Freizeitpark. Eindrucksvoll für die Kleinen, wenn die Plastikfiguren plötzlich riesengroß vor ihnen stehen und sogar in Karussells und Miniaturlandschaften eingebaut sind.

IM E-AUTO DURCH DIE DREI STÄDTE VALLETTAS DÜSEN

Valletta hat ein Verkehrsproblem. Wer im Stau steht, muss einfach Geduld haben. Die vielen Autos bringen jede Menge Abgase in die Luft der Stadt. Lustiger und viel besser ist es deswegen, anstatt mit dem Leihwagen per E-Auto, einer Art offener Caddy, durch die Straßen zu düsen. Das mindert auch den Stressfaktor, wenn man die berühmte Tour durch die drei Städte macht: durch Cospicua, Vittoriosa und Senglea.

ACTION AN DER BLAUEN GROTTE VON COMINO

Mit dem Kanu hinpaddeln oder lieber Nervenkitzel wagen und sich mit dem Seil herablassen? Die Blaue Grotte, der Felsenbogen vor Malta, zählt zu den beliebtesten Ausflugszielen auf der Insel. Warum aber sollte man sich dieses immer nur anschauen und dann wieder wegfahren? Es gibt viel ausgefallenere Wege, sich der Grotte zu nähern, einige Touranbieter haben Klettertouren und Abseilen im Programm, andere Kanu- oder Radtouren und wieder andere tauchen dort und genießen das Spektrum der Blautöne in den Höhlen an der Grotte.

#15   GOZO

Oben: Gekrönt wird Victoria von der mächtigen Zitadelle. Insgesamt 14 Orte liegen auf der Insel, mehr als 31 000 Einwohner zählt das 67 Quadratkilometer große Eiland.

Links: An der Westküste liegt die Dwejra Bay. Die kleine Lagune Il-Qawra, auch Inland Sea genannt, ist durch einen schmalen Felstunnel mit dem Meer verbunden. An den Hängen findet man bronzezeitliche Schleifspuren (»cart ruts«). Auf der anderen Seite der Bucht ragt der Fungus Rock aus dem Wasser. Auf ihm wächst eine pilzähnliche rotbraune Schwammpflanze, die der Blutstillung dient und mit der die Ritter unter der Bezeichnung »Malteserschwamm« gute Geschäfte machten.

WENN DAS LAND IN SICHT KOMMT, DIE GOLDENEN ÄCKER IN DER SONNE GLÄNZEN UND KLEINE HÄUSER ZWISCHEN DEN HÜGELN AUSZUMACHEN SIND, WIRD KLAR: DAS HEKTISCHE, ÜBERFÜLLTE MALTA IST ENDGÜLTIG ABGESTREIFT. WILLKOMMEN AUF GOZO! ES IST EINE INSEL DER RUHE, EIN PLATZ ZUM AUFATMEN UND BIETET AUSREICHEND GELEGENHEIT, DEN LEISEN TÖNEN ZU LAUSCHEN. ETWA DEM GESANG DES MEERES, DESSEN WELLEN GEGEN DIE SANDSTEINFARBENEN FELSEN SCHWAPPEN, SICH MAL IN LANG GEZOGENEN BUCHTEN VERIRREN UND DORT PLÖTZLICH ZUR RUHE KOMMEN. WÄHREND MALTA EINE FUSION VON EUROPÄISCHEN EINFLÜSSEN DARSTELLT UND VIELE ENGLISCHE ELEMENTE AUFWEIST, BLEIBT AUF GOZO DIE HOCHZEIT DES ARABISCHEN MIT DEM EUROPÄISCHEN DEUTLICHER ZU SPÜREN. ETWA IN DEN BAUWERKEN, DIE TEILS TRUTZIG UND MÄCHTIG IM MAURISCHEN STIL GEHALTEN SIND, ANDERERSEITS ELEGANT, WIE ITALIENER UND FRANZOSEN GEBAUT HABEN: KLEINE HÄUSER, HÜBSCH VERZIERT, LEICHT UND BUNT. MALTA UND GOZO SIND GESCHWISTER, WIE SIE UNTERSCHIEDLICHER NICHT SEIN KÖNNTEN.

○ VICTORIA

Die englische Königin war Namenspatin für die Stadt, deren vorheriger Name Rabat an die arabische Herrschaft erinnerte. Eine mächtige Zitadelle bildet das Zentrum der Kapitale von Gozo, es ist eine Stadt in der Stadt mit Häusern und Läden, die alle weit über der Landschaft thronen. Wer genug hat von den mittelalterlichen Zügen der Zitadelle, macht sich auf in die Unterstadt und genießt den Schatten der engen Bebauung, die verträumte Gassen und kreative Geschäfte zu bieten hat. Darüber hinaus lohnt die Basilika St. Georg den Besuch.

○ AZURE WINDOW

Es ist eingestürzt. Eines Tages rumpelte es und weg war es. Die größte Sehenswürdigkeit der Insel befindet sich nun auf dem Meeresboden und lockt Taucher an, nostalgische Touren zu unternehmen: Ein-

mal noch das »Blaue Fenster« sehen, oder besser: seine Steine. Der Name, der zunächst an ein Haus denken lässt, beschreibt eine ungewöhnliche Felsformation, die jahrzehntelang Touristen angelockt hat. Es war der Top-Fotopunkt der Insel. Doch Gozo hat weit mehr zu bieten als das blaue Fenster. Etwa den Felsen Fungus Rock, der sich hinter den Ruinen des Fensters auftürmt, oder die kleinen Naturpools dort.

○ GANTIJA

Zweimal im Jahr ist es so weit: Dann steht die Sonne in einem Winkel, dass ihre Strahlen durch einen Kreis fallen und den dahinterstehenden Altar beleuchten. Es ist die Tagundnachtgleiche, an der der Altar besonders in Szene gesetzt wird. Details wie diese werden auf Führungen durch die 5800 Jahre alte Anlage erklärt, die auf den ersten Blick wie ein normales Ruinenfeld wirkt. Dass es sich dabei aber um einen der

FÜR WEN GEEIGNET? GOZO IST VOR ALLEM EIN PARADIES FÜR TAUCHER, VOR DER KÜSTE GIBT ES ZAHLREICHE HOTSPOTS MIT HÖHLEN UND FELSWÄNDEN. ZUDEM LOCKT DIE INSEL MIT IHREN VIELEN AUSGRABUNGSSTÄTTEN KULTURINTERESSIERTE GÄSTE AN, DIE AUCH EINEM BADEURLAUB NICHT ABGENEIGT SIND. AUSSERDEM GIBT ES VIEL TRADITIONELLES HANDWERK ZU SEHEN: SCHMIEDE- UND TÖPFERKUNST, WEBEREIEN, GLASBLÄSER UND FILIGRANE SPITZEN – VOR ALLEM RUND UM DEN ORT GHARB. EINE INSEL FÜR ENTDECKER!

ältesten Tempel der Welt handelt, erfahren Besucher erst, wenn sie tiefer in die Materie eintauchen. Ballgroße helle Steinbrocken, durchlöchert wie Lavastücke, halbrunde Räume: Wie zwei Arme umschließen die Mauern große Altäre aus Stein. Hier hat ein längst ausgestorbenes Volk 3000 v. Chr. kultische Rituale mit Opfergaben und Kräutern durchgeführt. Details kennt man nicht, man nimmt an, dass dort die große Erdenmutter verehrt wurde, weil hier, wie auch auf Malta, viele Figurinen fülliger Frauen gefunden worden sind.

○ **BROCHTORFF CIRCLE**

Was heute wie ein Steinbruch aussieht, war vor knapp 6000 Jahren eine Kultstätte. Dort wurden Bestattungen durchgeführt. Einige der Höhlen der Totenstadt sind inzwischen eingestürzt. Die Anlage ist nur von Weitem zu besichtigen.

○ **KALYPSO-HÖHLE**

Sie muss wunderschön gewesen sein, die Nymphe, die im Altertum hier gelebt hat. Wie sonst hätte sie einen kräftigen Mann wie den Held Odysseus bändigen und sieben Jahre in Gefangenschaft halten kön-

Oben: Der Xlendi Tower oberhalb des gleichnamigen Ortes wurde schon 1650 errichtet und ist damit einer der ältesten Wachtürme der Insel.

Links oben: Mitten in Gharb liegt ein kleines Schmuckstück: die Kirche mit ihrem Vorplatz. Sie stammt aus dem 17. Jahrhundert und ist bis heute in ihrer ursprünglichen Form erhalten.

Links unten: Auch die mittelalterlich anmutenden Gassen von Gharb sind sehr sehenswert.

nen? So berichtet es die Sage über diesen Platz. Ob man daran glaubt oder nicht – die Kalypso-Höhle ist eine wichtige Attraktion für Besucher.

○ SALZPFANNEN

Wie prähistorische Ritzzeichnungen sind Abbilder von Schneckenhäusern in den weichen Sandstein gearbeitet: Schon der Weg zu den Salinen bietet Außergewöhnliches. Abgelegen finden sich die Salzpfannen im Nordosten der Insel, es waren wohl schon die Römer, die dieses Beckensystem installiert haben. Bis heute schwappt die Gischt in die großen Steinpools und trocknet zu Salzblumen aus. Geerntet werden diese nur noch selten. Umso besser, denn so können sich Besucher das eigene Salz abkratzen und für zu Hause mitnehmen.

AUSGEHEN

Ta'Philip // Was auf der Insel wächst, kommt in den Topf: Fenchel, Kapern oder Fleisch. Der Chef bereitet mit Freuden eine schöne Mahlzeit zu und das merkt man dem Essen auch an. Alles andere als das typische Touristen-Einerlei, das oftmals angeboten wird. Der Besitzer stammt von einem Bauernhof und sucht seine Zutaten mit Sorgfalt aus. Hübsch eingerichtet ist das Lokal, mit den klaren weißen Holzmöbeln und den warmen Wänden hat es die Anmutung eines maurischen Hofes.

// www.taphilip.com

Patrick's // Auf sehr hohem Niveau kocht Patrick für seine Gäste. Er ist für seine Kompositionen schon mehrfach ausgezeichnet worden, Feinschmecker fühlen sich einfach wohl in seinem Haus. Die Portionen sind genau richtig, Textur und Würze fein aufeinander abgestimmt, und wer dazu den passenden Wein sucht, wird sicher nicht enttäuscht sein von der Beratung.

// www.patrickstmun.com

An der Küste von Gozo ragen mal Steilwände empor, mal liegen bizarre Felsformationen am Strand. Einen herrlichen Sandstrand findet man bei San Blas (rechts).

STRÄNDE

○ MARSALFORN

Es ist der beliebteste Badeort auf der Insel: Eine lange Promenade führt zu den vielen Buchten, die sich entlang der Stadt auftun und zum Baden einladen, viele mit weichem, schönem Sand, andere eher felsig und gut zum Schnorcheln geeignet. Es ist die Vielfalt, die es hier ausmacht – und die dahinterliegende Infrastruktur an Restaurants, Cafés und Einkaufsläden. Wer Trubel sucht, ist hier richtig.

○ RAMLA

Rot ist der Sand nicht, eher orange. Es sei denn, die Sonne versinkt im Meer, dann scheint der Strand zu glühen. Pudrig fein küsst er an dieser Stelle das Meer, der Boden fällt flach ab, und so nimmt es kein Wunder, dass Ramla zu den beliebtesten Badeständen auf Gozo gehört.

○ SAN BLAS

Türkisblaues Meer, frischgrüne Sträucher, Fenchel, der seinen Duft verströmt und ein Strand, der eine Farbe hat wie die Schale von Orangen: Der feine Sand von San Blas gehört zu den schönsten der Insel.

Links: Durch die Gässchen von Victoria gelangt man in die pittoreske Altstadt, in der viele Händler ihre Waren anbieten.

SHOPPING

○ **HERMINE SAMMUT**

Was macht man, wenn man sich in einen Tauchlehrer verliebt? Man zieht zu ihm nach Gozo. Die Österreicherin Hermine Sammut tat dies und unterhält nun ein eigenes Atelier mit ihren Töpferarbeiten, die sie als Schüsseln und Skulpturen herstellt. Viel wichtiger aber ist ihr, dass die Menschen selbst ihre Schaffensfreude entdecken und in Kursen eigene Mitbringsel töpfern – im Hinterhof des schönen Hauses, in dem die Künstlerin viele Geschichten über die Insel erzählt, während der Ton im Feuer aushärtet.

// www.sammuts.com

○ **IT-TOKK**

Der Marktplatz von Victoria ist gesäumt von Platanen, unter denen die Senioren der Insel zu einem Plausch zusammenkommen. Sie beobachten das Treiben zwischen den Ständen, an denen Strohhüte, weite Kleider, Sandalen und natürlich viel Obst und Gemüse verkauft wird. Wer es liebt, unter freiem Himmel zu stöbern, kann dort manches schöne Teil finden.

ÜBERNACHTEN

Kempinski San Lawrenz // Ganz nahe dem ehemaligen Azure Window liegt das Kempinski-Hotel San Lawrenz. Die weitläufige Anlage bietet stilvolle Zimmer und Suiten. Hier hat man die Möglichkeit, im sattgrünen Garten aufzutanken, bevor es wieder an den Strand geht. Das Haus verfügt über ein eigenes Spa im arabischen Design, und wer möchte, kann Yogastunden buchen.

// www.kempinski.com/en/gozo

Ta'Kalamija // Im Stile eines Bed and Breakfast ist dieses kleine Hotel gehalten. Die Zimmer sind ländlich eingerichtet und geräumig, es gibt sogar einen kleinen Pool, Strand und Dorf sind nicht weit entfernt, doch warum sollte man rausgehen, wenn es drinnen so gemütlich ist? Wer Ruhe sucht, wird sie hier finden.

// www.kalamija.com

AUF KEINEN FALL VERPASSEN

GETROCKNETE TOMATEN UND KOCHKURS

Gozo ist die Gemüsekammer der Nachbarinsel Malta und liefert mehr als die Hälfte des Bedarfs an Obst und Gemüse für die große Schwester. Erdbeeren oder Tomaten, alles schmeckt sonnenverwöhnt süß. Besonders lecker sind die Tomaten, die hier noch auf althergebrachte Weise sonnengetrocknet werden. Der Unterschied ist einfach schmeckbar. Im Landgut Ta Mena gibt es nicht nur einen Bauernladen und ein angeschlossenes Restaurant, dort können Besucher auch Kurse buchen und gozitanisch kochen lernen. // www.tamena-gozo.com

TAUCHEN AUF GOZO

Das Wasser ist klar und die Sicht gut: Gozo ist umgeben von traumhaften Unterwassergründen. Während das Mittelmeer an manchen Stellen schon fast traurig grau ist, offenbart es sich rund um Gozo in seiner ganzen Farbenpracht: Gelb getigerte Nacktschnecken, schillernd blaue Fische und sogar rote Korallen lassen sich dort finden. Wer tauchen kann, sollte sich einen Unterwasserausflug auf Gozo nicht entgehen lassen. Dwejra Bay zählt zu den schönsten Tauchgründen der Insel, dort befindet sich auch die Unterwasserhöhle Blue Hole.

MIT DEM KANU VOR DER INSEL PADDELN

Es scheint, als würde das Kanu schweben. Das Wasser ist so klar, dass man die Fische in Schwärmen unter sich sieht. Eine Kanutour entlang Gozos Küste gehört zu den Dingen, die man unbedingt auf der Insel unternommen haben sollte. Anbieter finden sich etwa in Qala direkt am Hafen. Die Touren sind unterschiedlich lang und können auch von Anfängern bewältigt werden.

OPER ERLEBEN AUF DER INSEL

Gozo ist beschaulich und klein. Doch an Kultur lassen die Gozitaner es nicht mangeln. Zwei Opernhäuser auf dem relativ engem Raum beweisen, dass die Kunst des Gesangs einen großen Stellenwert auf der Insel einnimmt. Die beiden Opernhäuser befinden sich in Victoria (Rabat) und laden regelmäßig zu Opernfestivals. Wer auf der Insel ist, sollte sich unbedingt nach den Terminen erkundigen. Es lohnt sich!

ADRIA

Die Sonne senkt sich über dem Hafen von Krk-Stadt. Die Kvarner Bucht zählt zu
den beliebtesten Urlaubsregionen Kroatiens.

#16   KRK

DIE GRÖSSTE INSEL DER ADRIA HAT ZWEI GESICHTER: BETRACHTET MAN SIE VOM FESTLAND AUS, BLICKT MAN AUF KAHLEN FELS. DIE OSTKÜSTE WIRD REGELMÄSSIG VON DEN KALTEN, SALZGESCHWÄNGERTEN STURMBÖEN DES NORDOSTWINDS BORA HEIMGESUCHT UND GERADEZU GESCHMIRGELT. HINTER DIESER UNFRUCHTBAREN BARRIERE LIEGT JEDOCH EINE GRÜNE LANDSCHAFT: BLÜHENDE MACCHIA, WEINREBEN, PINIENWÄLDER. UND EINE VIELZAHL IDYLLISCHER BADEBUCHTEN. SOGAR EINEN (BEINAHE-)SANDSTRAND NENNT KRK SEIN EIGEN, IN DER BUCHT VON BAŠKA GANZ IM SÜDEN. IN KROATIENS GESCHICHTE KOMMT KRK EINE BESONDERE ROLLE ZU: DIE FRANKOPANEN, DIE IM MITTELALTER ALS UNABHÄNGIGE KROATISCHE KÖNIGE ÜBER DIE REGION HERRSCHTEN, STAMMTEN VON DER INSEL. UND DIE »TAFEL VON BAŠKA«, DAS ÄLTESTE GLAGOLITISCHE ZEUGNIS, WURDE HIER GEFUNDEN.

Oben: Vrbnik thront hoch über der Ostküste der Insel Krk, sein Kirchturm bildet den höchsten Punkt. Zu seinen Füßen liegt eine Bucht mit Strand.

Links: Der Hafen und die Uferpromenade Riva trennen das moderne Krk vom historischen Teil der Stadt.

Rechts: Schmale Häuschen prägen die Altstadt von Omišalj an der Nordspitze Krks. Der Hauptplatz wird von einer Loggia aus venezianischer Zeit und der Marienkirche mit Campanile bestanden.

○ OMIŠALJ

Das uralte Omišalj leidet etwas unter seiner Umgebung. Nicht weit entfernt befindet sich der Flughafen von Rijeka, und auf der Landzunge gegenüber lagert Rijekas Hafengesellschaft Erdöl. Trotz seiner herr-

lichen Strände liegt Omišalj deshalb etwas abseits der Touristenströme auf der Insel Krk. Deshalb wirkt die malerische Altstadt auf ihrem steilen Bergsporn sehr gemächlich und verschlafen. Glagolitische Inschriften an der romanischen Pfarrkirche und die Ruine einer frühchristlichen Basilika in der nahen Sepen-Bucht sind die wichtigsten Sehenswürdigkeiten, doch die Wurzeln der Siedlung reichen viel weiter, bis ins erste vorchristliche Jahrtausend zurück. Die Restaurants des Städtchens sind wegen ihrer preiswerten und frischen Fischküche ein beliebtes Ausflugsziel für die Bewohner Rijekas.

○ STADT KRK

Die Stadt Krk liegt an der Westküste der Insel und ist noch immer umgeben von seinen alten venezianischen Stadtmauern. Ein imposanter Wachturm flankiert das Haupttor und ein runder Turm diente einst als Hafenposten. Zentrales Bauwerk in der Altstadt ist die wuchtige Kathedrale Mariä Himmelfahrt, die

FÜR WEN GEEIGNET? DIE INSEL
IST MIT DEM AUTO ERREICHBAR, SO-
MIT IDEAL FÜR ALLE MENSCHEN, DIE
SICH VON IHRER FLUGANGST NICHT
ABHALTEN LASSEN MÖCHTEN, AUF
EINER INSEL IHREN URLAUB ZU VER-
BRINGEN. FÜR SONNENANBETER UND
KULTURINTERESSIERTE BIETET KRK
GLEICHERMASSEN GUTE BEDINGUN-
GEN. NATURFREUNDE KÖNNEN SICH
AUF SAUBERE STRÄNDE FREUEN,
DESSEN UMWELTBEWUSSTE PFLEGE
REGELMÄSSIG AUSGEZEICHNET WIRD.
NACHTSCHWÄRMER FINDEN ZAHLREI-
CHE STRANDBARS UND CLUBS, IN DE-
NEN ES SICH AUSGEZEICHNET FEIERN
LÄSST.

*Links oben: Die
mautpflichtige Krk-Brücke
verbindet die Insel mit
dem Festland. Links
unten: 1300 verschiedene*
*Pflanzenspezies gedeihen
auf der Insel – trotz der
teils sehr heißen Sommer.
Ganz oben: Der Strand
Potovošće ist einer der*
*beliebtesten Badestrände
der Insel. Oben: Vrbnik
liegt auf einem 49 Meter
hohen Felsen über dem
Meer.*

Rechts: Baška im Süden der Insel ist zwar am Meer gebaut, direkt hinter dem Ort geht es jedoch steil bergauf in die Wälder. Die Promenade des Orts lädt zum Flanieren, der Strand zum Faulenzen ein.

auf den Überbleibseln einer römischen Thermenanlage errichtet wurde und mit der gegenüberliegenden zweigeschossigen Doppelkirche einen Komplex bildet. An der Uferpromenade von Krk herrscht insbesondere in den Sommermonaten ein buntes Treiben. Von hier starten auch Ausflugsboote zu den Inseln Prvić, Rab oder Goli. Baden kann man am Strand Plaža Porporela Ježevac.

○ VRBNIK

Das Städtchen thront in malerischer Lage auf einem steilen Küstenfelsen im Nordosten der Insel Krk und besitzt Wurzeln, die in vorrömische Zeit zurückreichen. Aus der Mitte des roten Häuserdachgewirrs ragt ein steiler Kirchturm empor. Steil fällt am Ortsrand die Küste ab – von hier aus reicht der Blick weit über die Insel. Unter den Frankopanen-Fürsten entwickelte sich Vrbnik zu einem Zentrum der Glagolica, der altkroatischen Kirchenschrift, und damit auch zum Mittelpunkt der kroatisch-nationalen Bewegung gegen die Kirchenhoheit in Byzanz und Rom. Zahlreiche glagolitische Inschriften an Kirchen und Häusern der kompakten, malerischen Altstadt zeugen von der Bedeutung, die Vrbnik im Mittelalter besaß. Heute spielt Vrbnik eine wichtige Rolle für die kroatische Weinindustrie. Nur hier gedeiht eine Rebe, die den spritzig-erfrischenden Weißwein Vrbniška Žlahtina hervorbringt. Die Reben füllen in Reih und Glied gepflanzt das sechs Kilometer lange »polje«, eine Karstsenke südwestlich des Ortes. In mehreren ansässigen Kellereien können Besucher diesen wunderbaren Sommerwein verkosten und kaufen.

○ BAŠKA

Die Uferpromenade wird beherrscht von zahlreichen Hotels, Restaurants und Souvenirläden. Es gibt einen zwei Kilometer langen, flach abfallenden Strand. Highlight des Ortes ist sein Aquarium, in dem an die 100 Fischarten sowie 400 Muschel- und Schneckenarten zu bestaunen sind. Über einen Wanderweg erreicht man Stara Baška, das »Alte Baška« mit seiner wunderschönen Bucht, die eingebettet zwischen Klippen liegt. Baška unterscheidet sich stark vom Rest der Insel Krk. Es liegt in einem grünen Tal, das zu beiden Seiten von aufragenden Felswänden begrenzt ist. Buchten mit Strand aus Sand oder Kieseln ziehen die Besucher an das strahlend blaue Meer. In der Nähe von Baška, in der winzigen Kirche von Jurandvor, wurde die »Tafel von Baška« aus dem Jahr 1100, das äl-

AUSGEHEN

Mozaico // In der Stadt Krk liegt – versteckt in einer schmalen Seitengasse – ein Café, das einen besonderen Schatz beherbergt. Bei Umbauarbeiten fand man im Keller alte römische Mosaiken, die früher zu einer Therme gehört haben: Heute kann man hier gemütlich Kaffee trinken und dabei den Meeresgott Triton oder einen Delfin betrachten.

// Ribarska 7, Krk

Morska Vila // Unbestechlicher Pluspunkt des bodenständigen Restaurants ist die Aussicht von der hoch gelegenen Terrasse über das Meer in Richtung Festland. Da schmeckt die Pizza gleich noch besser.

// Vila Pod Kastel 12, Vrbnik

Cicibela // Auf der Uferpromenade, in unmittelbarer Nähe zum Strand von Baška liegt das Restaurant und wird nicht nur für die Kinderfreundlichkeit gelobt, sondern auch für die Fischgerichte und die gegrillten Meeresfrüchte.
// www.cicibela.hr/de/cicibela/restaurant

teste kroatische Schriftdenkmal in glagolitischer Schrift, entdeckt. Heute ist hier nur noch eine Replik der Tafel zu sehen, das Original wird in Zagreb aufbewahrt.

STRÄNDE

○ SVETI MARAK
Als einer der wenigen Sandstrände in Kroatien ist er vor allem bei Familien mit Kindern sehr beliebt. Er liegt unterhalb von Risika in der Nähe von Vrbnik.

○ VELA BAŠKA
Für die saubere Qualität und den Umweltschutz ausgezeichnet wurde der Kiesstrand von Baška mit der Blauen Flagge. Vielfältige Aktivitäten werden angeboten und auch gegen Hunger ist bestens gesorgt.

SHOPPING

○ LEUT
Wer auf der Suche nach einem wahren Unikat als Mitbringsel ist, sollte einen Blick in die Werkstatt von Željko Skomeršić werfen. Er fertigt Schiffsmodelle für sein eigenes kleines Museum und ebenso verschiedenste maritime Souvenirs.

// leut-krk.hr

○ MARKT IN MALINSKA
Regionale und saisonale Produkte von Obst und Gemüse über frischen Fisch bis Olivenöl findet man werktags auf dem Markt in Malinska.

○ AUSFLUG NACH RIJEKA
Die Stadt bietet für jeden Geschmack etwas. Wer es gern lebhaft hat, sollte den Gemüse- und Fischmarkt besuchen. Für alle Modebewussten finden sich in der Innenstadt zahlreiche Boutiquen. Das Tower Shoppingcenter schließlich kommt jedem Kaufrausch auf fünf Etagen entgegen.

ÜBERNACHTEN

Hotel Marina // Das Hotel befindet sich direkt am Hafen im Stadtzentrum von Krk, nur zehn Meter vom Meer entfernt. Das historische Gebäude aus dem Jahr 1925 wurde 2008 renoviert und glänzt nun mit einer elegant-modernen Innenarchitektur.
// www.hotelikrk.hr

Vinotel Gospoja // Ein junges, motiviertes Team machte es sich in Vrbnik zur Aufgabe, das erste Vinotel Kroatiens zu errichten, und das in einem modernen Bau mit Meerblick inklusive. Mit Wellness-Bereich und Whirlpool.
// www.gospoja.hr

Krk Premium Camping Resort // Vorurteile gegenüber Campingplätzen sollte man zu Hause lassen: Dank Mobilehomes, Glamping-Zelten, Pool und sauberen sanitären Anlagen muss man hier nicht auf Komfort verzichten. Für alle Selbstständigen gibt es aber auch Platz für eigene Zelte.
// www.camping-adriatic.com/ camping-krk-politin

AUF KEINEN FALL VERPASSEN

GLAGOLITISCHER WEG VON BAŠKA

Die glagolitische Schrift ist die älteste slawische Schrift. Und die Tafel von Baška aus dem Jahr 1100 gilt als das älteste Dokument dieser kroatischen Sprache. Zu Ehren der Tafel hat man in Baška einen Weg vom Pass Treskavac bis zur Uferpromenade im Hafen angelegt: Er führt vorbei an 34 Steinskulpturen, die in gemeißelter Form die glagolitischen Buchstaben darstellen, darunter steht die Übersetzung in lateinischer Schrift.

BISERUJKA-HÖHLE

Die Tropfsteinhöhle im Nordosten der Insel Krk liegt wie ein 110 Meter langer, schmaler Gang in nur zwölf Meter Tiefe unter der Erdoberfläche. Nichts weist in der von Macchia bewachsenen Landschaft an der Slivanjska-Bucht darauf hin, dass sich hier eine faszinierende Unterwelt verbirgt, in der sich Stalagtiten und Stalagmiten zu bizarren Steinlandschaften und -skulpturen gruppieren. Mehrere »Säle« reihen sich in der Höhle aneinander: Deren Namen wie »Großer Saal«, »Brückensaal« und »Zypressensaal« beschreiben die dort vorherrschenden Formationen. Dank der geringen Tiefe und der einfachen Zugänglichkeit wurde die Höhle von Tieren und vielleicht auch von Menschen als Zufluchtsort genutzt – unter anderem fand man darin das Skelett eines Höhlenbären.

WRACKTAUCHEN

Die »Peltatis« sank 1968 vor der Insel Krk. Sie liegt in nur etwa 20 Metern Tiefe und ist somit auch für Tauchanfänger ein geeignetes Ziel. Wer nicht zu einem Schiffsgrab schwimmen will, findet in der Kvarner Bucht allerorten interessante Tauchreviere. Für jeden Anspruch bietet die Region Riffe, steile Felswände und Höhlen. Besonders rund um die Inseln Krk, Rab, Cres und Losnij gibt es fantastische Felsformationen sowie eine überwältigende Fauna und Flora.

VOGELPERSPEKTIVE EINNEHMEN

Es geht hoch hinaus! Verschiedene Anbieter laden zu Rundflügen über die Insel ein, beispielsweise ab Malinska. Von oben entdeckt man dann die Insel auf eine ganz neue Art und Weise: Wie eine grüne Perle glitzert sie im blauen Meer. Die Touren dauern in der Regel zwischen 15 und 30 Minuten, bei vielen läuft eine Buchung unkompliziert über Mail oder Telefon.

#17 CRES

ZWEIGETEILT IST DIE 66 KILOMETER LANGE INSEL CRES, DIE WEIT IN DIE BUCHT VON RIJEKA HINEINREICHT: KARG DER NORDEN, MEDITERRAN DER SÜDEN. IM SÜDLICHEN TEIL FINDET MAN AUCH DIE MEISTEN SAND- UND KIESBUCHTEN. UM CRES ZU ERREICHEN, SETZT MAN PER FÄHRE VON BRESTOVA NACH POROZINA AUF CRES ÜBER. IM SÜDEN IST CRES MIT DER INSEL LOSINJ MITTELS EINER DREHBRÜCKE IN OSOR VERBUNDEN. IN DER HAUPTSTADT, CRES-STADT, EINEM DICHTEN GEWIRR AUS KLEINEN HÄUSCHEN, WOHNEN MEHR ALS ZWEI DRITTEL ALLER INSELBEWOHNER. HIER TRIFFT MAN SICH GERN AUF DER UFERPROMENADE ODER DEM HAUPTPLATZ DIREKT AM MEER. SEHENSWERT IST DAS FRANZISKANERKLOSTER UM 1300, DAS SÜDÖSTLICH VON DER ALTSTADT ZU FINDEN IST. ES BESTICHT DURCH SEINEN SCHÖNEN KREUZGANG SOWIE DEN MARKANTEN GLOCKENTURM.

○ BELI

Hoch oben thront das Dörfchen Beli im Norden von Cres auf einem Hügel. Von hier aus können sich Besucher auf eine Wanderung zu Gänsegeiern begeben, die an der Steilküste von Cres in freier Wildbahn

Der Hafen von Beli (oben) liegt genauso ruhig und verträumt da wie der Ort, zu dem er gehört. Der steht auf der Kuppe eines Berges, unterhalb erstreckt sich ein schöner Strand (links).

Rechts: Ebenfalls hoch über dem Meer findet sich das Dorf Valun, das aber ebenfalls einen Hafen mit Marina vorweisen kann.

leben. Sie nisten überall in den Felsen, obwohl ihre Heimat eigentlich steinige Wüstengebiete statt Küsten sind. Höchster Punkt des kleinen Ortes ist die Pfarrkirche aus dem 18. Jahrhundert mit kleinem Platz und hübschem Brunnen. Ansonsten herrscht in dem 150-Seelen-Dorf eine wohltuende Stille.

○ VALUN

Eine Bucht wie aus dem Bilderbuch: tief eingeschnitten, perfekt geformt, eingerahmt von steilen Hängen und mittendrin das Dorf Valun. In dessen Pfarrkirche Sv. Marka wird die »Valunska ploča« bewahrt. Die Steintafel aus dem 11. Jahrhundert diente als Grabstein auf dem Valuner Friedhof und trägt einen Text in lateinischer und glagolitischer Schrift, der jeweils in Lateinisch und Altkroatisch verfasst wurde. Sie gilt neben der »Tafel von Baška« auf der Insel Krk als eines der ältesten Zeugnisse der altkroatischen Schrift Glagolica. Besucher sind aber mindestens ebenso von den malerischen Kiesstränden links und rechts des

FÜR WEN GEEIGNET? FÜR ALLE MENSCHEN, DIE NICHT IMMER DIE HÖCHSTEN ANSPRÜCHE STELLEN UND SO ZUM BEISPIEL ZUM BADEN KEINEN GOLDENEN SANDSTRAND BRAUCHEN, SONDERN AUCH MIT FELSEN ODER KIES ZUFRIEDEN SIND. NATURFREUNDE FINDEN RAUE, ABER NICHT MINDER SCHÖNE TOUREN ZUM WANDERN ODER MOUNTAINBIKEN. IDEAL IST CRES AUCH FÜR SEGLER, ZAHLREICHE HÄFEN LADEN ZUM ANLEGEN EIN. WORKAHOLICS DAGEGEN, DIE AUCH IM URLAUB NICHT ZUR RUHE KOMMEN MÖCHTEN, SOLLTEN SICH LIEBER EIN ANDERES URLAUBSZIEL SUCHEN, DENN AUF CRES REGIERT EINE GEMÜTLICHE LANGSAMKEIT.

Links oben: Dass schon die Römer die Schönheit von Cres für sich entdeckten, erkent man an alten Römerstraßen, auf denen sich wandern lässt. Links unten: Hafen von Cres. Ganz oben: Der paradiesische Strand von Lubenice weckt Robinson- Gefühle. Oben: Beli ist seit 4000 Jahren bewohnt. Mittlerweile lebt nur noch eine Handvoll Menschen dort (oben).

Ortes und vom kulinarischen Angebot begeistert. Gleich mehrere Restaurants verwöhnen ihre Gäste direkt am Wasser mit frischem Fisch.

○ LUBENICE

Dass Lubenice nicht das Schicksal der von ihren Bewohnern verlassenen Nachbardörfer teilt, verdankt es sicherlich seiner außergewöhnlichen Lage. Regelmäßig kommen Touristen auf den schmalen, durch die karge Landschaft mäandernden Sträßchen hier herauf, um das einzigartige Panorama zu bewundern, das sich vor der Dorfkirche über steile Klippen und übers Meer bis hin nach Istrien eröffnet. Auch Gänsegeier sind hier häufig zu beobachten. In den wenigen, alten Steinhäuschen des Dorfes leben noch 20 Einwohner, die als Schafhirten oder aber in der Gastronomie in den zwei einfachen Konobas ein Auskommen finden.

○ OSOR

Osor am Durchstich zwischen den Inseln Cres und Lošinj zählte früher zu den bedeutendsten Städten der Kvarner Bucht. Zeugnisse dieser einstigen Größe sind der stolze venezianische Rektorenpalast, der elegante Renaissancedom und die repräsentativen Palazzi der Altstadt. Skulpturen zeitgenössischer Künstler bilden auf den Plätzen einen spannenden Kontrast zu der musealen Kulisse.

STRÄNDE

○ STARA POROZINA

Versteckt in einem Wald in der Nähe von Porozina liegt die Bucht mit Kiesstrand, hier kann man ungestörte Stunden verbringen.

○ ŽANJE

Die Bucht bei Lubenice ist besonders durch die Blaue Grotte bekannt, die man schwimmend erreicht. Nachmittags taucht die Sonne die Grotte in ein faszinierendes Farbspiel.

AUSGEHEN

Gostionica San Marco // Schön am Hafen gelegen, konzentriert sich das Lokal in Valun passenderweise auf Spezialitäten aus dem Meer, aber auch Vegetarier kommen auf ihre Kosten.
// www.restaurantvalun.com

Konoba Bukaleta // Als eines der besten Restaurants der Insel für jegliche Lammgerichte wird die rustikale Konoba von Einheimischen und Urlaubern gleichermaßen geschätzt.
Loznati 9a, Cres

Caffe Timun // Entspannt den Sonnenuntergang über dem Meer beobachten, in der Hand einen erfrischenden Cocktail und in der Luft liegen die angenehmen Klänge von verschiedenen Bands, die hier live aufspielen.
// www.timun.hr

Rechts: Osor ist nur durch eine schmale Wasserstraße von der Insel Lošinj getrennt.

Links: Cres gehörte bis zur letzten Eiszeit zum Festland. Erst das Schmelzen der Gletscher ließ die Kvarner Bucht mit ihren Inseln entstehen.

SHOPPING

○ **KLEINER FISCHMARKT IN CRES-STADT**
Früh aufstehen lohnt sich in Cres-Stadt, um sieben Uhr öffnet der kleine Fischmarkt – und verkauft ohne festgelegtes Ende, bis alles weg ist.

○ **MARTINSCICA**
Kleine Läden und Boutiquen laden in der Innenstadt zu einem gemütlichen Bummel ein, Eiscafés versprechen dabei Abkühlung.

○ **RUTA CRES**
Mit übersprudelnder Kreativität und viel Liebe werden hier aus traditioneller Schafwolle innovative Produkte gefertigt, von Hüten über Filzpantoffeln bis zu Kuscheltieren und Kissen. Ideal als Mitbringsel von der Insel, in deren Dörfern oft mehr Schafe als Menschen leben.

// www.ruta-cres.hr

ÜBERNACHTEN

Campingplatz Slatina // Der Campingplatz liegt idyllisch am Meer nordwestlich von Martinscica. Ideal ist er vor allem für Hundebesitzer. Außerdem werden Mobilheime vermietet.

// www.camp-slatina.com

Crepsa // Die Agentur vermietet Bungalows etwas außerhalb von Cres, die sich perfekt für alle eignen, die gern flexibel und selbstständig im Urlaub sind, egal, ob für Familien oder Freundesgruppen.

// www.crepsa.com

Hotel Kimen // Ein gut geführtes, klassisches Hotel bei Cres, bei dem das Preis-Leistungs-Verhältnis stimmt.

// www.hotel-kimen.com

AUF KEINEN FALL VERPASSEN

TAUCHEN

Sturm peitscht über das Deck, »Lina« schaukelt gewaltig. Ein plötzlicher Schneesturm und dichter Nebel nehmen die Sicht, der Kapitän verliert die Kontrolle über sein Schiff. Dann kracht es laut, Metall reibt auf Gestein, die Wellen brechen sich tosend über dem Rumpf. Das italienische Handelsschiff »Lina« hat die Küste der Insel Cres gerammt. Nur Minuten später sinkt es – und liegt seit 1914 in seinem nassen Grab. Das Heck in rund 52 Meter Tiefe, der Bug nur 28 Meter unter Wasser, ist das Wrack eine Attraktion für Taucher. Wie auch der Frachtdampfer »Vis«, der 1946 im Kanal zwischen Cres und Istrien einer Wassermine aus dem Zweiten Weltkrieg zum Opfer fiel.

WANDERUNG ZU DEN HERREN DER LÜFTE

Cres' heimliches Nationaltier ist der Gänsegeier. Majestätisch gleitet er durch die Lüfte – am besten dabei zu beobachten sind die Vögel vom Monte Sis aus, an dessen Felswänden sie nisten. Aber auch ohne Gänsegeier würde sich eine Wanderung auf den Gipfel mehr als lohnen, die Aussicht ist schlichtweg atemberaubend.

EINE ÖLMÜHLE BESUCHEN

Auf der ganzen Insel laufen laut blökend Schafe frei herum. Wo andernorts die Bauern darüber lamentieren würden, freut man sich hier auf Cres. Denn die Schafe tragen nicht unerheblich dazu bei, dass die vielen Olivenbäume so prächtig gedeihen. Von Hand gepflückt, werden sie in traditioneller Weise in Ölmühlen zu Olivenöl verarbeitet. Manche der Mühlen sind für interessierte Bessucher geöffnet, beispielsweise die der Ackerbaugenossenschaft Cres.

MIT DEM KAJAK AN DELFINEN VORBEIPADDELN

Insbesondere die Westküste ist perfekt geeignet für kürzere oder längere Kajaktouren. Nicht nur lassen sich die kleinen Fischerdörfer oder einsamen Buchten vom Meer aus zum Teil viel besser erreichen und erkunden, mit etwas Glück kreuzt man auch die Wege von verspielten Delfinen, die hier ihr Revier haben.

#18 RAB

ES WAR WOHL DER ENGLISCHE KÖNIG EDWARD VIII., DEM DAS NACKTBADEN AUF RAB ZU VERDANKEN IST. SO GILT DAS JAHR 1936 ALS OFFIZIELLER BEGINN DER FREIKÖRPERKULTUR AUF DER INSEL, NACHDEM DIE BEHÖRDEN DEM GEKRÖNTEN BRITISCHEN HAUPT UND SEINER GELIEBTEN ERLAUBT HATTEN, HÜLLENLOS IN EINER BUCHT ZU PLANSCHEN. DIE FKK-WELLE ROLLTE ABER ERST EINIGE JAHRE SPÄTER SO RICHTIG ÜBER RABS STRÄNDE. KEIN WUNDER, BESITZT DIE MIT NUR ETWA 90 QUADRATKILOMETERN KLEINSTE DER »GROSSEN« INSELN DER KVARNER BUCHT DOCH ZAHLREICHE BUCHTEN, IN DENEN MAN SOGAR IM HOCHSOMMER NOCH UNGESTÖRT SONNE UND MEER GENIESSEN KANN; VIELE KANN MAN NUR ZU FUSS ODER MIT EINEM BOOT ERREICHEN. IM NORDWESTEN LIEGEN URLAUBER IN FEINEM SAND, IM SÜDEN AUF KIES ODER FELSEN. DIE GLEICHNAMIGE HAUPTSTADT ERHEBT SICH MIT EINEM UNVERWECHSELBAREN BILD AUF DER INSEL: RABS KIRCHTÜRME RAGEN IN DEN HIMMEL.

Oben: Rab gilt als Wiege der Nacktbadekultur in Kroatien. Überall finden sich versteckte Buchten, um diesem Wunsch nachzugehen.

Links: Die vier Kirchtürme, die so typisch für die Silhouette von Rab sind, breiten sich vor der Kvarner Bucht mit ihren Inseln im blauen Meer aus.

Rechts: Das Kloster Sv. Eufemija bei Kampor ist ein Ort der Kontemplation und Stille.

○ LOPAR

Die kleine Gemeinde Lopar an der Nordspitze der Insel Rab schmückt sich mit zwei Besonderheiten: Zum einen soll sie die Heimat eines Steinmetzes und Hei-

ligen namens Marinus sein, der um 300 auswanderte, um die Republik San Marino zu gründen. Zum anderen, und dies ist keine Legende, besitzt die Region um Lopar jede Menge richtiger Sandstrände. Sie sind den besonderen Strömungen an diesem Teil des Kvarner Golfs zu verdanken. Vor allem um die Halbinsel Lopar reiht sich Sandbucht an Sandbucht. Die meisten sind nur vom Meer aus per Boot oder zu Fuß zu erreichen, versprechen aber echtes Robinson-Feeling. Lopars Hauptstrand, Rajska plaža, läuft so flach ins Meer aus, dass man bei Ebbe zu Fuß zu dem vorgelagerten Inselchen laufen kann.

○ KAMPOR

Kampor ist ein kleiner Ferienort auf der dicht bewaldete Halbinsel Kalifront nordwestlich der Inselhauptstadt Rab. Herrliche, einsame Buchten, zahlreiche verwunschene Wander- und Radwege sowie das glasklare Meer machen den besonderen Zauber der Halbin-

FÜR WEN GEEIGNET? UNBESTREITBAR FÜR ALLE, DIE AUF SANDSTRÄNDE STEHEN, DENN FAST WIRKT ES, ALS HÄTTE BEI DER VERTEILUNG VON SAND IN KROATIEN NUR RAB PROFITIERT. DIE INSEL ZIEHT AUSSERDEM FAMILIEN MIT KINDERN AN UND ALLE SPORTLICHEN ZUM WANDERN ODER TAUCHEN. NICHT ZULETZT IST RAB AUCH DIE IDEALE DESTINATION FÜR ALLE FREUNDE DER FREIKÖRPERKULTUR, DIE SICH GERN NAHTLOS SONNEN.

Links oben: Der Strand Pudarica in Barbat gilt einigen als schönster Strand der Insel, zumindest hat er feinen Sand zu bieten. Links unten: In den Gassen und auf den Plätzen von Rab-Stadt finden sich viele schöne Straßencafés und -lokale. Ganz oben: der kleine Weiler Palit mit seiner Marina. Oben: Blick auf die mittelalterlichen Kirchtürme von Rab-Stadt.

sel aus. Ein Teil davon, der Dundo-Wald, steht unter strengem Naturschutz. Er ist einer der wenigen noch erhaltenen Steineichenwälder im Adriaraum. Im Kloster Sv. Eufemija aus dem 15. Jahrhundert wird Geschichte lebendig. Es birgt eine kostbare Sammlung glagolitischer Kirchenschriften sowie ein sehenswertes ethnographisches Museum.

○ STADT RAB

Wenige Hafenorte der Adria liegen so malerisch wie Rab: Die Häuser der Inselhauptstadt staffeln sich auf dem Bergrücken einer Halbinsel den Hang hinauf, sodass die Altstadt aus der Luft betrachtet wie ein Schiffsbug ins Meer ragt. Zwischen den drei Hauptgassen klettern steile Gassen und Treppen hinauf zur höchsten, der Gornja ulica, an der sich gleich vier Gotteshäuser aneinanderreihen. Von der Burgruine mit dem Sv. Krištofor genannten Wehrturm blickt man auf diese Kirchenreihe und ihre vier Türme – ein herrliches Panorama. Wie alt Rab ist, belegen Mosaikreste in der wunderschönen romanischen Kathedrale, die aus dem 4. und 5. Jahrhundert stammen. Noch weiter zurückreichende Funde belegen, dass die Stadt bereits in römischer Zeit ein bedeutender Hafen war. Heute ist Rab ein beliebter Anlaufpunkt für Urlauber, aber auch Segler und Bootfahrer. In den Gassen reihen sich zahlreiche Konobas und Restaurants aneinander. Fisch steht zuoberst auf den Speisekarten, mal deftig, mal fein kredenzt.

STRÄNDE

○ STRAND »RAJSKA PLAŽA«

Er gehört zu den berühmtesten Stränden in Kroatien: Zwei Kilometer Sandstrand, dazu Freizeitmöglichkeiten wie Beachvolleyball, Tennis, Windsurfing, Tretboot- und Scooterfahren, Parasailing und vieles mehr. Er ist bei Familien mit Kleinkindern beliebt wegen des sanft abfallenden Ufers.

○ PETRAC

Neben den Badebuchten von Banjol ist der Strand Petrac eine kleine Perle mit goldenem Sand. Wer sich andernorts an herumlaufenden Hunden stört, ist hier gut aufgehoben, Vierbeiner sind nicht erlaubt.

AUSGEHEN

Konoba Rab // Spezialität dieser Taverne in einer Seitengasse der Stadt Rab ist ein typisch kroatisches Gericht: Lamm Peka. Rechtzeitig vorbestellen, die Zubereitung dauert mehrere Stunden!

// Kneza Branimira 3, Stadt Rab

Restaurant Kamenjak // Zugegeben, der Weg zum Restaurant über eine steile Schotterstrecke ist nur für geübte Autofahrer oder ausdauernde Wanderer geeignet. Entlohnt wird man mit der schönsten Aussichtsterrasse der ganzen Insel. Das urige Lokal ist vor allem auf Fleischgerichte spezialisiert. Zur Sonnenuntergangszeit unbedingt reservieren!

// Banjol 286/a

Caffe Municipium // Es ist das gemütliche, junge Ambiente und der gute Kaffee, das die Menschen ins Municipium in Palit zieht. Abends wird Musik aufgelegt.

Links: Zahlreiche Buchten und einige verstreut liegende Inselchen rund um Rab machen die Insel zu einem idealen Standpunkt für Ausflüge mit dem Boot.

SHOPPING

○ **ALTSTADT VON RAB-STADT**

Kleine Läden, Souvenirshops und Boutiquen reihen sich in den Straßen der Altstadt von Rab aneinander. Einer gemütliche Tour zum Stöbern steht hier nichts im Wege.

○ **CENTO E BOKA**

Wer besondere Erinnerungen zum Mitnehmen sucht, kann in der Werkstatt von Danijel Kalócira vorbeischauen. Dort werden edle Obstschalen aus Olivenholz hergestellt oder auch Schmuck aus Schwämmen.

○ **NATURA RAB**

Ökologie wird hier großgeschrieben. Hautcremes, Öle und Kräuterprodukte werden im sogenannten Eko Centar verkauft, nachdem sie selbst hergestellt wurden mit Zutaten der Insel. Basis für die meisten Produkte sind dabei Honig und Olivenöl. Auch selbst gebrannten Schnaps kann man hier erwerben.

// www.natura-rab.hr

ÜBERNACHTEN

Arbiana Hotel // Ein charmantes Haus der 1920er-Jahre wurde in der Stadt Rab zu einem edlen Hotel herausgeputzt, das sich besonders auf guten Service versteht. Die Lage bietet zudem einen schönen Ausblick.

// **www.arbianahotel.com**

San Marino Camping Resort // Der größte Pluspunkt ist die unbestechliche Lage direkt am Paradiesstrand Rajska Plaža. Neben freien Stellplätzen bietet der Campingplatz komfortable Bungalows und Apartments.

// **www.camping-adriatic.com/de/ san-marino-camp-rab**

Lando Resort // Ein kleines Reich für sich allein bekommt man in den Bungalows, die man hier unumwunden Villen nennt. Ausgestattet mit zwei Schlafzimmern, zwei Badezimmern, Terrasse und Küche ideal für Familien. Auf dem Gelände befinden sich außerdem zwei Pools, und zum Meer besteht direkter Zugang.

// **www.lando.hr**

AUF KEINEN FALL VERPASSEN

BEI DER RABSKA FIERA MITFEIERN

Dieses mittelalterliche Sommerfestival in der Altstadt von Rab zeigt Geschichte hautnah: Goldschmiede, Armbrustschützen, Webspinner, Böttcher, Steinmetze, Korbweber und andere zeigen ihre traditionelle Handwerkskunst. Begleitet wird dieses Spektakel von Musik aus jener Zeit und einem großen Angebot an Speisen nach überlieferten Rezepten. Während des Festivals bevölkern viele Menschen in historischen Gewändern die Stadt, alles ist auf altertümliche Weise dekoriert.

EIN BOOT MIETEN UND DIE EINSAMEN BUCHTEN ERKUNDEN

Keiner mag es gern, wenn einen Sonnenschirme beinahe erschlagen oder Sandburgen einem den Weg zum Wasser versperren. Und glücklicherweise ist es auf Rab auch gar nicht nötig, sich auf überfüllten Stränden aufzuhalten. Die Insel bietet zahlreiche einsame Buchten, die nur darauf warten, entdeckt zu werden. Am besten kann man das mit einem gemieteten Boot, mit dem man gemütlich die Küste entlangfährt und sich eben dort niederlässt, wo es einem gefällt.

EINEN WALDSPAZIERGANG UNTERNEHMEN

Rund zwei Drittel der Insel sind von Wald bedeckt, Grund genug, ihn zu erkunden! Ganz besonders eignet sich dafür die Halbinsel Kalifront, hier ist der Wald unter Naturschutz gestellt, doch Wanderer sind herzlich willkommen.

SPEISEN WIE DER PAPST

Im 13. Jahrhundert hatte Rab einen ganz besonderen Gast, denn Papst Alexander III. kam zu Besuch, um einen Dom einzuweihen. Den Inselbewohnern war klar: Eine Festtorte muss gebacken werden und da zu dieser Zeit viele Mandelbäume auf der Insel wuchsen, kreierte man die Raber Torte, wie sie heute genannt wird, hauptsächlich aus Mandeln. Auch optisch macht sie einiges her, denn der Teig wird zu einer Schnecke geformt. Das Originalrezept wird von der Konditorei Vilma in Banjol gut gehütet und bis heute nachgebacken.

DAS INSELKLOSTER BESUCHEN

Etwas sakrale Luft schnuppern und sich dabei Kunstwerke ansehen kann man im St.-Euphemia-Kloster. Besonders hervorzuheben ist die hölzerne bemalte Decke, aber auch die wertvollen Inkunabeln der Klosterbibliothek.

#19   LOŠINJ

URSPRÜNGLICH GEHÖRTEN SIE ZUSAMMEN: CRES UND LOŠINJ. DIE RÖMER TRENNTEN SIE DURCH EINEN ELF METER BREITEN KANAL AN DER SÜDSPITZE VON CRES BEI DER ORTSCHAFT OSOR. FORTAN KONNTEN SCHIFFE DEN KÜRZEREN WEG DURCH DEN NEUEN KAVADA-KANAL NEHMEN, ANSTATT LOŠINJ UMFAHREN ZU MÜSSEN. HEUTE BRINGT DAS EINEN NACHTEIL FÜR DIE UMWELT: DIE VIELEN BOOTE UND FISCHER MIT TREIBNETZEN GEFÄHRDEN EINE DER LETZTEN DELFINPOPULATIONEN DER ADRIA. DIE TIERE LEBEN IN DEN GEWÄSSERN ZWISCHEN LOŠINJ UND DER HALBINSEL PUNTA KRIŽA, DIE MITTLERWEILE ZUM UNTERWASSERSCHUTZGEBIET DES MITTELMEERS ERKLÄRT WURDEN. BESUCHER KÖNNEN BEI DER LOKALEN SCHUTZORGANISATION PATENSCHAFTEN FÜR DIE MEERESSÄUGER ÜBERNEHMEN. AUCH PFLANZENFREUNDEN BIETET DIE ETWA 31 KILOMETER LANGE INSEL ARTENREICHE NATUR: DICHTE WÄLDER UND EXOTISCHE PFLANZEN WIE BANANEN, ZITRONEN ODER EUKALYPTUS, DIE DIE KAPITÄNE AUS FERNEN LÄNDERN MITBRACHTEN.

Oben: In Lošinj spielt sich beinahe das ganze Leben am Wasser ab. Die Häuser in Mali Lošinj sind unmittelbar ans Ufer gebaut, eine Promenade führt am Hafen entlang. Restaurants stellen Tische und Stühle auf die Terrassen und nutzen in der romantischen Abendstimmung die natürliche Kulisse des Meeres und der kleinen Boote in der Bucht.

Links: Die typischen Lošinjer Segelschiffe leuchten mit ihrer bunten Bemalung im Hafen von Mali Lošinj den Besuchern entgegen.

○ MALI LOŠINJ

Das »kleine« Lošinj bietet mit seiner tief eingeschnittenen Bucht Schiffen von alters her einen sicheren Hafen. Schon die Römer nutzten den Ankerplatz, der Schutz vor den heftigen Sturmböen der Bora wie auch des von Süden wehenden Jugo bietet. Einfahrende Boote kommen in den Genuss einer malerischen Kulisse: Häuser in Pastelltönen rahmen den Hafen ein, der weite Hauptplatz am Ende der Bucht empfängt Fremde mit offenen Armen und einer Vielzahl von Restaurants und Cafés. Am langen Kai liegen die typischen Lošinjer Segelschiffe, heute in motorisierter Form nachgebaut, auf denen Touristen Rundfahrten durch die Kvarner Bucht unternehmen können. Ein ungewöhnlicher Fund wird im örtlichen Museum gezeigt: Den 1,92 Meter großen bronzenen Jüngling Apoksiomen entdeckte ein Taucher in den Gewässern zwischen Lošinj und der Insel Vele Orjule in 45 Meter Tiefe. Er stammt aus dem 2.–1. Jahrhun-

dert v. Chr. und gehörte wohl zur Fracht eines antiken griechischen Handelsschiffes.

○ VELI LOŠINJ

Veli, das »große« Lošinj, ist eigentlich das kleinere der beiden nicht weit voneinander entfernten Inselstädtchen. Für die Seefahrt spielte Veli Lošinj eine wichtigere Rolle als der Nachbarhafen; seine Bucht ist noch tiefer und schmaler, sie gleicht einem Fjord. Ein Kirchlein und ein schön gelegener Friedhof begrüßen hier die Seefahrer bei der Einfahrt; und ebenso wie in Mali Lošinj breitet sich eine bezaubernd bunte Hauskulisse vor den Ankömmlingen aus. Aus Veli Lošinj stammten viele berühmten Kapitäne, die sich nach einem Leben auf hoher See an der Bucht niederließen und herrschaftliche Häuser errichten ließen. Die Gärten bepflanzten sie mit Bäumen, die sie von ihren Reisen mitgebracht hatten – so erklärt sich die tropische Pflanzenfülle an der Bucht. Der Kirche Sv. An-

FÜR WEN GEEIGNET? AKTIVUR-
LAUBER KOMMEN HIER VOLL AUF IHRE
KOSTEN. ABER AUCH KULTURINTER-
ESSIERTEN HAT DIE INSEL EINIGES ZU
BIETEN. MIT RUND 300 SONNENSTUN-
DEN UND DEUTLICH WÄRMEREN TEM-
PERATUREN ALS AUF DER SCHWES-
TERINSEL CRES IST LOŠINJ NICHTS FÜR
LEUTE, DIE SCHNELL INS SCHWITZEN
KOMMEN. DAFÜR LOCKT SIE MIT HEIL-
KRÄUTERN ALL JENE AN, DIE AUF DIE
STÄRKENDE KRAFT DER NATUR VER-
TRAUEN.

tun ist reich mit Votivgaben geschmückt, die von der
Rettung aus schwerer See berichten. Auch die repräsentativen Gräber auf dem Gottesacker sind ein Be-
leg für den früheren Wohlstand der Lošinjer Kapitäns-
familien.

MUSEUM IM TURM

Sehenswert ist vor allem eine Ausstellung zur antiken
Bronzestatue des Apoxyomenos, die ein belgischer
Taucher im Jahr 1996 im Meer vor der Insel entdeckt
hat. Sie gilt als die am detailliertesten ausgearbeitete
und besterhaltene Apoxyomenos-Skulptur überhaupt.

○ PFAD DER DELFINE

Der Anblick der Adriadelfine ist eines der schönsten
Naturerlebnisse in der Kvarner Bucht. Im Süden der
Insel Lošinj gibt es ein neues Netz von Wanderwegen,
den »Pfad der Delfine«. Von hier aus können Wanderer das Meer von Lošinj übersehen. Und da die Großen Tümmler gern in Ufernähe auftauchen und spielen, ist es sehr wahrscheinlich, dass man hier auch eines der rund 150 Tiere erspäht, die sich Forschungen
zufolge regelmäßig in diesem Teil der Adria aufhal-
ten. Reizvoll umrundet der Weg an der Südspitze von
Lošinj Bucht um Bucht, folgt den mit Trockenmauern
abgegrenzten Feldern und durchquert üppig grüne

*Oben: Pinienwälder
säumen den Strand der
Buchten auf Losinj.*

*Bilder links: Aus der Luft
betrachtet zeigt sich das
Farbspektrum besonders
eindrucksvoll. Ein
faszinierendes Farbspiel,
das alle erdenklichen
Blautöne bietet und sie
immer neu in Szene setzt.
Ob sie als glitzernde
Flächen das Sonnenlicht
spiegeln, an tiefen Stellen
dunkel daliegen oder um
die vielen Inseln mit ihren
hellen Strände herum die
Palette um ein kräftiges
Türkis erweitern: Wenn es
blaue Regenbögen gäbe,
lägen sie im Kvarner Golf.*

Olivenhaine. Immer wieder eröffnen sich neue Ausblicke auf die reich gegliederte Küste und auf Nachbarinseln wie Ilovik. Höhepunkt ist natürlich die Sichtung der verspielten Meeressäuger.

○ ARTATORE

Vor wenigen Jahrzehnten gab es hier an der Bucht direkt im Zentrum Lošinjs nur weiße Sandstrände. Dann siedelten sich Ferienunterkünfte an und einige Einheimischen befanden das malerische Fleckchen Erde als den idealen Ort für ein Sommerhäuschen. Mittlerweile sind viele dieser schmucken Villen das ganze Jahr über bewohnt. Hauptattraktion bleiben jedoch von allen Veränderungen unbeeindruckt die Strände an der geschützten Bucht.

○ NEREZINE

Der überschaubare Ort ist nicht nur der ideale Ausgangspunkt für alle Wanderungen in die Hausberge, sondern auch selbst einen Aufenthalt wert. Im Gegensatz zu anderen Städten hat der Tourismus hier noch nicht alles umgekrempelt, und so präsentiert sich Nerezine recht ursprünglich mit Hafen, gemütlichem Dorfplatz und einem Kloster aus dem 16. Jahrhundert.

STRÄNDE

○ KRIVICA

Der Pinienwald reicht hier bis ans Meer heran und umrahmt die weit ins Land gehende Bucht malerisch. Von dort aus lohnen sich auch Wanderungen zu anderen Badebuchten.

○ MELI

Wie ein weißes Band zieht sich der Sandstrand von Meli am türkisfarbenen Meer entlang. Besonders für Familien geeignet, da der Strand im Gegensatz zu vielen anderen Buchten mit dem Auto erreichbar ist.

AUSGEHEN

Restaurant Diana // Regionale Zutaten werden hier liebevoll verarbeitet und nobel angerichtet serviert. Besonders berühmt ist das Restaurant für die Grillspezialitäten und die selbst gemachte Pasta.
// www.losinj-hotels.com/de/ restaurants/restaurant-diana

Restaurant Marina // Im Hafen von Privlaka warten Fischspezialitäten auf Feinschmecker. Das Ambiente ist passend dazu sehr maritim gehalten, serviert wird sowohl mittags als auch abends.
// Privlaka 19a, Mali Lošinj

Cocktail Bar Moby Dick // Tagsüber kann man sich hier mit den Kids durch die Eiskarte schlemmen, am Abend wird es sich mit guten Cocktails gemütlich gemacht.
// Vladimira Gortana 38, Mali Lošinj

Rechts: Die Strände sind meist kieselig, das tut dem Badevergnügen aber keinen Abbruch. Das Wasser ist wunderbar klar, sodass man bis auf den Grund schauen kann. Ein Spektakel der Blautöne und ein Paradies für Taucher.

Links: In der herrlichen Čikat-Bucht stehen eine Handvoll gepflegter Hotels. Zudem gibt es hier einen beliebten Campingplatz direkt am Meer.

SHOPPING

○ LOŠINJ FRAGRANT GARDEN

Das passende Souvenir von der Insel der Düfte und Kräuter findet man beispielsweise im Fragrant Garden in Mali Lošinj, von Massageöl über Marmelade bis zu Lavendelseife und Olivenöl.

// miomirisni-vrt.hr

○ ULTRAMARIN

Für die kreativen Köpfe des Ultramarins in Veli Lošinj sind angespülte Holzbretter am Strand kein Ärgernis, sondern die Grundlage für ihre handgefertigten Erinnerungsstücke, die Segelboote und Dampfer zeigen – als Hommage an die Seefahrtstradition der Insel. Die Gestaltung wiederum trifft stilsicher den heutigen Zeitgeist.

○ GULAM

Unikate aus Olivenholz werden in Nerezine verkauft, darunter Schüsseln und Löffel oder Seifenschalen. Das Holz sieht dabei nicht nur schön aus, sondern soll zudem den Geschmack der darauf angerichteten Speisen intensivieren und sie frisch halten.

ÜBERNACHTEN

Villa Kredo // Direkt am Meer und nur 15 Minuten vom Stadtzentrum von Mali Lošinj entfernt liegt das Hotel Kredo. Die Zimmer sind nicht nur nach Blumen benannt wie zum Beispiel Rose, Hortensie, Dahlie, Lavendel, sondern auch in dem jeweiligen Stil eingerichtet – ganz individuell abgestimmt auf die einzelne Blume.

// www.losinj-hotels.com

Vitality Hotel Punta // Das Ziel des Vitality Hotel Punta scheint es zu sein, hohen Ansprüchen mehr als zu genügen. So ist es zertifiziert als asthma- und allergiefreundlich sowie glutenfrei. Ein großer Fitness- und Wellnesbereich sorgt für Wohlbefinden von Körper und Geist.

// www. losinj-hotels.com/de/ hotels-und-villen/hotel-punta

Poljana Camping // Mobilehomes für Familien, Bungalows für Freundescliquen und Stellplätze für alle »echten« Camper bietet der Platz im Herzen der Insel.

// www.campingpoljana.com

AUF KEINEN FALL VERPASSEN

BEIM KLETTERN ADRENALIN FREISETZEN

Wie Äffchen hängen die Kletterer am Felsen, unter ihnen das leicht rauschende Meer. 30 verschiedene Routen warten am Osoršćica auf Mutige. Mehrere Schwierigkeitsgrade garantieren, dass für jeden etwas dabei ist. Und selbst Anfänger sollten sich nicht abschrecken lassen, ihnen werden Guides an die Seite gestellt, und auch das Kletterequipement kann man ausleihen. Belohnt werden die Touren mit einem tollen Blick aus der Höhe, den man sich nur mit frei herumstreunenden Bergziegen und Schafen teilen muss.

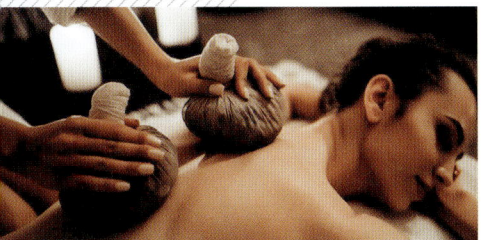

SICH RICHTIG VERWÖHNEN LASSEN

Dank der guten klimatischen Bedingungen auf der Insel wächst und gedeiht hier eine Vielzahl an Blumen, Bäumen – und Kräutern. Und Letztere machen Lošinj zu einem Füllhorn an Wellnesstempeln und Spa-Oasen, in denen Kräuter- und Aromatherapien angeboten werden, von denen man unbedingt profitieren und sich einmal richtig verwöhnen lassen sollte.

WASSERSPASS OHNE ENDE

Auf einer so kleinen Insel ist das Meer nie weit weg, doch wem das noch nicht genug Wasser ist, für den und für alle Familien mit kleinen und großen Wasserratten lohnt sich ein Ausflug auf die Halbinsel Čikat, um dort im gleichnamigen Wasserpark auf einer Fläche von 6300 Quadratmetern zu rutschen, zu planschen und vieles mehr.

DAS PANORAMA BESTAUNEN

An wohl keinem anderen Ort auf der Insel bekommt man eine so beeindruckende Rundumsicht geboten wie vom Berggipfel des Sveti Mikula im nördlichen Teil Lošinjs. Man kann von dort aus die Insel samt ihren Schwestern und Brüdern im Meer der Kvarner Bucht überblicken. Bei gutem Wetter reicht die Aussicht sogar bis über das Festland Kroatiens. Erreichbar ist der Gipfel unter anderem ab Nerezine in zwei Stunden oder von Osor aus über den höchsten Berg der Insel, Televrina, in knapp fünf Stunden.

DEN JAZZ FEIERN

Wer im Juli die Insel bereist, sollte sich das Jazz-Festival nicht entgehen lassen. An drei Tagen treten unterschiedliche Künstler auf und schenken Einheimischen und Gästen gleichermaßen die richtige Musik, um sich mit einem Glas Wein in der Hand im lauen Abendwind zu wiegen.

#20   BRAČ

DAS WEISSE HAUS IN WASHINGTON HAT IHN, DER REICHSTAG IN BERLIN HAT IHN AUCH: DEN WEISSEN MARMOR VON BRAČ. DER IST JEDOCH GAR KEIN RICHTIGER MARMOR, SONDERN EIN EXTREM WEISSER KALKSANDSTEIN, DER SICH DURCH BODENEROSIONEN GEBILDET HAT. DESWEGEN BRAUCHEN IHN DIE ARBEITER AUCH NICHT HERAUSZUSCHLAGEN, SONDERN LEDIGLICH ABZUTRAGEN. SCHON ZU RÖMISCHEN ZEITEN GAB ES AN DER KÜSTE STEINBRÜCHE, SKLAVEN WUCHTETEN DEN SANDSTEIN IN GROSSEN BLÖCKEN AUF DIE SCHIFFE FÜR DEN VERKAUF. HEUTE WIRD ER VOR ALLEM AN DER NORDKÜSTE, IN PUČIŠĆA, ABGEBAUT UND BEARBEITET. BRAČ IST EINE INSEL DER BAUERN UND FISCHER. NUR EINE EINZIGE QUELLE VERSORGT ALLE MIT TRINKWASSER. TOURISTISCH IST DAS HÜGELIGE HINTERLAND FÜR DIEJENIGEN INTERESSANT, DIE ES STILL, URSPRÜNGLICH UND OHNE WIRKLICHE SEHENSWÜRDIGKEITEN UND GROSSEN TRUBEL MÖGEN ODER EINFACH IRGENDWO AM STRAND ENTSPANNEN MÖCHTEN.

Oben: Kiefernwälder umgeben den hübschen Ort Splitska im Nordwesten der Insel. Sie bieten an den umliegenden Stränden ausreichend Schatten.

Links: Das »Goldene Horn« ist ein wunderschöner Strand bei Bol auf der Insel Brač, im Sommer allerdings auch oft sehr gut besucht.

○ SUPETAR

Der größte Fährhafen der Insel Brač liegt an der Nordküste, der Hafenstadt Split direkt gegenüber. Feine Sand- und Kiesstrände, glasklares Meer, Hotels und Restaurants an der Uferpromenade machen Supetar zu einem beliebten Badeziel für die Bewohner Splits und internationale Feriengäste. Reizvoll ist auch das Hinterland: Rund um das Dörfchen Mirca prägen Olivenhaine die Landschaft mit ihrem silbrigen Grün. Im Museumsdorf Škrip erleben Besucher, wie die Inselbewohner früher lebten. Nach Osten schmiegt sich das malerische Pučišća an eine tiefe Bucht: In der Umgebung der Stadt liegen die meisten Steinbrüche, in

denen »Bračer Marmor« abgebaut wird. Pučišća selbst scheint fast ausschließlich aus dem weiß schimmernden Stein erbaut. Die bekannte Künstlerfamilie Jakšic arbeitet und lebt in Donji Humac: Sie bearbeiten den Marmor als Bildhauer, Architekten und Schmuckdesigner; besonders die weißen Marmorskulpturen von Großvater Lovre Jakšic faszinieren.

○ BOL

Bol besitzt ein imposantes Naturphänomen, für das es überall berühmt ist: eine Kiesstrand-Halbinsel, die wie ein goldgelbes Horn etwa 500 Meter ins Blau der Adria ragt und zu den bekanntesten und am häufigs-

FÜR WEN GEEIGNET? FÜR ALLE ENTSPANNTEN, DIE NUR EINEN SCHÖNEN STRAND ZUM GLÜCKLICHSEIN BRAUCHEN. EBENSO FÜR DIEJENIGEN, DIE VON DEN TOURISTENHOCHBURGEN AN ANDEREN ORTEN GENUG HABEN, UND STATT HOTELKOMPLEXEN UND SWIMMINGPOOLS LIEBER URSPRÜNGLICHE NATUR UND KULTURELL BEDEUTSAME DÖRFER ERKUNDEN MÖCHTEN. MIT DEM »GOLDENEN HORN« LOCKT BRAČ SCHLIESSLICH NOCH DIE WASSERSPORTLER, ALLEN VORAN DIE WINDSURFER, AN.

Bilder links: Kitesurfer am »Goldenen Horn«. Ganz oben: Westlich vom Inselhauptort Supetar liegt der Ort Sutivan mit weniger als 1000 Einwohnern, die überwiegend vom Fischfang leben. Oben: 1475 wurde das Dominikanerkloster in Bol gegründet. Heute befindet sich darin ein sehr sehenswertes Museum.

Rechts: An der Westküste der Insel liegt der Ort Milna mit der spätbarock ausgestatteten Kirche Mariä Verkündigung.

ten fotografierten Stränden Kroatiens zählt. Nicht nur Sonnenanbeter schätzen das »Zlatni rat«, wie das »Goldene Horn« auf Kroatisch heißt, es gilt auch als Windsurfer-Mekka, weil die Winde hier rasante Fahrten möglich machen. Keine Frage, dass Bol bei Brač-Besuchern die Nummer eins unter den Ferienorten ist. Neben dem Goldenen Horn besitzt Bol weitere reizvolle Strände und eine hübsche, wenn auch kleine Altstadt. An ihrem östlichen Rand erhebt sich auf der Halbinsel Glavica das spätgotische Dominikanerkloster in sehr fotogener Lage – übrigens auch hier kann man wunderbar baden. Die Einsiedelei Blaca, die im 16. Jahrhundert von Mönchen, die vor den Osmanen vom Festland geflohen waren, nahezu komplett in den Fels geschlagen wurden, erreicht man von Bol aus entweder zu Fuß in einer anstrengenden Wanderung oder per Boot vom Wasser aus.

○ MILNA

Als die Insel noch zur Republik Venedig gehörte, nannte man den pittoresken Ort an der Westküste auch »Valle di mille navi« – Bucht der 1000 Boote. Und auch heute noch trifft diese Bezeichnung durchaus zu. Neben den zwei Marinas, in denen sich Nautiker der ganzen Welt treffen und Besucher die Schiffe und Boote bestaunen, locken historische Bauten, ganz im für die Insel typischen barocken Stil, in die engen Gassen der Altstadt. Hungrige Mägen füllt man dann am besten mit traditionellen Fischgerichten, die besonders an der Uferpromenade vielfältig angeboten werden. Dabei lässt man sich am besten von der Gemütlichkeit anstecken, die diese kleine Hafenstadt regiert.

STRÄNDE

○ ZLATNI RAT

Eine Attraktion für Wasserratten und Sonnenanbeter ist der Strand Zlatni rat, der auch gern »Goldenes Horn« genannt wird. Die sichelförmige Landzunge ragt 400 Meter weit ins azurblaue Meer hinein. Von einem nahezu weißen Strand umsäumt, erstreckt sich in ihrem Inneren ein grüner Pinienwald. Je nach Jahreszeiten und Meeresströmungen wird die Spitze immer wieder anders geformt.

AUSGEHEN

Žiža // Das Restaurant Žiža gehört zu den besten Lokalen auf der Insel Brač. Auf den Tisch kommen vor allem dalmatinische Spezialitäten, zum Beispiel das köstliche Lamm am Grillspieß mit gebratenem frischen Gemüse.

// Humcanski Brizi, Supetar

Lemongarden // Romantisch direkt am Hafen gelegen, macht die Gestaltung mit grünen und gelben Farbakzenten dem Namen alle Ehre. Serviert werden hausgemachte Spezialitäten aus lokalen Produkten, beispielsweise aus der eigenen biologischen Landwirtschaft.

// lemongardenhotel.com

Navis // Wenn der knurrende Magen keine langen Wartezeiten erlaubt, sollte man die Pizzeria im Zentrum von Bol aufsuchen. Die schnelle Zubereitung trübt dabei keineswegs die Qualität. Frisch zubereitet vor den Augen der Gäste und im Holzofen gebacken, sind die Pizzen ein Hochgenuss.

// Hrvatskih Domobrana 13, Bol

Links: Die Lovrečina-Bucht bietet einen geschützt gelegenen Sandstrand, der sehr flach ins seichte Wasser übergeht.

○ **LOVREČINA-BUCHT**

Östlich von Postira ist der Sandstrand vor allem bei Familien mit kleinen Kindern beliebt, da das Ufer sehr lange flach ins klare Meer hineingeht.

○ **STRÄNDE VON POVLJA**

Das kleine Dorf im Nordosten ist von mehreren ruhigen Stränden und Buchten umgeben, unter denen wohl jeder seinen eigenen Favoriten finden kann.

SHOPPING

○ **MARKT IN BOL**

Bol kommt allen Langschläfern entgegen: Anders als andernorts findet hier der Markt, auf dem man Frisches aus der Region bekommt, abends statt.

○ **ETNO SHOP POSTIRA**

Mitbringsel vom Inselurlaub findet man zum Beispiel im Etno Shop in Postira. Nachhaltigkeit wird hierbei großgeschrieben, das Olivenöl wird beispielsweise in der eigenen Mühle hergestellt. Aber auch Souvenirs aus Holz und eingelegtes Gemüse bekommt man hier.

○ **BRACIA**

Wer nicht gern »die Katze im Sack« kauft, kommt nach Selca in der Nähe von Sumartin. Hier kann man das Olivenöl vor dem Kauf zunächst austesten.

ÜBERNACHTEN

Bluesun Hotel Elaphusa // Rundum versorgt mit Kinderbetreuung, großem Pool, Wellnessbereich und reichem Büfett morgens und abends wird man in dem Luxushotel Elaphusa in unmittelbarer Nähe zum »Goldenen Horn«.

// www.bluesunhotels.com/de/
hotel-elaphusa-bol-brac.aspx

Zlatni Bol Appartements // Modern eingerichtete Appartements mit hohem Komfort für Selbstversorger, die gern auf der eigenen Terrasse frühstücken. Zu Fuß sind es zehn Minuten zum Hafen von Bol.

// www.zlatni-bol.com

Agroresort Bračka Perla // Ein kleines Hotel, das Wert legt auf freundlichen Service und Nachhaltigkeit. Die ruhige Lage bei Supetar ist ein weiterer Pluspunkt. Hierher kommt, wer jeden Stress zu Hause lassen möchte und sich nach umfassender Entspannung sehnt.

// www.perlacroatia.com

AUF KEINEN FALL VERPASSEN

DAS SCHÖNSTE SCHAF DER INSEL TREFFEN

Jedes Jahr im Sommer findet am Hang des Vidova Gora ein berühmter Viehmarkt statt, der sich mittlerweile zu einem richtigen Spektakel gemausert hat, das nicht nur die Insulaner anzieht, sondern zunehmend auch die Gäste. Abgehalten wird der Markt trotzdem noch mit all seinen traditionellen Facetten, darunter besonders beliebt ist die Wahl des schönsten Schafs des Jahres. Der Vidova Gora, übrigens der höchste Berg auf den kroatischen Inseln, lässt sich zwar auch mit dem Auto erreichen, doch Aktivurlaubern sei die Wanderung von Bol aus ans Herz gelegt, denn nicht nur die Aussicht lohnt den Weg nach oben.

TAUZIEHEN UM EINE INSEL

Es klingt verrückt und doch ist es wahr. Seit Jahrhunderten streiten sich die Inseln Brač und Šolta um das winzige Inselchen Mrduja, das exakt zwischen ihnen liegt. Bis eines Tages Fischer auf die Idee kamen, die Insel zu sich zu ziehen. Starke Seile wurden auf jeder Seite Mrdujas angebracht und eine Vielzahl an Schiffen versuchte, die Insel jeweils ihrem Festland näher zu bringen. Bewegen ließ sich Mrduja zwar nicht, doch seitdem wird jedes Jahr wieder ein Event veranstaltet, bei dem – mehr scherzhaft – das Tauziehen um das Inselchen ausgefochten wird.

BRAČ MIT DEM RAD ERKUNDEN

Wer gern versteckte Buchten oder schöne Waldlichtungen entdeckt, muss flexibel sein. Glücklicherweise ist die Insel mit einem guten Radwegenetz ausgestattet, sodass man nicht auf das Auto angewiesen ist. Für passionierte Mountainbiker sind dabei ebenso Routen dabei wie auch für die kleine Familienradtour.

DRACHEN BESUCHEN

Ein schönes Wanderziel in den Bergen bei Muravica ist »Zmajeva pećina«, die Drachenhöhle. Den Namen erhielt sie von den in den Stein gehauenen Drachenfiguren. Die Legende erzählt von Mönchen, die dort ihren mit heidnischen Elementen angereicherten christlichen Glauben auslebten. Die Ruinen ihres Klosters sind ebenfalls noch zu sehen. Alle, die sich für solche abenteuerlichen Geschichten begeistern lassen, können an geführten Wanderungen teilnehmen, auf denen mit viel Herzblut von der Höhle und den Drachen erzählt wird.

HRAPOĆUŠA KOSTEN

Neben Olivenöl und Wein ist Brač kulinarisch vor allem die Heimat von Hrapoćuša, einem Kuchen, der nach einer speziellen Felsformation auf der Insel benannt ist und mit Walnüssen gefüllt ist. Es lohnt sich, Ausschau zu halten nach Bäckereien, die diese süße Spezialität nach wie vor in traditioneller Weise backen.

#21   HVAR

LILAFARBENE BLÜTEN, SO WEIT DAS AUGE REICHT, DAZU EIN HERB-SÜSSLICHER DUFT: LAVENDEL. IM JUNI WERDEN DIE FELDER GEERNTET, MANCHMAL DÜRFEN FERIENGÄSTE SOGAR DABEI HELFEN. DANN WERDEN DIE BLÜTEN GETROCKNET UND IN KLEINEN SÄCKCHEN ÜBERALL AUF HVAR VERKAUFT. ODER EXPORTIERT FÜR KOSMETIKA UND DIE PARFUMPRODUKTION. DOCH WER DENKT, DASS ER DAMIT DEN HÖHEPUNKT DER INSEL SCHON KENNT, HAT NOCH KEINEN BLICK IN DIE VIELEN GÄRTEN MIT ZYPRESSEN, OLEANDER, ORANGEN- UND ZITRONENBÄUMEN GEWORFEN. FEIGENBÄUME RUNDEN DAS TOSKANISCHE FLAIR DER VIERTGRÖSSTEN ADRIAINSEL AB. AUCH MIT DURCHSCHNITTLICH 2718 SONNENSTUNDEN IM JAHR LIEGT HVAR IN DER GUNST DER TOURISTEN ZIEMLICH WEIT VORN. DA DAS GEBIRGE DER NACHBARINSEL BRAČ DAS EILAND VOR DER BORA, DEM BÖIGEN FALLWIND, SCHÜTZT, HERRSCHT FAST ÜBERALL MILDES KLIMA. SUBTROPISCHE VEGETATION VERLEIHT DEN KLEINEN BUCHTEN EINEN GANZ BESONDEREN CHARME.

Oben: Die Altstadt von Hvar auf der gleichnamigen Insel breitet sich weit auf ihrem Festungshügel in einer geschützten Bucht aus.

Links: In dieser Bucht bei Sveta Nedilja muss man ein wenig klettern können, um den Strand zu erreichen. Oder man kommt gleich von der Meerseite mit dem Boot.

○ HVAR-STADT

Auch wenn es um eine Stadt geht – den ersten Blick auf Hvar und seinen Hafen sollten Besucher vom Meer aus genießen. Palmen säumen die Uferpromenade am Hafen, oberhalb des Ortes ragen gleich zwei Festungen in den Himmel: Die erste ist die Burg Španjol, die »Spanische Festung«. Wie sie zu diesem Namen kam, weiß wohl niemand genau. Noch über ihr ist die Festung »Napoleon« errichtet, die während der französischen Herrschaft von 1806 bis 1812 erbaut worden ist. Der Ort hat ein autofreies Zentrum und ist mit seinen vielen Treppen in den Gassen, Familienwappen an den Häusern und Fassaden mit venezianisch-gotischen Fenstern ein beliebtes Touristenziel. Am Hafen steht eine venezianische Loggia aus dem 16. Jahrhundert, die heute der prachtvolle Vorbau eines Hotels ist. Hier lässt sich ein stilvoller Urlaub verbringen.

THEATER VON HVAR

Wer das Theater in Hvar besucht, betritt kein gewöhnliches Gebäude, sondern das älteste Volkstheater Europas: Unter venezianischer Herrschaft erblühte die Stadt Hvar; viele Dichter und Dramatiker lebten und schrieben hier. So errichtete man im Jahr 1612 dieses Theater – anstelle des ehemaligen Arsenals, in dem man zuvor Schifffahrtsutensilien gelagert hatte. Das Äußere des Gebäudes blieb in seiner Originalform erhalten, das Innenleben stammt aus dem 19. Jahrhundert.

○ STARI GRAD

Diese Bucht verspricht Geborgenheit und Schutz: Immer schmaler wird sie zum Ende hin, an ihren Seiten erstrecken sich terrassierte grüne Hänge. Ein Anblick, dem auch die Griechen einst verfielen. Doch sie hatten nicht mit dem Widerstand der Einheimischen ge-

FÜR WEN GEEIGNET? FREUNDE DER BLÜHENDEN NATUR KÖNNEN SICH HIER REGELRECHT SATTSEHEN AN DEN ZAHLREICHEN LAVENDELFELDERN UND OBSTBÄUMEN. ABER AUCH FÜR KULTURINTERESSIERTE HAT DIE INSEL MIT IHRER LANGEN GESCHICHTE EINIGES ZU BIETEN. AKTIVURLAUBER KÖNNEN SICH AUF SPORT IM UND AM WASSER FREUEN ODER AUCH IHRE WANDERSCHUHE ENDLICH ZUM EINSATZ KOMMEN LASSEN. NICHT ZULETZT EIGNET SICH HVAR AUCH FÜR ALLE LIEBHABER DES EDLEN TROPFENS, DIE AUTOCHTHONEN WEINSORTEN GENIESSEN INTERNATIONALEN RUF UND SELBSTVERSTÄNDLICH WARTEN SIE NUR DARAUF, DIREKT AM URSPRUNG AUF WEINGÜTERN PROBIERT ZU WERDEN.

rechnet – und eroberten erst nach schweren Gefechten und Schlachten auf See das heutige Stari Grad. Die Römer machten später alles dem Erdboden gleich, die Venezianer bauten den Ort dann wieder auf. Heute ist er ruhiger als Hvar-Stadt, aber ebenso schick.

○ VRBOSKA

Die Stadt an der Nordküste der Insel Hvar besitzt ein eigenwilliges Gotteshaus, das wie ein steinernes Schiff mit Glockenturm wirkt: Zuerst stand die Kirche, dann baute man eine Festung um sie herum – gegen die türkischen Piraten. Die so entstandene Wehrkirche ist wegen ihrer eigentümlichen Architektur einmalig im Mittelmeerraum. Malerisch breitet sich die Altstadt entlang eines schmalen, tief ins Land greifenden Meeresarms aus, den mehrere Brücken überqueren. »Klein-Venedig« nennen die Einheimischen deshalb liebevoll das Städtchen. Früher spielte der Fischfang hier eine wichtige Rolle, woran das bescheidene Fischereimuseum mit historischem Fanggerät und Schwarz-Weiß-Aufnahmen erinnert. Heute ist Vrboska Sitz mehrerer Winzer, die auf den umliegenden fruchtbaren Hängen feinen Wein wie den spritzigen weißen Bogdanjuša anbauen. Schöne Strände wie der Kiesstrand Soline liegen etwas außerhalb der Stadt.

Oben: Hvar-Stadt ist eher hochpreisig, nicht umsonst wird der Ort auch als »St. Tropez von Kroatien« bezeichnet. Am Ende des Hafens zieht die große Piazza mit dem Dom die Blicke auf sich.

Bilder links: Lavendel, Agaven und einsame Buchten: Hvar ist ein Paradies für Naturliebhaber.

○ JELSA

Ein typisch dalmatinischer Hafenort: Pastellfarbene Häuser reihen sich entlang des Hafenbeckens aneinander, der schlanke Kirchturm der Kirche Sv. Marija spiegelt sich im Wasser, bewaldete Hänge rahmen die Stadt schützend ein. Im Gegensatz zu Vrboska beginnt Jelsas Geschichte bereits in der Antike: Illyrer siedelten hier, und griechische Einwanderer, die die Insel Hvar zur neuen Heimat erwählt hatten, errichteten um das 4. Jahrhundert v. Chr. auf dem Hügel südlich der Bucht einen Beobachtungsposten, den später die Römer übernahmen. Die Siedlung unten am Meer ist seit dem 14. Jahrhundert beurkundet. Auch hier mussten sich die Bewohner Piratenattacken erwehren, weshalb sie ihre Kirche Sv. Marija mit einer zinnenbewehrten Mauer befestigten. Im Dorf-kern an der Kirche Sv. Ivan aus dem 17. Jahrhundert lockt ein schöner Renaissance-Platz mit einigen Cafés. Eine sehr ungewöhnliche archäologische Stätte verbirgt sich im Tal Starigradsko polje im Hinterland von Jelsa. »polje« heißt Feld, und auf diesem Feld beziehungsweise dieser Ebene betrieben bereits die ersten griechischen Siedler Landwirtschaft. Die Struktur dieser antiken Felder und einige Grenzmarken haben überdauert und werden von den Bauern bis heute genutzt.

STRÄNDE

○ PRAPATNA-BUCHT

Auf der Südseite der Insel liegt diese kleine Bucht inmitten unberührter Natur, das Wasser ist äußerst klar, sodass man den steinigen Boden gut sieht.

○ DUBOVICA

Der Fußweg vom Parkplatz aus ist zwar recht steil, doch die Mühen lohnen sich, wenn man den schönen Strand mit Restaurant, Cocktailbar und mietbaren Liegestühlen dann erst einmal erreicht hat.

AUSGEHEN

Dalmatino // Eine typische, dalmatinische Spezialität ist »Pašticada«, die eine lange Vorbereitungszeit benötigt. Mindestens einen Tag muss das marinierte Rindfleisch ruhen und ziehen, anschließend wird es einige Zeit in einer Gemüsesauce gekocht und dann mit Gnocchi serviert.

// www.dalmatino-hvar.com

Konoba Lambik // Die Hauptrolle spielen hier zweifelsohne Fisch und Meeresfrüchte: Von Oktopus über Thunfisch bis Schwertfisch – hier ist alles vertreten. Das Ambiente der Konoba ist typisch herzlich.

// Milna 92, Hvar

Carpe Diem // Das Carpe Diem ist beinahe schon ein Klassiker auf Hvar. Tagsüber eine relaxte Beach Bar, nachts ein quirliger Club mit Musik zum Feiern, bis die Sonne wieder aufgeht. Erreichbar ist die Location nur mit dem bareigenen Taxi-Boot.

// www.carpe-diem-beach-hvar.com

Rechts: Etwa acht Kilometer östlich von Hvar-Stadt liegt der schöne Dubovica-Strand, der mit einer sehr guten Cocktailbar punkten kann.

Links: Jelsa mit seinem kleinen Hafen war ein gefundenes Fressen für Piraten, deshalb baute man die Kirche Sveti Fabijan i Sebastjan zur Wehrkirche um.

○ ČESMINICA

Besonders für Familien mit kleinen Kindern geeignet. Das seichte Wasser ist von Bojen eingerahmt, es gibt Toilettenanlagen und Duschen.

○ MINA

Der Strand liegt in der Nähe von Jelsa, und das Wasser in der engen Bucht strahlt azurblau. Hier findet man im Gegensatz zu vielen anderen kroatischen Stränden sandigen Boden vor.

SHOPPING

○ FORKO

Wer einen Sinn für das Besondere hat und keine Standard-Souvenirs mit nach Hause nehmen möchte, sollte dem kleinen Laden Forko in Hvar einen Besuch abstatten. Die Produkte sind handgemacht aus regionalen Materialien und vor allem bunt und kreativ.

○ WOCHENMÄRKTE

Es gibt in den meisten größeren und kleineren Orten auf der Insel Wochenmärkte, oft auch gesondert Fischmärkte, deren Besuch sich lohnt, nicht zuletzt wegen des Flairs, den diese Märkte ausstrahlen. Nach den Terminen und Uhrzeiten erkundigt man sich am besten direkt vor Ort.

○ JUWELIER THESAURUS

Es glitzert und funkelt in dem schmucken Lädchen unweit des Hafen von Hvar. Hier findet Frau ein neues Lieblingsschmuckstück und Mann ein Geschenk für die Liebste.

ÜBERNACHTEN

Villa Rosmarinus // Die mediterrane Villa passt perfekt auf die Lavendelinsel Hvar, denn ihr Name ist Programm: Im Garten blüht es und duftet überall nach Kräutern. Das Hotel bietet eine Panoramaaussicht auf das Meer mit den Inseln der Pakleni Otoci – ein echtes Postkartenmotiv.
// www.villa-rosmarinus.com

Hotel Adriana // Das Hotel auf der Lavendelinsel Hvar ist erst wenige Jahre alt und liegt direkt an der Hafenpromenade. Auch beim modernen Innendesign des Spa-Hotels dominiert die Farbe Lavendel. Höhepunkt der Anlage sind der Pool und das verglaste Restaurant auf dem Dach – mit Traumblick auf die Bucht.
// www.suncanihvar.com

Little Green Bay // Luxus trifft auf Romantik. Mit nur 15 Zimmern ist das Hotel exklusiv und die Lage an einer türkisfarbenen privaten Bucht vermag sogar das zu toppen. Ideal für verliebte Paare.
// www.littlegreenbay.com

AUF KEINEN FALL VERPASSEN

AUSFLUG AUF DIE PAKLENI OTOCI

Die grün bewaldeten »Hölleninseln«, wie sie übersetzt heißen, sind eigentlich für ihre himmlischen Bade-buchten bekannt. Aber weil hier früher Pech zum Abdichten der Boote gewonnen wurde, kamen die Pakle-ni Otoci zu ihrem höllischen Namen. Am besten gelangt man mit dem Wassertaxi von Hvar aus dorthin, allein die 30-minütige Fahrt über die blaue Adria ist schon ein Erlebnis. Das Wassertaxi steuert mehrere versteckte Buchten und Strände an, letzte Station ist die Hölleninsel Sveti Klement. Sie ist wegen ihres feinen Sandstran-des und der schönen Restaurants bei Besuchern sehr beliebt.

SELBST ZUM OLIVENBAUER WERDEN

Wer einmal den Alltag eines Olivenbauers hautnah miterleben möchte oder Angst hat, sich im Urlaub zu langweilen, kann auf Hvar selbst mitanpacken, sobald im Herbst die Ernte der Oliven beginnt. Dann lassen sich die Bauern vieler Olivenhai-nen nämlich gern helfen beim Pflücken der Früchte. Die gemeinsame Arbeit macht nicht nur Spaß, man wird dafür sogar entlohnt – wie es nicht anders sein kann mit selbst gemachtem Olivenöl.

DIE NATUR KENNENLERNEN

Wer sich auf Hvar aufmerksam umsieht, wird sofort erkennen, warum sie als Insel der Kräuter und des Lavendels bezeichnet wird. Doch welches Potenzial man aus der Natur ziehen kann, vermag man vielleicht nicht zu wissen. Dafür gibt es Kräuterwanderungen, die den Interessierten die Natur näher bringen. Start und Reservierung in Jelsa.

DIE BLAUE GROTTE DER NACHBARINSEL VIS

Langsam gleitet das kleine Boot durch die Höhle, es ist beinahe ein Schweben. Denn das Wasser darunter erstrahlt in leuchtendem Blau, so hell, dass es ein biss-chen wirkt wie arktisches Eis. Faszinierend und beängstigend zugleich, denn die scheinbar endlose Tiefe des Meeres liegt unter dem Kanu wie ein magischer Tun-nel. Die Blaue Grotte gehört zu Biševo, der winzigen Nachbarinsel von Vis. Täglich starten Ausflugsschiffe von Vis zur Fahrt in die Grotte und die beste Tageszeit ist vormittags. Damit man schon drin ist, wenn die Sonne ihren höchsten Stand er-reicht und die Strahlen durch eine Felsenöffnung dringen, die dann das Meer in einem blauen Farbspiel leuchten lassen. Auch eine Grüne Grotte gibt es. Sie liegt auf der Nachbarinsel Ravnik und bezaubert durch ihre grünen Lichtspiele.

#22   KORČULA

DIE EINWOHNER KORČULAS BLEIBEN DABEI: WELTENTDECKER MARCO POLO WURDE AUF IHRER INSEL GEBOREN. DAFÜR GIBT ES ZWAR KEINE BEWEISE, HISTORIKER GEHEN ABER DAVON AUS, DASS MARCO POLO ALS KOMMANDANT EINER KRIEGSGALEERE AN DER SCHLACHT VOR KORČULA 1298 TEILGENOMMEN HATTE UND IN GEFANGENSCHAFT GERIET. OB MIT ODER OHNE BERÜHMTEN SOHN: DIE KLEINE INSEL UND IHRE GLEICHNAMIGE STADT SIND UNBEDINGT SEHENSWERT. AUF EINER FELSIGEN ANHÖHE THRONT DIE ALTSTADT, ALLE WICHTIGEN GEBÄUDE LIEGEN IN EINER ZENTRALEN ACHSE. AUS DER FERNE BETRACHTET, SCHEINT DER ORT WIE DAS GERIPPE EINES BLATTES AUFGEFÄCHERT. DAHINTER STECKT MÖGLICHERWEISE EIN PLAN: DIE HÄUSER SIND SO OPTIMAL GEGEN SONNE UND STARKEN WIND GESCHÜTZT, SIE LASSEN SICH ABER AUCH SEHR GUT VERTEIDIGEN. DAS LANDTOR, DER EINGANG ZUR STADT, MIT MAJESTÄTISCHEM TREPPENAUFGANG UND IMPOSANTEM TURM VELIKI REVELIN IST EIN BELIEBTES FOTOMOTIV.

Oben: Das Eiland ist nur dünn besiedelt und dichte Wälder wachsen auf den Hügeln um die Hauptstadt herum. Es wird daher auch gern als »Grüne Insel« bezeichnet.

Links: Die Altstadt von Korčula mit ihren beigefarbenen Häusern und den hellroten Dächern nimmt die kleine Anhöhe direkt an der Küste der gleichnamigen Insel ein.

Rechts: Von Palmen gesäumt ist die Uferpromenade in Korčula.

○ KATHEDRALE

Die Kathedrale des heiligen Markus, Sv. Marko, zeigt ihren Namensgeber auf einem Bild hinter dem Altar. Darauf sind außerdem auch Hieronymus und Bartholomäus zu sehen. Drei Heilige, die wahrscheinlich der venezianische Maler Jacopo Tintoretto in seiner Jugend Mitte des 16. Jahrhunderts gemalt hat. Auch die »Verkündigung« im südlichen Seitenschiff ist ein sehenswertes Kunstwerk. Überhaupt ist das Innere des dreischiffigen Gotteshauses reich verziert und edel ausgestattet. Das Gebäude bekam im 15. Jahrhundert seine heutige Gestalt, die romanische Vorgängerkirche wurde in die Kathedrale integriert. Schon vor der Machtübernahme durch die Venezianer schuf Bonino di Milano im Jahr 1412 das Hauptportal. Gedrehte Säulen, die ein Bogen umspannt, zwei Löwen, die an beiden Seiten wachen: Hier wurden Gotik- und Renaissanceelemente vermischt.

○ VELA SPILA

Die Aussicht von oben ist grandios. Die Höhle selbst oberhalb Vela Lukas ist auf den ersten Blick unschein-

FÜR WEN GEEIGNET? NICHT NUR FÜR TAGESAUSFLÜGLER IST DIESE KLEINE KROATISCHE INSEL EINE BELIEBTE ANLAUFSTELLE. SIE BEKOMMT ZUNEHMEND IHRE WÜRDIGUNG AUCH ALS HAUPTURLAUBSDOMIZIL, BIETET EINE ENTSPRECHENDE VIELZAHL VON RESTAURANTS IN ALLEN PREISKLASSEN, OHNE JEDOCH SCHON VÖLLIG ÜBERLAUFEN ZU SEIN. TROTZ IHRER GRÖSSE BIETEN SICH EINSAME BUCHTEN UND URSPRÜNGLICHE KONOBAS (KLEINE RESTAURANTS), ALTE OLIVENHAINE UND ABSEITS GELEGENE UNTERKÜNFTE.

Links oben: enge Gassen in der Altstadt von Korčula. Links unten: Wie die meisten kroatischen Inseln überzeugt auch Korčula mit glasklarem Wasser. Ganz oben: Das steinerne Landtor ist der Eingang zur Stadt Korčula und wirkt majestätisch mit seiner breiten Treppe und dem imposanten Turm »Veliki Revelin«. Oben: Versteckt liegt die Žitna-Bucht im Süden der Insel.

Rechts: Hat in diesem Haus der berühmte Weltreisende Marco Polo das Licht der Welt erblickt? Die Historiker bezweifeln es, aber für die Einwohner von Korčula ist es eine unumstößliche Tatsache. Einen Besuch wert ist das angebliche Geburtshaus aber auf jeden Fall.

bar – eine große Höhle eben. Wer sich allerdings mit den archäologischen Hintergründen etwas näher beschäftigt, wird einen Schauder spüren. Denn es wurden keramische Überreste gefunden, die zu den ältesten Keramikfunden in Europa gehören, sie stammen aus dem späten Paläolithikum und sorgten in Fachkreisen für einiges Aufsehen. Im Kulturzentrum in Vela Luka können einige der Objekte besichtigt werden.

○ MARCO-POLO-HAUS

Natürlich muss ein Geburtshaus her, wenn eine große Persönlichkeit vereinnahmt wird, von der Insel zu stammen. Und was bietet sich besser an als eine Hausruine? Das steigert die Authentizität. Wer mit einem gewissen Augenzwinkern das Museum betritt, kann etwas zu Marco Polo erfahren und eine schöne Aussicht vom Turm genießen.

○ ALTE STADTMAUER UND STADTTORE

Teile der alten Stadtmauer können begangen und einige Stadttore bestiegen werden, wie etwa der Revelin-Turm. Von oben hat man einen schönen Blick. Auf dem Kula Svih Svetih stehen noch drei alte Kanonen, zur Verteidigung des Hafens.

STRÄNDE

○ VELA PRŽINA

Der Lieblingsstrand Korčulas – mit schönem Sand, einigermaßen windgeschützt, dennoch hin und wieder mit auch höheren Wellen, woran vor allem größere Kinder ihren Spaß haben. Beachvolleyball, Sonnenschirme, eine Bar, es ist alles vorhanden an diesem Strand, sogar der Parkplatz ist gut ausgeschildert in Strandnähe. Und es sollte niemanden überraschen, dass ein Lieblingsstrand selten jemandem allein gehört. Hier tummeln sich viele Menschen, selbst außerhalb der Hochsaison.

○ PUPNATSKA LUKA

Zweitlieblingsstrand Korčulas – mit Kies, dafür noch klarerem Wasser, sehr schöner Umgebung und einer ebenfalls angenehmen Infrastruktur. Es können Kajaks gemietet werden für kleine Ausflüge entlang der

AUSGEHEN

Filippi // Das Auge isst ja bekanntlich immer mit und darauf wird im Filippi entsprechend Rücksicht genommen: Die Portionen werden äußerst ästhetisch angerichtet. Da das Essen nicht nur schön aussieht, sondern auch dem Gaumen mundet und der Service stimmt, ist das Filippi eine gute Adresse auf Korčula.

// www.restaurantfilippi.com

Belin // Urig, ursprünglich, unglaublich lecker. Im Belin herrscht Wohlfühlatmosphäre. Wer noch nicht richtig geschafft hat, in seinem Urlaub anzukommen, der sollte im Belin essen gehen – danach ist die Seele tiefenentspannt.

// Kb 50, Žrnovo

Bokar // In einer engen Gasse, mit Bänken und Fässern auf Steinstufen verteilt, wartet die kleine Weinbar Bokar darauf, entdeckt zu werden. Eine Verkostung einheimischer Weine mit guter Beratung durch den Besitzer ist möglich, dazu gibt es appetitlich angerichtete kleine Happen.

// Ulica Antuna Rozanovića, 20260

Küstenlinie. Niemand muss im Kies liegen, wer dies nicht mag, dem stehen gegen Gebühr Liegestühle zur Verfügung nebst Sonnenschirmen. Auch für Kleinkinder geeignet, da das Meer sanft abfällt. Die können dann eben Kies- statt Sandburgen bauen, was auch seinen Reiz hat.

ÜBERNACHTEN

Hotel Korsal // Ein charmantes Hotel in bester Lage, da sowohl die Altstadt Korčulas als auch der Strand in unmittelbarer Nähe liegen. Nur Parkplätze sind gerade wegen dieser herausragenden Lage Mangelware, es muss ein kurzer Weg zurückgelegt werden zum Hotel. Also gut packen und dann den wunderbaren Service genießen!

// www.hotel-korsal.com

Aminess Lume // Morgens mit Meeresrauschen und wundervoller Aussicht über die strahlend blaue Adria geweckt zu werden hat seinen Reiz. Abends ist es sehr ruhig, denn die Hotelanlage liegt etwas abseits, hat dafür einen eigenen Strandzugang über Leitern und Stiege. Familienfreundlicher Betrieb, mit deutschsprachigem Kinderclub. Passables Frühstücksbüfett.

// www.aminess.com

Adriatic Pearl Apartments // Moderne Wohnungen mit Terrasse, die eine wundervolle Aussicht über die Altstadt Korčulas ermöglicht. Sehr bemühte Gastgeber, die sich um vieles im Hintergrund kümmern, über Land und Leute bestens Bescheid wissen und mit Rat und Tat zur Seite stehen. Für Selbstversorger eine ideale Anlaufstelle.

○ **ISTRUGA**

Dem Meeresschlamm in der Bucht von Istruga wird therapeutische Wirkung nachgesagt. Eine dicke Schicht hat sich dort gebildet und es macht Spaß, sich in die klebrige Masse zu setzen und danach vom Meer wieder sauber spülen zu lassen.

○ **PROIZD**

Eine kleine, mit dem Wassertaxi zu erreichende Insel vor Korčula mit vier großen Stränden, die etwas menschenleerer sind als auf der Hauptinsel.

SHOPPING

○ **GALERIE VAPOR**

Schon der Ausstellungsraum selbst ist eine kleine Sensation mit dem schönen steinernen Gewölbe. Die Kunstwerke können auch ohne Kaufabsicht bewundert werden, regionale Gegenwartskünstler stellen sich vor. Kein Souvenirshop, hier gibt es echte Kunst!

○ **EKO ŠKOJ SHOP**

Frisch getrocknete Kräuter, hausgemachtes Olivenöl, Kapern, Honig, Lavendelkissen, selbst gemachte Marmeladen – alles, was die Insel an guten Lebensmitteln zu bieten hat, ist in dem sehr liebevoll gestalteten Lädchen versammelt.

○ **WEINGUT ZURE**

Herausragender Grk-Wein (für Wein-Laien: Es fehlt kein Vokal, die Rebsorte heißt tatsächlich so), für den Korčula berühmt ist und der auf dem familienbetriebenen Weingut mit viel Sachkenntnis und Liebe hergestellt wird.

AUF KEINEN FALL VERPASSEN

SICH VON HEILSAND VERWÖHNEN LASSEN

Für sein mildes Klima, aber besonders für die Heilkraft ist der Sand in der Bucht bei Vela Luka bekannt, dem größten Ort auf der Insel Korčula: Im Laufe der Jahrtausende sammelten sich hier viele Sedimente mit heilenden Eigenschaften an. Schon in der Römerzeit kamen die Menschen mit rheumatischen Erkrankungen in die Bucht. Und auch heute ist der Schlamm namens »Liman« in Vela Luka Hauptanziehungspunkt vieler Gesundheitstouristen. Sie erkunden entweder auf eigene Faust die Wirkung des Meeresschlamms oder lassen sich im Kur- und Rehabilitationszentrum »Kalos« verwöhnen.

MOREŠKA-TÄNZE BESTAUNEN

Ursprünglich waren es sieben verschiedene Tanzfiguren, die allwöchentlich neben dem Festlandtor aufgeführt wurden, um an die Zeit der Belagerung der Stadt durch die Osmanen zu erinnern. Manchmal schießen künstlerische Darbietungen über ihr Ziel hinaus. Natürlich war es lebensgefährlich zur Zeit der Belagerung. Aber das heißt nicht, dass die Erinnerungstänze es auch sein sollten. Ein Tanz wurde gestrichen, weil für das Leben der Säbeltänzer nicht garantiert werden konnte, die ihn tanzten. Jährlich von Ostern bis Oktober.

TAUCHEN VOR KORČULAS KÜSTE

Kroatien ist nicht die Karibik. Und trotzdem gibt es vielerorts eine abwechslungsreiche Unterwasserlandschaft mit leuchtenden Seesternen, verschiedenen Algen und interessant geformten Steinen. So auch um Korčula, speziell vor Vela Luka.

MIT EINEM BOOT UMLIEGENDE INSELCHEN ERKUNDEN

Korčula ist von kleinen Inseln umgeben, wie etwa Badija: Dort lässt sich sogar ein Franziskanerkloster besuchen und essen gehen, was eher die Ausnahme auf den Inseln des Archipels von Korčula ist. Kleinere Inseln wie Stupe bezaubern mit klarem Wasser und stillen Plätzen zum Sonnenbaden.

EINE SCHLAMMSCHLACHT ANSTIFTEN

Warum nicht statt eines Schneeballes einmal eine kleine Schlammkugel nach jemandem werfen? Es macht fast genauso viel Spaß wie eine Schneeballschlacht, nur dass sie mitten im Sommer möglich ist. Und da der Schlamm am Istruga-Strand der Gesundheit hilft, wird gleich noch ein guter Zweck damit erreicht.

#23   MLJET

DER LEGENDE NACH SOLL HOMER DIESE INSEL GEMEINT HABEN, ALS ER DAS BEZAUBERNDE EILAND OGYGIA BESCHRIEB UND EINE GESCHICHTE VON ODYSSEUS UND DER NYMPHE KALYPSO ERZÄHLTE. GUT MÖGLICH, DENN MLJET IST EIN STILLES NATURPARADIES, TEILWEISE ZUM NATIONALPARK ERKLÄRT UND HEIMAT ZAHLREICHER PFLANZENARTEN. KIEFERN- UND STEINEICHENWÄLDER, LORBEER-, MYRTEN-, JOHANNISBROT- UND OLIVENBÄUME GEBEN DER INSEL IHR SATTGRÜNES KLEID. SELTENE VÖGEL, VIELE EIDECHSENARTEN UND MUNGOS SIND HIER ZU HAUSE. LETZTERE WURDEN DORTHIN GEBRACHT, UM DIE INSEL VON GIFTIGEN SCHLANGEN ZU BEFREIEN. DAS HAT FUNKTIONIERT, ES GIBT KAUM NOCH SCHLANGEN AUF MLJET – WEDER GIFTIGE NOCH HARMLOSE. MITTEN IM NATIONALPARK LIEGEN ZWEI NATÜRLICHE SALZSEEN, IN DENEN MAN BADEN KANN. AUF EINER INSEL IM GRÖSSEREN DER BEIDEN SEEN STEHT EIN BENEDIKTINERKLOSTER, DAS IM 12. JAHRHUNDERT ERBAUT WURDE.

Oben: Das Benediktiner-kloster Sveta Marija aus dem 12. Jahrhundert steht auf der gleichnamigen Insel in einem See im Naturpark von Mljet. Seine Fresken erstrahlen noch heute in leuchten-den Farben, obwohl das Gotteshaus schon seit 200 Jahren keine Mönche mehr beherbergt.

Links: Vom Aussichtspunkt auf dem Montokuc hat man einen einen herr-lichen Blick über den gesamten Nationalpark.

○ NATIONALPARK MLJET

Ach, wären die Mungos nicht! Dann müssten Besucher beim Durchstreifen des mehr als fünf Hektar großen Areals zwar deutlich mehr Vorsicht walten lassen, aber sie hätten auch ein größeres Spektrum an seltenen Vogelarten vor Augen oder in den Ohren, von den Schlangen zu schweigen. Nichts gegen Mungos – im angestammten Habitat, also Indien. Auf Mljet sind sie zu erfolgreich gewesen. Als die Schlangen weniger wurden, haben sich die Nagetiere auf die hiesige Vogelwelt gestürzt, sie wollten ja auch nicht verhungern. Aber zum Glück ist der Nationalpark groß genug. Es gibt noch Vögel, Neuntöter zum Beispiel. Und es tut gut, durch die ausgedehnten Wälder zu streifen, die Seele weitet sich in der Stille. Sogar die Reste eines Mittelmeerurwaldes finden sich im Park neben den erwartbaren Kiefern und Steinei-

chen. Mittelpunkt des Parks bilden die beiden Salzseen mit der Insel der heiligen Maria, auf der ein Kloster steht.

○ BENEDIKTINERKLOSTER

Mönche und Nonnen haben im Mittelalter in zwei Richtungen gewirkt: Sie sorgten für die Besiedlung und Kultivierung zuvor nahezu unbewohnter Landstriche, oder sie zogen sich vom Trubel der Welt zurück und suchten sehr einsame Gegenden, um sich umso ungestörter dem Dialog mit Gott widmen zu können. Auf St. Maria, der kleinen Insel mitten im Salzsee Veliko Jezero (Großer See), war beides der Fall. Eine Insel auf einer Insel – abgeschiedener ließ sich in Europa kaum wohnen, sieht man von manchen Berggegenden auf griechischen Inseln ab. Zugleich sorgte das Kloster für einen gewissen Lebens-

FÜR WEN GEEIGNET? MLJET IST DIE WAHRSCHEINLICH LEISESTE DER BESIEDELTEN INSELN KROATIENS. SIE WIRD VON NICHT VIEL MEHR ALS 1000 EINWOHNERN BEWOHNT, KEINE PARTYMEILE STÖRT DIE ABENDLICHE IDYLLE. INSOFERN FINDEN NATURLIEBHABER UND DIEJENIGEN, DIE ES STILL UND BESCHAULICH MÖGEN, AUF MLJET EINE IDEALE ANLAUFSTELLE. WER ES LUXURIÖS BRAUCHT, SUCHT ALLERDINGS VERGEBLICH NACH DEM PASSENDEN LUXUSHOTEL, DA HAT EHER DUBROVNIK AUF DEM FESTLAND DAS RICHTIGE ZU BIETEN. AUF MLJET DOMINIEREN PENSIONEN UND FERIENWOHNUNGEN, NUR EIN HOTEL RUNDET DAS ANGEBOT AB.

Bilder links: Mit einem kleinen Boot oder dem Kajak lässt sich die Schönheit des Nationalparks mit seinen Seen am besten erkunden. Ganz oben: Babino Polje ist einer der Hauptorte auf Mljet. Sehenswert ist der Palast aus der Renaissancezeit. Oben: Im Osten der Insel erstreckt sich die Gemeinde Saplunara, die gleich mit drei Sandstränden aufwarten kann.

*Rechts: Lebte in dieser
Höhle die Nymphe
Kalypso, die mit ihren
Verführungskünsten
Odysseus an sich zu
binden versuchte? Die
Insellegende will es so.*

standard auf Mljet. Der Gebäudekomplex ist einigermaßen gut erhalten und bietet malerische Fotomotive. Richtig einsam liegt es nicht mehr, gilt es doch als eine der Hauptattraktionen auf Mljet.

○ ODYSSEUS-HÖHLE (ODYSEJEVA SPILJA)

Wie könnte Mljet sich rühmen, Odysseus' Affäreninsel zu sein, gäbe es keine Höhle? Aber es gibt sie, wenn auch versteckt in einer Bucht. In der Nähe von Babino Polje, zu Fuß erreichbar, am besten mit festem Schuhwerk.

○ RÖMISCHER PALAST

In Polače stehen die Reste einer beeindruckenden Ruine aus dem 5. Jahrhundert. Der römische Palast gehört zu den größten entdeckten Gebäuden der Römer in ganz Kroatien. In dem kleinen Örtchen finden sich auch diverse weitere Ruinen aus der Römer- und Byzantinerzeit.

○ BABINO POLJE

Noch ein Palast, allerdings aus dem 15. Jahrhundert, findet sich in Mljets größter Ansiedlung, Babino Polje. Dort stehen auch einige Sommerhäuser im Renaissancestil.

STRÄNDE

○ SAPLUNARA

Gleich drei Sandstrände finden sich in der Umgebung von Saplunara: familienfreundlich, sogar kleinkindtauglich, da sanft abfallend. Mit Infrastruktur, nicht übertrieben, aber vorhanden, beispielsweise in Form von Bars direkt am Strand, für Erfrischungen zwischendurch. Aber auch Umkleidekabinen, öffentliche Toiletten, mietbare Liegestühle sind vorzufinden. Und das Schöne an Mljet ist, dass es nie überlaufen ist, nicht einmal in der Hauptsaison.

○ SUTMIHOLJSKA

Der Strandname klingt nach einem Zungenbrecher, die Wellen dagegen sind sanft und die Bucht ist nicht nur nett für Pärchen, sondern auch für Familien. Nahe Babino Polje, mit minimaler Infrastruktur (einem Strandcafé und einem Restaurant in der Nähe), um-

AUSGEHEN

Restaurant Maestral Okuklje // Eines der besten Restaurants der Insel. Alle Gerichte sind nicht nur mit schmeckbarer Liebe zum Kochen, sondern auch mit einem feinen Gespür für Nuancen zubereitet und angerichtet. Die Gesamtatmosphäre stimmt, von der Aussicht ganz zu schweigen.

// okukljerestaurantmaestral.com

Stermasi // Von einigen Plätzen aus eröffnet sich ein wunderschöner Blick über Pinienwipfel zur Bucht von Saplunara. Über Preis-Leistungs-Verhältnisse lässt sich streiten. Es ist auf jeden Fall hochwertige Küche. Und dazu gehören nun einmal kleine, ästhetisch präsentierte Portionen statt überladene Teller. Wer es lieber üppig mag, ist mit einer schlichten Konoba besser beraten.

// www.stermasi.hr

Konoba Joseph // Kleine, entspannte Konoba im Norden der Insel, nicht die billigste Variante auf Mljet, aber durchaus angemessen für die köstlichen Speisen. Sehr gute Fischgerichte.

geben von einem schönen Kiefernwäldchen, für diejenigen, die eine Abwechslung zum Sonnenbad brauchen.

○ **BUCHT VON UVALA BLACE**

Die Bucht ist mit ihrem flachen Wasser zwar nicht perfekt für Schwimmer geeignet, jedoch ist sie schön anzusehen und einem ausgiebigen Sonnenbad ist auch hier nichts entgegenzusetzen.

SHOPPING

Wer Shoppingvergnügen sucht, geht auf Mljet leider leer aus. Es gibt zwar Lebensmittellläden für die tägliche Grundversorgung, ansonsten aber noch nicht einmal viele Souvenirläden. Katamaranfähren fahren täglich Split und die Inseln Brač, Hvar und Korčula an, die mit Modeläden und Einkaufszentren die Lust auf Shopping befriedigen können. Und die Metropole Dubrovnik ist ebenfalls per Fähre gut erreichbar.

ÜBERNACHTEN

Hotel Odisej // Nettes Strandhotel mit einigen Suiten, hinreichend geschmackvoll eingerichteten Zimmern, viele mit Meeresblick. Ein winziger Pool direkt am Meer erlaubt Abkühlungen mit dem Gefühl, man säße gemütlich im Meer.

// hotel-odisej-pomena.h-rez.com

Apartments Lampalo // Eher schlicht, aber mit umso aufmerksameren Gastgebern. Allein der Blick von den Balkonen aus lohnt einen Aufenthalt. Wer sich nicht selbst verpflegen will, ist eingeladen, von den Gastgebern versorgt zu werden. Und die Kochkünste der Familie bringen ins Schwärmen, es schmeckt herrlich frisch und kroatisch.

Villa Radulj // Etwas in die Jahre gekommen, aber dennoch charmant. Schöne Aussicht auf die tiefblaue Adria, in der Nähe einer kleinen Kieselbadebucht, mit netter Terrasse für das Abendessen.

AUF KEINEN FALL VERPASSEN

MIT DEM KAJAK AUF DEN SEEN UMHERSTREIFEN

Hin und wieder fällt ein Tropfen von den ruhenden Paddeln in den See. Sonst ist es still. Gemächlich treibt das Kajak auf dem salzigen Wasser, denn die beiden Binnenseen der Insel stehen mit dem Meer in Verbindung. Sehr intensiv können Naturerfahrungen im Kajak auf Mljet sein. Die langsame Fortbewegungsart erlaubt immer wieder Momente tiefster Ruhe inmitten einer intakten Natur.

WANDERUNG ZUM MONTOKUC

Türkisblau leuchtet der Soline-Kanal, der die beiden Inselseen mit dem Meer verbindet. Vom Montokuc mit seinen 245 Metern Höhe sieht das ganz besonders bezaubernd aus. Es führen mehrere Wege nach oben, die selbst schon das Ziel sein könnten, denn Schmetterlinge tänzeln umher, Eidechsen huschen unter einen Stein, wenn Besucher vorbeikommen, es duftet nach Kiefern und Sonne.

SPAZIERGANG DURCH GOVEĐARI

Ein sehr ursprüngliches kleines Dörfchen im Inselinneren, dessen Bewohner von Oliven- und Weinanbau leben. Ein Gefühl, als wäre die Zeit vor 200 Jahren stehen geblieben, stellt sich zwischen den alten Steinmauern ein.

VON EINEM FELSEN INS WASSER SPRINGEN

Wer mutig ist, kann an der Odysseus-Höhle von bestimmten Felsen aus ins Wasser springen. Aber Vorsicht, nicht jeder Felsvorsprung eignet sich! Erst muss die Wassertiefe unten geklärt werden, bevor ein solches Wagnis eingegangen werden sollte. Doch dann verursachen sie ein wunderbares Kribbeln im Bauch, die Momente zwischen Absprung und Eintauchen im kühlen Nass.

ÖSTLICHES MITTELMEER

Im Norden der Ionischen Insel Kefalonia liegt der berühmte Myrtos-Strand, der mit feinem Sand in einer geschützten Bucht punktet.

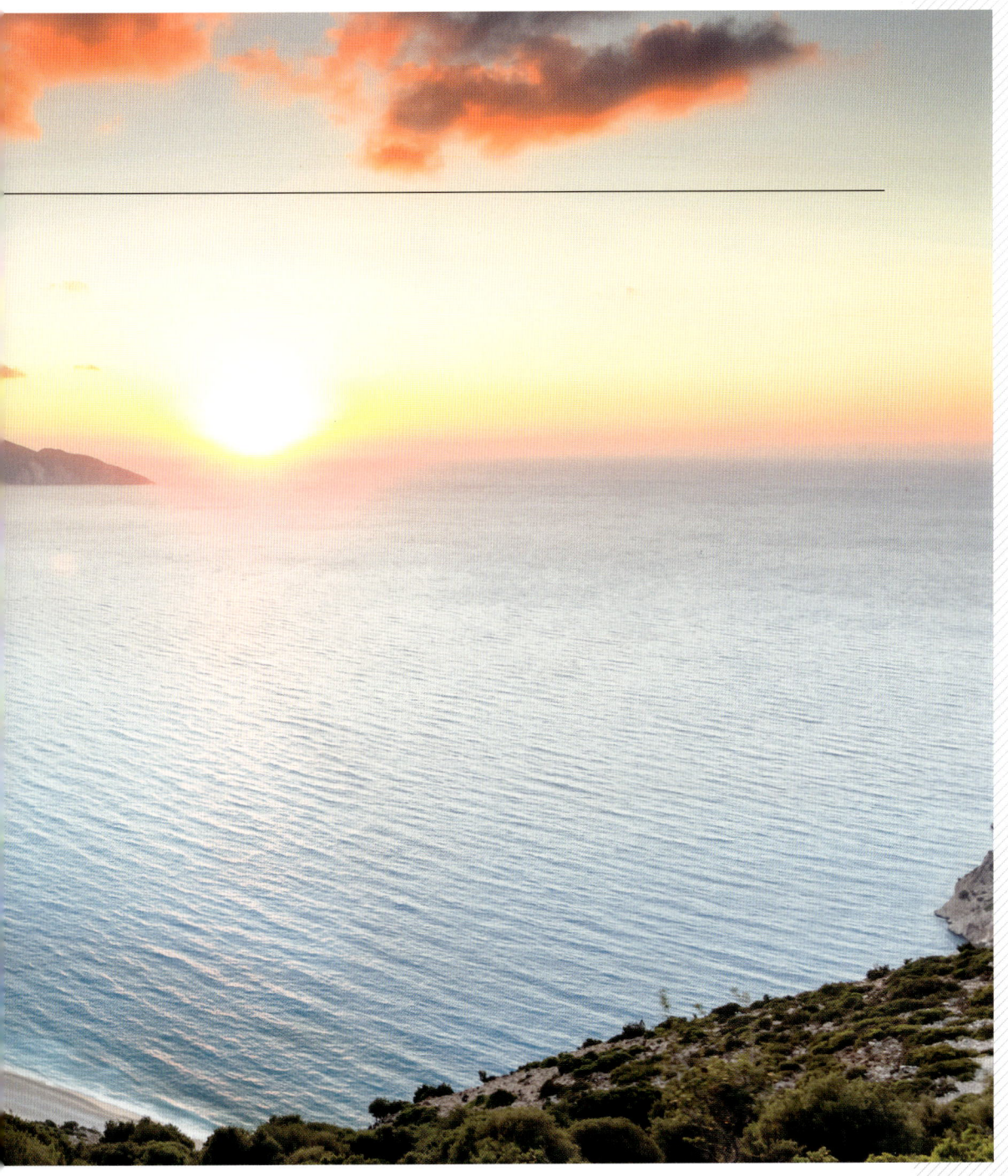

#24 KORFU

»KORFU IST EIN IDEALER AUFENTHALT; KLIMA, SPAZIERGÄNGE IM ENDLOSEN OLIVENSCHATTEN, GUTE FAHRWEGE UND DIE HERRLICHE MEERESLUFT, DAZU DEN PRACHTVOLLEN MONDENSCHEIN«, DAS NOTIERTE SCHON DIE ÖSTERREICHISCHE KAISERIN ELISABETH ENDE DES 19. JAHRHUNDERTS ÜBER DIE NORDGRIECHISCHE INSEL. KORFU WIRKT, ALS HÄTTE JEMAND ITALIEN UND GRIECHENLAND ZUSAMMENGEMISCHT: HIER DIE BUNTEN FARBEN DER ITALIENISCHEN HÄUSER UND DIE SATTGRÜNEN GÄRTEN, DORT DIE FISCHERDÖRFER UND TIEF RELIGIÖSEN MENSCHEN. ES IST EINE INSEL, DIE SICH UNGEWÖHNLICH LIEBLICH ZEIGT. DAS LIEGT ZUM EINEN AN DER VEGETATION, ZUM ANDEREN ABER AM VENEZIANISCHEN EINFLUSS, DENN DIE ITALIENER HERRSCHTEN VON 1386 AN ÜBER DIE INSEL, DIE IM GEGENSATZ ZU DEN ANDEREN HELLENISTISCHEN INSELN NIE UNTER TÜRKISCHER HERRSCHAFT STAND. SIE IST BIS HEUTE BINDEGLIED ZWISCHEN ITALIEN UND GRIECHENLAND GEBLIEBEN, OBWOHL SIE SEIT 1864 DAUERHAFT AN GRIECHENLAND ABGEGEBEN IST.

Links: Die mit mehr als 100 000 Bewohnern bevölkerungsreichste Insel des Ionischen Archipels – von den Griechen »Kerkyra« genannt – ist lieblich grün, von sanftem Hügelland und schönen Küsten geprägt – wie hier am Strand Mirtiotissa.

Rechts: Die Inselhauptstadt, überragt von der Alten Festung und dem Turm der Spyridonkirche, gilt als eine der schönsten Städte Griechenlands.

○ KORFU-STADT

Verwinkelte Gassen mit italienischem Flair, zwei Festungen, die die Stadt überragen, viele Kirchen und Cafés – Korfu-Stadt ist das unbestrittene Zentrum der Insel. Jeder zweite Korfiote wohnt dort und die Stadt zählt knapp 40 000 Einwohner.

ALTE FESTUNG

Ein wenig wirkt sie wie ein Bunker: Die Alte Festung aus dem 16. Jahrhundert in Korfu-Stadt ist ein Bollwerk der Venezianer. Es ist eigentlich eine Mini-Stadt mit Kirchen, Häusern und einem verschlungenen Gangsystem, das weit bis in die Stadt hineinreicht. Unbedingt anschauen sollte man sich die einem klassizistischen Tempel nachempfundene Georgskirche. Der kleine Wassergraben schützt das wehrhafte Gemäuer zusätzlich. Die Esplanade, also der große Platz vor der Festung ist ein beliebter Treffpunkt der Stadt mit ihren Läden und Cafés. Im Festungsgraben findet ein Wochenmarkt statt.

NEUE FESTUNG

Noch trutziger und abweisender als die Alte Festung wirkt die Neue Festung. Sie stammt aus dem 17. Jahrhundert und war als Ergänzung der Alten Festung gedacht. So verwundert es nicht, dass geheime Gänge einst beide Gebäude verbunden haben. Gemeinsam mit der Alten Festung gab die Burg der Insel Schutz vor Eroberern.

MUSEEN

In Korfu-Stadt öffnen einige Museen ihre Pforten. Das Byzantinische Museum entführt den Gast in die Welt der Ikonen. Das Archäologische Museum präsentiert Fundstücke aus den Ausgrabungen auf der Insel wie etwa Tempelgiebel oder frühe Plastiken. Das Museum der Asiatischen Kunst stellt Stücke aus Japan, Korea, Tibet oder Thailand vor, die einst ein Diplomat gesammelt hat. Ein privates Banknoten-Museum zeigt nicht nur Scheine aus aller Welt, sondern erklärt auch, wie sie gefertigt wurden.

○ KANONI

Auf dieser Halbinsel nahe der Stadt befindet sich zwar auch der Flughafen, Kanoni ist aber möglicherweise auch Zentrum der ersten Besiedelungen auf der Insel. Ein Zeugnis dessen bildet das Kloster. Als Nonnenkloster mitten auf dem Wasser lockt es die Besucher, die dabei einen langen Holzsteg passieren müssen, um trockenen Fußes auf die Insel zu gelangen. Von dort aus führt ein Weg zur Aussichtsterrasse, an dem eine Kanone steht und sich ein wunderbarer Panoramablick über das Meer ergibt. Auch die vorgelagerte kleine »Mäuseinsel« ist zu sehen.

FÜR WEN GEEIGNET? KORFU IST EINE INSEL FÜR GENIESSER, VOR AL- LEM AUCH IN KULINARISCHER HIN- SICHT. DIE GRIECHISCH-BODENSTÄNDI- GE KÜCHE VERMISCHT SICH HIER MIT ITALIENISCHEN, LEICHTEN EINFLÜS- SEN UND SCHAFFT AN VIELEN ORTEN ECHTE GESCHMACKSERLEBNISSE. NICHT NUR BEIM ESSEN, SONDERN BEIM LEBENSSTIL INSGESAMT FLIESST DAS DOLCE VITA MIT EIN. MIT SEINER AUSSERORDENTLICH SATTGRÜNEN VEGETATION IST DIE INSEL ZUDEM EIN PERFEKTES ZIEL FÜR WANDERER UND NATURFANS.

○ ACHILLION

Die österreichische Kaiserin Sisi war so begeistert von der griechischen Insel, dass sie dort 1890 bis 1892 ei- nen Palast bauen ließ. Er ist die beliebteste Touristen- attraktion der Insel. Entstanden ist ein kleiner Palazzo in elegantem Marmor, verziert mit vielen Statuen und Bildnissen antiker Helden und Götter sowie wunder- baren Panoramaplätzen, die einen Blick über die Insel ermöglichen. Die Kaiserin liebte es, sich an schönen Plätzen hinzusetzen und über das Meer zu blicken. Nach Elisabeths Tod übernahm der deutsche Kaiser Wilhelm II. den Bau und ließ ihn umbauen. Inzwischen ist vieles so wiederhergestellt, wie es zu Sisis Zeiten ausgesehen haben könnte. Der große Garten ver- spricht inspirierende grüne Erholungsmomente.

○ MON REPOS

Was sonst als ein klassizistischer Bau passt zu einer griechischen Insel? Diesen Gedanken musste wohl auch der englische Gouverneur Frederick Adam ge- habt haben, als er sich 1828 eine Sommerresidenz auf Korfu errichten ließ. Er nannte sie »Mon repos«, und unter diesem Namen ist das Schloss heute noch ein beliebtes Ausflugsziel. Allerdings wohnen dort keine Botschafter oder Könige mehr, vielmehr zeigt ein Museum archäologische Funde und historische Dokumente. Der Park mit den riesenhaft wirkenden Bäumen ist beeindruckend. Wer sich mit den euro- päischen Königshäusern auskennt, dem ist dieser Ort ein Begriff, denn der Gemahl der englischen Queen, Prinz Philip, wurde dort geboren.

○ PALEOKASTRITSA

In Korfus Norden breitet sich die wohl schönste Ge- gend der Insel aus: sattgrüne Wälder, kleine Dörfer, Berge mit vielen spektakulären Aussichtspunkten auf das tiefblaue Meer. Die gleichnamige Stadt ver- strömt eine stille Idylle, die an das nahe Italien erin- nert.

○ ANGELOKASTRO

Ein schroffer, wehrhafter Felsen direkt am Meer, der zur Landseite hin flach abfällt und leichte Passagen ermöglicht, lädt geradezu als Bauplatz für eine Burg ein. So ist es kein Wunder, dass die Byzantiner im 13. Jahrhundert diese Engelsburg, wie ihr Name über- setzt heißt, erschufen. Sie befindet sich an der Nord- westspitze der Insel und ist heute als Ruine zu besich- tigen. Sehenswert ist zudem die Kirche der Anlage.

Links oben: Gegrillter Oktopus ist nur eine der vielen kulinarischen Köstlichkeiten, mit denen Korfu aufwarten kann.

Links unten: Der Leuchtturm Ákra Sideros steht am Kap Sidero auf einer von den Venezianern im 16. Jahrhundert errichteten Festung in Korfu-Stadt.

○ **KORISSIONS-SEE**

Ein Süßwassersee auf einer von Salzwasser umgebenen Insel ist immer gut, das jedenfalls dachten sich die Venezianer, als sie im Mittelalter diese Lagune anlegten. Naturfreunde kommen dort auf ihre Kosten und können mit Glück sogar Flamingos und Schildkröten beobachten. Ein schmaler Streifen Land trennt diesen flachen See vom Meer.

○ **PALEO PERÍTHIA**

Wohnt dort noch wer oder ist es verlassen? Von Weitem ist es nicht erkennbar, denn tatsächlich war dieser kleine Weiler lange Zeit ein Geisterort und ist es an einigen Stellen noch immer. Kleine Tavernen und Cafés hauchen dem verlassenen Platz Leben ein.

○ **»SCHMETTERLINGSBUCHT« AFIONAS**

Eine schmale Landzunge, bei der man an beiden Seiten hervorragend baden kann, ist schon etwas Besonderes. Wenn die Badebuchten aussehen wie Flügel, wundert es nicht, dass die Korfioten sie liebevoll Schmetterlingsbucht nennen.

STRÄNDE

○ **PALEOKASTRITSA**

Er ist möglicherweise der am meisten fotografierte Strand der Insel: Sechs Buchten reihen sich dort hintereinander auf. Teilweise mit kleinen Felsen und Steilküste, teilweise mit Sand, aber immer mit glasklarem, türkisfarbenem Wasser. Es gibt kaum Wellen, sie brechen sich vorher im offenen Meer.

○ **GLYFADA**

Feine Sandstrände sind auf Korfu eher selten, sie sind zumeist kieselig und gröber. Umso beliebter ist der Sandstrand von Glyfada, der grell weiß in der Sonne strahlt. Hier herrscht wenig Wellengang, der Strand fällt schön flach ins Wasser – ideal für Familien.

AUSGEHEN

Venetian Well // Eine Zeitreise in die venezianische Ära verspricht dieses stilvolle Restaurant. Die Gerichte sind von hoher Qualität, die Portionen klein und wahre Gaumenschmeichler, dazu sitzt man stimmungsvoll auf der Terrasse, die an einen Palazzo erinnert.
// www.venetianwell.gr

Kalami // Wer Fisch und Meeresfrüchte fangfrisch genießen und auch noch mit einem schönen Blick sitzen will, besucht die Taverne Kalami. Abends reicht die Sicht bis nach Korfu-Stadt, die Atmosphäre ist stimmungsvoll.

Three Brothers // Nahe des Fischerhafens befindet sich dieses Lokal, das Fisch in vielen Variationen auf den Tisch bringt, einfach und gut. Man sitzt idyllisch unter Ranken und einem alten Baum mit Blick aufs Meer.
// www.thethreebrothers.gr

Rechts: Auf der dem albanischen und dem griechischen Festland zugewandten Ostseite sind die Kiesstrände lang und schmal. Lange Sandstrände säumen die Nordküste. Zum offenen Meer hin ist das Ufer meist felsig, viele Sandstrände ziehen sich hier unter dem Steilufer entlang oder liegen zwischen bizarren Felsformationen. Ein besonderes Highlight hier ist die »Schmetterlingsbucht« bei Porto Timoni.

○ PELEKAS

Er zählt zu den schönsten Ufern der Westküste: Der Sand fällt flach ab, das Meer ist meist ruhig und wellenlos, ideal für kleine Kinder, die planschen wollen. Tavernen und Läden versorgen die Besucher.

SHOPPING

○ KORFU-STADT: WOCHENMARKT

Ein Wochenmarkt lockt im Wallgraben in Korfu-Stadt täglich Griechen und Feriengäste mit den farbenprächtigen Obstständen, knackigem Gemüse und den herzhaften, selbst gebackenen Backwaren.

○ ILIOS LIVING ART

Warum immer gefertigten Schmuck kaufen? Wie wäre es denn mal mit einer persönlichen Note? Dazu ruft die Ilios-Goldschmiede auf. In Seminaren formen Gäste Fundstücke wie Muscheln, Steine oder Olivenkerne und erschaffen daraus silberne oder goldene Pendants. Selbst gemachter Schmuck bietet später eine einzigartige Erinnerung an den Urlaub. Wer kein Seminar buchen möchte, kann den ausgefallenen Schmuck auch kaufen.

// www.ilios-living-art.com

○ CORFU SANDALS

Griechische Ledersandalen, viele davon handgefertigt, führt dieser Shop in Korfu-Stadt. Die Auswahl reicht von orthopädischen Schuhen bis zu schicken Modellen.

ÜBERNACHTEN

Grecotel Eva Palace // Verwöhnprogramm pur verspricht das Eva Palace. Es hat nicht nur eine einzigartige Lage, sondern punktet auch mit einem Rooftop-Spa, Restaurants mit Bio-Zutaten, feinem Sandstrand und herrlichen Blicken aus den Infinity-Pools.

// www.evapalace.com

Acharavi Beach Hotel // Direkt am feinen Sandstrand liegt dieses Hotel. Es ist modern ausgestattet, die Zimmer sind geräumig und das Büfett bietet eine reiche Auswahl an Köstlichkeiten.

// www.acharavibeach.com

Cavalieri // In einem venezianischen Palast wohnen die Gäste dieses Hauses, es befindet sich in Korfu-Stadt und verfügt über moderne Ausstattung im gehobenen Bereich. Die Zimmer bieten einen einzigartigen Blick auf die Stadt mitsamt ihrer Festung.

// www.cavalieri-hotel.com

AUF KEINEN FALL VERPASSEN

KUMQUATS AUS KORFU

Die Mini-Apfelsinen wachsen vor allem im nördlichen Teil der Insel. Es war wohl ein englischer Botaniker, der die Kumquats im 19. Jahrhundert auf die Insel gebracht hat. Schnell haben sich die Korfioten angepasst und eigene Spezialitäten aus der Frucht zubereitet. Dazu gehört auch der »Koum-Kouat-Likör«, eine süße Alkoholspezialität der Insel. Es gibt aber auch viele Haushalte, die die kleinen Früchte mit der herben Schale zu Marmelade verarbeiten und dann verkaufen.

DURCH DEN CANAL D'AMOUR SCHWIMMEN

Im Inselnorden befindet sich eine Meerenge mit romantischem Namen – der Canal d'Amour (Liebeskanal). Der Sage nach soll es ein verzauberter Platz sein: Unverheiratete Frauen, die den Kanal durchschwimmen und dabei an ihren Liebsten denken, sollen schon bald einen Heiratsantrag von ihm bekommen. Auch jenseits solcher Pläne lohnt sich ein Besuch dieses Gewässers mit seinen wunderschönen Stränden.

WANDERUNG ZUM PANTOKRATOR

Wenn der höchste Berg der Insel zwar weniger als 1000 Meter misst, aber dennoch den Namen »der Allesbeherrscher« trägt, sollte man sich ihn etwas näher anschauen. Auf den Pantokrator führt eine schöne Wanderung, oben lädt eine Taverne zur Einkehr und man schaut bis nach Albanien.

EINEN TAG INS INSELINNERE

Wer auf Korfu das Inselinnere nicht gesehen hat, hat die Insel nicht verstanden. Während es am Strand trocken und karg zugeht, findet sich im Inneren der Insel eine wahre Idylle mit Blütenpracht an berankten Häusern, Blumen auf den Feldern und dichten Wäldern. Und kleinen Dörfern, in denen man sich im Kafenion zu einem Mokka trifft.

IN OLIVEN SCHWELGEN

Nach dem Tourismus leben die Korfioten von ihren Olivenbäumen. Sie pressen daraus köstliches Öl, fertigen Seifen aus den Überbleibseln und schnitzen wunderbare Schalen, Bestecke oder Haarnadeln aus dem Holz. Drei Millionen Bäume liefern bis heute das Öl, sie wurden übrigens einst von den Italienern angepflanzt, weil sie das Öl als Brennmittel für ihre Lampen benötigen.

#25   KEFALONIA

WIR KÖNNEN FROH SEIN, DASS ES KEFALONIA NOCH GIBT. UND ZUGLEICH FLUCHEN, WELCHE OHNMACHT DOCH IMMER WIEDER DER MENSCH GEGENÜBER GEWALTIGEN NATUREREIGNISSEN SPÜREN MUSS. WIE BEI DEM GROSSEN ERDBEBEN VOM AUGUST 1953, ALS INNERHALB WENIGER STUNDEN EIN GROSSTEIL DES KULTURELLEN SCHATZES DER INSEL ZERSTÖRT WURDE. GEBÄUDE STÜRZTEN ZUSAMMEN, ARCHIVE VERBRANNTEN, MENSCHEN STARBEN. DAS GESAMTE ANTLITZ DER INSEL VERÄNDERTE SICH. UND DOCH: DIE KATASTROPHE HAT AUS HEUTIGER SICHT AUCH ETWAS GUTES BEWIRKT. NICHT NUR WURDE DIE WUNDERSCHÖNE MELISSANI-HÖHLE GEFUNDEN, GEGENWÄRTIGE HAUPTATTRAKTION DER INSEL. ES WURDEN AUCH VIELE BAUVERBOTE ERLASSEN, WAS VERHINDERTE, DASS BEIM WIEDERAUFBAU DIE ORTSCHAFTEN VON HOTELBURGEN VERSCHANDELT WURDEN, WIE AUF VIELEN ANDEREN GRIECHISCHEN INSELN. UND SO IST ES VOR ALLEM IHRE NATURSCHÖNHEIT, DIE NUN TOURISTISCH VERMARKTET WERDEN KANN. WIE DER SAGENHAFTE MYRTOS-STRAND. ODER DER DUNKLE TANNENWALD AM FUSSE DES AENOS.

Oben und rechts: Die Tropfsteinhöhle Melissani gehört zu den Hauptsehenswürdigkeiten der Insel.

Links: Kefalonia ist die größte der Ionischen Inseln und trägt mit dem 1627 Meter hohen Énos auch deren höchsten Gipfel. Cineasten ist die vielfältige Insel als Schauplatz des Films »Corellis Mandoline« (2001) bekannt. Einer ihrer schönsten Strände ist Myrtos.

○ MELISSANI-HÖHLE

Höhlen haben schon immer die Fantasie der Menschen beflügelt. Nicht nur die älteste noch heute erhaltene Kunst manifestierte sich in ihnen, auch religiöse Kulte finden ihren bevorzugten Ort im Schutz einer Höhle. Wie auch immer dem Hirtengott Pan im 4. Jahrhundert v. Chr. in der Melissani-Höhle bei Sami gehuldigt worden sein könnte, es fand sich jedenfalls ein kunstvoller Widerhall des vom Olymp verbannten Flötenspielers an ihrem Grund. Die kleine Pan-Figurine ist in Argostóli, im Archäologischen Museum, ausgestellt. Der Name der Höhle wiederum stammt von einer Nymphe, Melissanthe. Sie sei so unwiderruflich in den bocksfüßigen Gott verliebt gewesen, der sie jedoch verschmähte, dass sie sich aus Kummer in dem unterirdischen See ertränkt habe. Das kleine Naturwunder wurde mit einem künstlich angelegten Tunnel zugänglich gemacht, und nun schippern in der Saisonzeit kleine Holzboote in die mystische Grotte.

FÜR WEN GEEIGNET? INDIVIDU-ALREISENDE, DIE ES URSPRÜNGLICH MÖGEN, FINDEN IN KEFALONIA EINE BEZAUBERNDE IONISCHE INSEL, DIE WEITESTGEHEND VON HOTELBURGEN VERSCHONT WURDE. SCHÖNE STRÄN-DE, GEHEIMNISVOLLE HÖHLEN, ALTE KLOSTERANLAGEN, ROMANTISCHE BURGRUINEN, WEISS GETÜNCHTE FISCHERDÖRFER – ES IST ALLES VOR-HANDEN, WAS ZU EINEM GRIECHEN-LANDURLAUB GEHÖRT. NATÜRLICH FINDEN AUCH PAUSCHALREISENDE IHRE ANLAUFSTELLE, SAMI ZUM BEI-SPIEL. ABER MASSENTOURISMUS, WIE AUF MANCH ANDERER GRIECHI-SCHER INSEL, FEHLT IN KEFALONIA WEITESTGEHEND, ZUR FREUDE DERJE-NIGEN, DENEN MENSCHENMENGEN AN STRANDPROMENADEN UNBEHAGEN BEREITEN.

○ AGIOS GEORGIOS

Trockenes Gras wächst aus den Mauerritzen. Zikaden singen ihr ewiges eintöniges Lied. Die Sonne wärmt die zerfallenden Steine, Eidechsen wissen das zu schät-zen. In der ehemaligen Hauptstadt Kefalonias wohnt nur noch der Wind. Ein Erdbeben hat die Bewohner schon im 18. Jahrhundert umziehen lassen in Rich-tung Hafen, das heutige Argostóli verdankt diesem Umzug seine Existenz. Ein Abstecher in die Burgrui-ne lohnt vor allem wegen der Aussicht.

○ DROGARATI-HÖHLE

Vielleicht sollten Konzerthallen wie Tropfsteinhöhlen gebaut werden. Der Klangeffekt im Inneren der Dro-garati-Höhle jedenfalls ist erstaunlich und hat sogar zu Auftritten von Maria Callas geführt, neben diver-sen Orchestern, die hier schon gespielt haben. Doch der Klang ist natürlich nicht das Hauptphänomen, sondern es sind die uralten Tropfsteine, die jahrein, jahraus in majestätischer Unbekümmertheit Millime-ter für Millimeter wachsen.

○ ASSOS-FESTUNG

Die gewaltige Assos-Zitadelle wurde im 17. Jahrhun-dert von den Venezianern erbaut als trutziger Rück-zugsort der Bevölkerung Kefalonias im Falle eines An-

Mykenische Gräber, die Überreste mehrerer antiker Städte wie die von Sámi an der Ostküste, mittelalterliche Burgen wie die von Ássos und vielbesuchte Klöster (links) sind die historischen Attraktionen der Insel, zwei gut erschlossene Tropfsteinhöhlen, der Nationalpark am Énos und vielfältige Strände sind die natürlichen Anziehungs-punkte (oben).

Rechts: Assos mit seiner venezianischen Fliehburg ist ein reizvoller Ort und eine der Hauptsehenswürdigkeiten Kefalonias.

griffes durch Türken oder Piraten. Sie thront über dem beschaulichen Dörfchen Assos, wirkt ein wenig überdimensioniert mit ihrer dicken Mauer, den Wachtürmen und der Fläche, die sie einnimmt, in einer Landschaft, in der nur noch wenige Menschen wohnen. Ihrer langen Nutzung als venezianisches Verwaltungsgebäude ist der heutige Erhaltungszustand zu verdanken, es ist eine Ruine, aber keine völlig verfallene.

STRÄNDE

○ MYRTOS-STRAND

Die Versuchung liegt nahe, diesen weißsandigen Traumstrand mit seinem surreal blauen Wasser zu verschweigen, auf dass er nicht zu viele Menschen anlocke. Doch natürlich spricht sich überall herum, dass es ihn gibt. Kefalonia hat, anders als viele andere Traumorte auf der Welt, früh gemerkt, welches Potenzial in Unberührtheit liegt und ein weites Schutzgebiet um den Strand herum errichtet. Es lässt sich also nicht in Strandnähe logieren.

○ ANTISAMOS

Ein weißkieseliger Strand mit allem Komfort in der Nähe von Sami. Genügend Parkplätze, bunte Liegen mit Sonnenschirm, Cocktails in Clubs, Wassersportangebote, eine perfekte Infrastruktur.

○ XI

Der rote Sandstreifen vor weißen Felsklippen sorgt für ganz eigene Kontraste. Ein gut vermarkteter Strand, mit Restaurants, die ihre Speisen und Getränke bis zu den Liegen bringen. Kleinkinderfreundlich, da das Meer nicht gleich steil abfällt.

○ KIMILIA

Nicht unbedingt ein Geheimtipp, aber dennoch abgeschieden, selbst zu Saisonzeiten selten überlaufen, eine kleine naturbelassene Bucht ohne jede Infrastruktur. Schon der markierte Weg vom Emblisi-Strand durch das Wäldchen entlang der Küste fühlt sich abenteuerlich an. Spätestens in der Bucht kommen Glücksgefühle auf, schlichtweg aufgrund der Atmosphäre des Ortes.

AUSGEHEN

Captain's Bar // Cocktail-Liebhaber streiten über die Qualität eines Cocktails so wie Weinkenner über exzellente Jahrgänge oder Raucher über die richtige Marke. Über Geschmack und Mischverhältnisse der Cocktails in der Captain's Bar in dem kleinen Hafenstädtchen Skala sind sich Cocktail-Fans einig. Mehr als 20 Jahre Erfahrung fließen in die bunten hochprozentigen Getränke, das Ambiente stimmt auch.

Captain Nicolas // Echte einheimische Küche, liebevoll zubereitet, mit Blick aufs Meer. Einer der Orte, die Kenner am liebsten fast für sich behalten würden, damit sie nicht überlaufen werden und mit zunehmender Bekanntheit ihren Charakter verlieren. Noch ist alles absolut authentisch, lecker und unaufgeregt.

Acqua Alaties // Wunderschöne Sonnenuntergänge warten an diesem »Platz für Träumende«, wie es über der Bar heißt. Sehr schöne Atmosphäre, italienisch-griechische Küche, nette Bedienung.

Links: Pinkfarbene Bougainvilleen schmücken die ohnehin schon sehr farbenfrohen Häuser in Assos.

SHOPPING

○ MYRTILLO (ANOMERIA)

Großartige selbst gemachte Limonade, diverse regionale Kleinigkeiten wie Seifen, Olivenöle oder Marmeladen – alles wunderbar ästhetisch arrangiert.

○ MANDOLA CONCEPT STORE (SKALA)

Eine Fülle von potenziellen Geschenken, Erinnerungsstücken, Unnützem, aber Schönem. Am Anfang entsteht der Eindruck, jemand hätte versucht, jeden Quadratzentimeter Fläche auszunutzen, um irgendeine nette Kleinigkeit zu präsentieren. Farben und Formen explodieren förmlich, aber nach einer Weile gewöhnt sich das Auge an die Vielfalt und vermag, etwas Kaufbares herauszufiltern.

○ ANIKAS GREEK HANDCRAFTS (SAMI)

Die Symbiose aus Kunst und Handwerk verleiht den Produkten in Annikas Laden neben der Drogarati-Höhle eine eigene Aura. Olivenbaumholzschüsseln mit ihren markanten Zeichnungen, Genähtes, Geflochtenes, aus Draht, vom Strand, mit Farbe – es findet sich für jeden Geschmack eine Form in diesem ungewöhnlichen Ambiente.

// www.annikas.gr

ÜBERNACHTEN

Villa Apoplous (Assos) // Kleine elegante Villa für Selbstversorger. Herrlicher Blick aufs Meer. Schöne Terrasse. Guter Ausgangspunkt, um den Norden der Insel zu Fuß, den Rest mit einem Auto zu erkunden.

// **www.kefaloniabyanna.com**

Kefalonia Bay Palace // Es sieht ein wenig unwirklich aus, das Luxushotel mit kleinem Sandstrand, das hoch oben auf das Meer schaut. Aber die Zimmer sind geschmackvoll eingerichtet, das Personal ist äußerst freundlich, der Pool nie überlaufen.

// **www.kefaloniabaypalace.gr**

Villa Ainos // Am Fuße des Ainos-Berges gelegene, kleine familienfreundliche Villa mit hauseigenem Pool, Meerblick aus dem Schlafzimmer und einer stilvollen Einrichtung. Nicht direkt am Meer, dafür in schöner Natur. Schon das Frühstück auf der Terrasse weckt Vorfreude auf den Tag, abends kann gegrillt werden, während die Sonne das Meer in der Ferne orange färbt.

// **www.lithosvillas.gr**

AUF KEINEN FALL VERPASSEN

ZUR MITTAGSZEIT DIE MELISSANI-HÖHLE BESUCHEN

Der tiefe glasklare See im Höhleninneren leuchtet mittags in einem geheimnisvollen Türkisblau. Die Wände schimmern in allen Farben, es glitzert, schimmert, ist atemberaubend still und eine ganz eigene Welt, in der es niemanden überraschen würde, tauchte plötzlich tatsächlich eine Nymphe auf, die einst hier gelebt haben soll.

WANDERUNG ZUM GIPFEL DES AENOS

Wer in seinen Urlaub nur Flip-Flops mitnimmt, lässt sie lieber bleiben, die Wanderung zum höchsten Punkt des stolze 1628 Meter hohen, von dunklen Tannen gesäumten Aenos-Berges. Das Gebiet rund um den Gipfel wurde zum Nationalpark erklärt und ist nur zu Fuß und mit passendem Schuhwerk zu durchstreifen. Die Wege sind steinig, teilweise recht steil und an vielen Stellen anspruchsvoll. Die Aussicht von ganz oben über die Hügel, Ortschaften und Wälder Kefalonias bis zum Meer und den benachbarten Inseln belohnt die Mühe.

MIT KOSTAS EIN VERBORGENES KEFALONIA ENTDECKEN

Eine Insel, die so geliebt wird wie von Kostas Vitor und seinem Team, zeigt ihre Geheimnisse auch Fremden. Das Credo der Wildlife-Experten lautet: Spaß haben in und mit der Natur, niemals gegen sie. Ob auf dem Mountainbike, beim Klettern, während wilder Safaris oder beim Sterne beobachten – mit dem Team zeigt Kefalonia Seiten, die sich nur erleben, nicht beschreiben lassen. // www.wild nature-expeditions.gr

SINGEN IN DER DROGARATI-HÖHLE

Wer sich und seiner Stimme traut, sollte die Akustik einfach einmal ausprobieren und ein paar Töne von sich geben. Nein, die Stalaktiten werden nicht abfallen, auch nicht, wenn es lauter wird. Und es klingt in jedem Fall besser als unter der Dusche zu Hause!

#26   NÖRDLICHE SPORADEN

UNBERÜHRT UND URSPRÜNGLICH WAREN SIE, DIE SPORADEN, IRGENDWIE SCHIEN DIE GUTE ALTE ZEIT STEHEN GEBLIEBEN ZU SEIN AN DIESEM ORT. DOCH DANN KAM ABBA: »MAMMA MIA!« WAS FÜR EIN FILM. DASS DIE GESCHICHTE ZUM TEIL AUCH AUF SKIATHOS UND SKOPELOS SPIELT, HAT DEN INSELN IHREN GEHEIMTIPPCHARAKTER GENOMMEN. WO SCHON MERYL STREEP UND PIERCE BROSNAN HERUMGELAUFEN SIND, WOLLEN NUN AUCH ANDERE REISENDE WANDELN UND IHREN URLAUB VERBRINGEN. DAS FILM-MUSICAL HAT MIT SEINEN SZENEN LUST AUF DIE »GRIECHISCHE KARIBIK« GEMACHT, WIE DIESE REGION AUCH OFT GENANNT WIRD: WER DIE LANGEN SANDSTRÄNDE EINMAL GESEHEN HAT, VERSTEHT, WIE DIE VIER INSELN ZU DIESEM SPITZNAMEN KAMEN.

○ **SKIATHOS**

CHORA VON SKIATHOS-STADT

Als hätte jemand einen überdimensionalen Hut vergessen, so ragt der Berg aus dem Inselrelief heraus. Geschmückt wie eine Kopfbedeckung ist er, ein kleines Dorf ergießt sich wie ein weißes Band um seine Krempe. Schon von Weitem sieht man: Dieser Ort ist nicht wie andere. Er könnte auch in Südgriechenland stehen, als Kykladenstadt mit seinen verwinkelten Gassen und der kubistischen Architektur, die sich wie ein Amphitheater über der Stadt ausbreitet. Bergdörfer über dem Meer – Griechenland wie aus dem Bilderbuch. Religiöser Mittelpunkt der Insel ist die Kathedrale Trion Ierarchon mit ihrem vorstehenden Glockenturm. Weltlicher zeigt sich das Wohnhaus des Dichters Alexandros Papadiamantis, es ist heute ein Museum. Der alte Hafen ist Zentrum der Fischerei, für die Autofähren existiert ein neuer, tieferer Anlaufplatz. Auch jenseits dieser Hotspots lohnt es sich, durch die kleinen Gassen zu wandeln, die einem Gewirr gleichen und Besuchern schnell die Orientierung nehmen. Dafür aber steht man überraschend vor einem schönen Laden oder wird in ein Café gelockt. Unbedingt anschauen: Burg Bourtzi, sie liegt auf einer Insel vor der Stadt im Meer.

KLOSTER PANAGIA EIKONISTRIA

Ganz so einfach machen die Heiligen es den Menschen nicht, sie zu sehen. Als Maria sich entschlossen hatte, sich auf Skiathos zu zeigen, erschien sie zunächst als helles Licht mitten im Wald. Drei Tage lang versuchte ein Mönch, den Grund für dieses Licht zu finden. Kam er näher, verschwand das Leuchten. Er fastete und betete eine Nacht durch und versuchte es am nächsten Tag noch einmal. Das Licht war verschwunden, doch an der Stelle, an der er es gesehen hatte, fand er eine Ikone der Jungfrau. Sie ist heute Zentrum des Klosters Panagia Eikonistria, das 1655 dort errichtet wurde. Während heute die Sonne draußen gleißend hell leuchtet, macht sich drinnen gedämpfte Stille im abgedunkelten Raum breit. Das

Skiathos (oben), Skopelos (links), Alonissos und Skyros sind die vier einzigen bewohnten Inseln der Nördlichen Sporaden. Andere wie Peristera, Gioura und Piperi bilden den Kern des ersten Meeresnationalparks Griechenlands, Schutzgebiet vor allem für Delfine und Mönchsrobben.

FÜR WEN GEEIGNET? DIE INSELN SIND URWÜCHSIG UND DOCH TOURISTISCH ERSCHLOSSEN. ES GIBT WUNDERBARE STRÄNDE, DUFTENDE KIEFERNWÄLDER UND HÜBSCHE FISCHERHÄFEN – UND JEDE INSEL BESITZT IHREN EIGENEN CHARAKTER. NICHT NUR DESWEGEN EIGNEN SICH DIE SPORADEN VOR ALLEM FÜR MENSCHEN, DIE GERN NEUES ENTDECKEN. ZUDEM LIEGEN SIE RELATIV NAH BEIEINANDER, SODASS ES SINNVOLL IST, NICHT AUF EINER INSEL ZU BLEIBEN, SONDERN INSELHOPPING ZU BETREIBEN. DIE INSEL SKIATHOS IST ZUDEM BERÜHMT FÜR IHR NACHTLEBEN, DESWEGEN IST SIE BEI JUNGEN MENSCHEN EIN BELIEBTES REISEZIEL. ALLE ANDEREN INSELN SIND RUHIGER.

bringt nicht nur die Ikonen besser zur Geltung, sondern auch das Licht, das durch die Kuppel fällt. Jedes Jahr am 21. November kommen die Menschen auf der Insel zusammen, beten, feiern und entzünden Feuer. Dann feiern sie die Schutzpatronin des Klosters.

STROFILIAS-SEE
Reiher tauchen ihre langen Schnäbel in das Wasser, Enten fliegen manchmal auf, vor allem aber formt das stille Wasser den perfekten Spiegel des blauen Himmels: Der See Strofilias bietet allen eine schöne, stille Abwechslung, die von der Weite des Meeres genug haben und etwas Rückzugsraum brauchen.

EVANGELISTA-KLOSTER
An der nördlichen Spitze der Insel liegt dieses aus Natursteinen errichtete Kloster. Es geht zurück auf das Jahr 1794 und liefert eine Reminiszenz an die romanische Kultur.

○ ALONNISOS
Die drittgrößte der Nördlichen Sporaden ist bekannt dafür, dass es dort etwas gibt, was vielen Menschen im Alltag fehlt: vollkommene Ruhe und Beschaulichkeit. Außer der Natur und ein paar Wochenendausflüglern gibt es nichts. Wirklich nichts. Nur Aleppo-Kiefern, Feigen- und Mandelbäume, die Natur ist sowohl im Wasser als auch an Land intakt. Die Inselhauptstadt heißt Patitiri, ihre Bebauung stammt aus den 1960er-Jahren, da der vorige Hauptort der Insel 1965 bei einem Erdbeben zertrümmert wurde. Mit dem Boot von hier aus erreichbar ist die kleine Insel Kyra Panagia, dort lebt ein Mönch ganz allein in einem Kloster, einzig die wilde Natur ist sein Gefährte.

○ SKOPELOS
Wenn der Begriff »griechische Karibik« zutrifft, dann auf diese Insel. Die kleinen, bunt getünchten Häuser umschließen die Bucht und reihen sich wie eine Treppe an dem bis zum Meer reichenden Gebirgsarm auf. Skopelos-Stadt ist Hauptort der Insel und verzaubert seine Besucher mit dem typischen Gewirr schmaler Gassen, mit strahlend weißen Stränden und türkisblauem Wasser. Führte die Insel lange Zeit ein Geheimtippdasein in den Reisekatalogen, ist sie schnell in den Fokus der Reisewünsche geraten, als sie beim ABBA-Film »Mamma Mia!« Drehort wurde. Besonders betörend sind die duftenden, schattigen Wälder im Inselinneren.

Skiathos (Bilder links: Kastro-Strand und Inselhauptstadt) und Skopelos werden von dichten Kiefernwäldern bedeckt, Alonissos und Skyros hingegen sind weitgehend kahl.

Die Inselstädtchen wie Skiathos (rechts(sind mit ihren ziegelgedeckten Häusern architektonisch vom Festland geprägt, nur Skiiros wirkt mit seinem alten Ortskern unter einer mittelalterlichen Burg schon fast kykladisch.

Unten: Lalaria auf Skiathos ist mit seinem Felsbogen, den weißen Klippen und dem feinen Sand ein echter Traumstrand.

○ SKYROS

Die ruhige der Nördlichen Sporaden, dieser Titel würde auf Skyros auch zutreffen. Die kleine Insel hat bislang noch nicht viel Infrastruktur für den Tourismus aufgebaut. Wer etwas erleben will, der schlendert durch die Inselhauptstadt, fährt zu einem der Strände, lässt sich den berühmten Hummer der Insel servieren oder wandert einfach über die grüne Insel und hofft, wilde Ponys zu treffen. Bei Pouria befindet sich ein Felsen, der aussieht wie ein riesiger Pilz und eine richtige Attraktion auf der stillen Insel ist.

STRÄNDE

○ SKIATHOS: LALARIA-STRAND

Mit den weißen Kieseln und dem Felsbogen ist dieser Strand schon spektakulär. Doch dann setzt das Meer noch einen auf diese Schönheitsidylle drauf mit seinem kristallklaren Wasser, das sich an dieser Stelle in schöne Grüntöne bricht. Kein Wunder, dass dort gern Jachten ankern.

○ SKIATHOS: KOUKOUNARIES

Wenn einem ein guter Ruf vorauseilt, ist es manchmal schwer, die Erwartungen zu halten. Doch Koukounaries tut viel dafür, seine Top-Position in der Hitliste der schönsten Strände des Landes zu verteidigen. Mit seinem goldenen Sand, den Sonnenschirmen und dem angrenzenden Pinienwald bleibt er ein Traumziel für Urlauber.

AUSGEHEN

The Final Step // Liebevoll angerichtet sind die Speisen. Ob grüne Sprossen auf dem Hauptgericht oder die sorgsam drapierten Ravioli auf dem großen Teller: Das Restaurant mischt nordeuropäischen Einfluss mit typisch Griechischem und erschafft neue, leichte Speisen. Es liegt über dem Hafen, der Blick reicht über das Meer und die roten Dächer des Ortes Skiathos.
// www.finalsteprestaurant.com

Papadiamanti-Straße // Wer Nachtleben auf Skiathos erleben will, steuert diese Straße an. Dort schlägt das Herz der Szene; Clubs, Diskos und Kneipen reihen sich aneinander, Tavernen laden zum Schmaus und Boutiquen preisen Miniröcke und Tops an, die sich auch jenseits des Nightlife gut tragen lassen.

Limnonari Complex // Direkt am Strand von Skopelos in Regiestühlen auf der schattigen Terrasse sitzen und dem Treiben am Meer zuschauen. Vor sich einen dampfenden Teller Muscheln oder Kalamari und ein ausgesuchtes Glas Wein – diese Taverne vereint Ursprüngliches mit modernen Einflüssen und bietet herrliche Blicke aufs Meer.

Links: Eng geht es zu in der Chora von Skiathos-Stadt. Zahlreiche Geschäfte und Lokale laden hier zum gemütlichen Verweilen ein.

○ **SKIATHOS: KANAPITSA**

Wie kleine Mondsicheln sehen sie auf der Landkarte aus, die Strände von Kanapitsa. Immer wieder unterbrechen felsige Ausbuchtungen die Szenerie und sorgen für markante Abwechslung. Mit seinem flach abfallenden Wasser ist der Strand ideal für Familien.

SHOPPING

○ **MÖBEL AUS SKYROS**

In der Hauptstadt von Skyros reihen sich die kleinen Läden aneinander. Bunt getöpferte Teller, farbenfroh gewebte Stoffe oder auch handgemachte Möbel und Dekostücke warten dort auf neue Besitzer. Einiges wurde tatsächlich auf der Insel gefertigt, wie etwa Teppiche, Schemel oder Stickereien.

○ **RODIOS AUF SKOPELOS**

Töpfereien gibt es viele in Griechenland, doch diese hier hat etwas Besonderes: Schwarze Keramik ohne Schnörkel wird in dieser Töpferei produziert. Die Kannen, Vasen und Teller gleichen mehr minimalistischen Kunstwerken als Gebrauchsgegenständen.

○ **ARCHIPELAGO AUF SKIATHOS**

Kunsthandwerk von Skiathos lässt sich in vielen kleinen Läden der Insel finden. Erste Adresse für Qualität aber ist Archipelago. Im Geschäft warten Unikate von Künstlern der Insel, viele Dekoobjekte, aber auch Untersetzer, Taschen und Kuscheltiere auf neue Besitzer.

// www.archipelagos-skiathos.gr

ÜBERNACHTEN

Adriana Resort // Ein wenig in den Hang von Skopelos gebaut ist dieses Haus der Luxusklasse. Das türkisblaue Wasser schimmert vor der Tür, die großen Zimmer versprechen aufgeräumte Designatmosphäre, und manche der Räume haben sogar einen privaten Pool.

// **www.adrinaresort.com**

Ikion Eco Boutique Hotel // Morgens der Blick aus dem Zimmer direkt auf das glitzende Meer vor Alonnisos, anschließend zum reichen Frühstücksbüfett gehen und dann wieder zurück auf das große, moderne Zimmer, um den Tag zu starten – so könnte ein Ferientag in diesem Hotel aussehen, das familiär, modern und auf hohem Standard ist.

Princess Hotel // Auf Skiathos bietet dieses Hotel einen Aufenthalt der Luxusklasse: Gazebos am Strand, ein schicker Pool mit Holzstegen und dazu der Ausblick auf die vorgelagerte Halbinsel. In gehobenem Stil zeigt sich das Haus, der Strand und die Bucht sind wunderschön.

// **www.skiathosprincess.com**

AUF KEINEN FALL VERPASSEN

DAS SKYROS-PONY SUCHEN

Es ist klein, gedrungen und sieht aus, als wäre es soeben einem antiken Fries entsprungen: Griechenlands kleinstes Pony ist eine uralte Rasse, die endemisch auf der Insel vorkommt. Die Tiere weiden auf der Hochebene von Skyros, ihr Bestand wird auf etwa 130 geschätzt. Es sind die einzig verbliebenen dieser Art, die besonders genügsam im Futterverbrauch ist. Mit etwas Glück lassen sie sich frei beobachten.

MAMMA-MIA-TOUR

Die Liebeskomödie um eine Tochter, die ihren Vater sucht, wurde zum großen Teil auf Skopelos gedreht. Untermalt mit ABBA-Musik ist sie zum Welterfolg geworden – klar, dass es heute Touren zu den Drehorten gibt. Dabei wird so manche Anekdote von Pierce Brosnan oder Meryl Streep preisgeben. Nicht nur für Cineasten lohnt sich die Tour.

ZU DEN ANDEREN INSELN HÜPFEN

Die vier Nördlichen Sporaden haben jede ein ganz eigenes Gesicht. Wer es sich leisten kann, sollte die Möglichkeit nicht auslassen, Inselhüpfen zu planen und einige Tage auf den einzelnen Inseln verweilen. Fähren fahren täglich zwischen den Inseln, nur Skyros ist weniger gut angebunden und oftmals am besten vom Festland aus erreichbar.

AUSFLUG IN DEN MEERESNATIONALPARK

Sie ist das wohl seltenste Säugetier des Mittelmeerraumes: Die Mittelmeermönchsrobbe ist stark vom Aussterben bedroht. Nur rund 450 Tiere leben noch zwischen der italienischen und der türkischen Küste. Dem Alonnisos-Nationalpark kommt beim Schutz dieser Tierart eine Schüsselrolle zu, denn dort sollen zwei Drittel des Bestandes leben. Viele Touranbieter auf den Sporaden bieten Ausflüge dorthin an, mit etwas Glück sieht man nicht nur die Robben, sondern auch Delfine.

HEILKRÄUTERFÜHRUNGEN MACHEN

Eine Deutsche auf der Insel Skiathos zeigt Urlaubern die wilden Kräuter, die blühen oder in Saat schießen – von wildem Fenchel über Zistrose bis zu Meerzwiebeln. Über die Wirkung, die die Pflanzen auf den Körper haben sollen, weiß sie einiges zu berichten. Sie bleibt nicht die einzige, die sich mit Naturheilkunde auf Alonnisos auskennt, es gibt sogar ein Ausbildungszentrum für Homöopathie auf der kleinen Insel.

#27   EUBÖA

EINE GRIECHISCHE INSEL, DIE KAUM JEMAND KENNT? DAS MUSS IRGENDEINE KLEINE SEIN? WEIT GEFEHLT. DIE ZWEITGRÖSSTE INSEL DES LANDES KENNT KAUM JEMAND HIERZULANDE. EUBÖA, VON DEN GRIECHEN AUCH EVIA GENANNT, IST NUR EINE AUTOSTUNDE VON ATHEN ENTFERNT UND MIT DEM FESTLAND DURCH EINE BRÜCKE VERBUNDEN. DENNOCH IST ES EIN URSPRÜNGLICHES PLÄTZCHEN GEBLIEBEN, IN DEM AUSSERHALB DES HAUPTORTES SOUVENIRSHOPS UND POSTKARTEN MANGELWARE SIND. EIN ORT, AN DEM DIE MENSCHEN NOCH DER ARBEIT AUF DEM FELD ODER DEM MEER NACHGEHEN UND DIE STRÄNDE NICHT SO ÜBERLAUFEN SIND WIE AN ANDEREN FERIENORTEN.

Oben: Die Festung Karababa wurde von den Osmanen 1684 errichtet, um Chalkida vor den Venezianern zu schützen.

Links: Die mit 40 Metern schmalste Meerenge der Welt, der Euripos, trennt Euböa von Attika. Zwei Brücken verbinden die Inselhauptstadt Chalkida mit dem Festland.

○ CHALKIDA

Nur eine Brückenlänge vom Festland entfernt befindet sich der Hauptort der Insel, Chalkida. Dort erinnert vieles an Athens Riviera, die Promenade am Ufer, an der sich die Restaurants und Hotels aufreihen, dahinter liegt die Shoppingmeile von Euböa mit einer gesunden Mischung aus hochwertigen, handgemachten Waren und Billigprodukten aus Asien. Immerhin 60 000 Menschen wohnen in der Stadt, die zu den zehn größten Städten des Landes zählt.

EMIR ZADE-MOSCHEE

Von den früher elf Moscheen in der Stadt ist nur noch diese erhalten geblieben. Das Minarett ist längst abgebaut, aber im Inneren lassen die byzantinischen Mosaiken und Keramiken des 15. Jahrhunderts erahnen, welche Pracht damals in den Gotteshäusern geherrscht hat. Die Moschee ist heute Museum.

SYNAGOGE

Das Gebäude aus dem Jahr 1855 ersetzt den Vorgängerbau. Es ist heute lebendiges Zentrum jüdischen Lebens und Veranstaltungsort für viele Konzerte und Kulturabende.

DREHBRÜCKE

Die kleine Drehbrücke als Verbindung zwischen Festland und Insel ist zwar unauffällig, doch wenn sie in Bewegung ist, schön anzusehen. Zudem eine gute Position für alle, die beobachten wollen, wie sich die Fließrichtung des Wassers ändert.

FESTUNG

Auf der Festlandseite der Stadt befindet sich die Burg von Kanithos auf dem Hügel von Fourka. Ein wenig gleicht sie einem verwunschenen Ort mit den Mauern und den dickwandigen Gebäuden. Ein archäologisches Museum informiert über die Funde auf der Insel wie etwa Plastiken, Statuen oder Mosaiken.

ROTES HAUS

Das Rote Haus leuchtet auf einer Landspitze direkt am Wasser. Eingebettet in einen hübschen Garten mit Zitrusbäumen bildet es einen der berühmtesten Blick-

FÜR WEN GEEIGNET? EUBÖA IST EINE URSPRÜNGLICHE INSEL, IN DER DER MASSENTOURISMUS NOCH NICHT ANGEKOMMEN IST, VOR ALLEM IM NORDEN NICHT. DESWEGEN HABEN SICH DORT TYPISCH GRIECHISCHE STRUKTUREN ERHALTEN MIT DEN KLEINEN DÖRFERN UND DEN ZENTRALEN CAFÉS. ES GIBT NUR WENIGE SOUVENIRLÄDEN, DAFÜR KANN MAN HERVORRAGEND PREISGÜNSTIG ESSEN UND LEBEN. IDEAL IST DIE INSEL FÜR MENSCHEN, DIE NATURERLEBNISSE UND STRANDURLAUB VERKNÜPFEN WOLLEN. DA SIE ÜBER EINE BRÜCKE MIT DEM FESTLAND VERBUNDEN IST, LASSEN SICH AUCH GUTE TAGESTOUREN NACH ATHEN UNTERNEHMEN.

fänge der Stadt und ist nur in seltenen Fällen auch von innen zu besichtigen. Das Haus wurde 1884 errichtet.

WASSER, DIE DIE RICHTUNG WECHSELN

Ein weltweit einmaliges Phänomen tritt in Chalkida auf: Alle sechs Stunden ändert das Wasser in dem Meeresarm die Fließrichtung. Es ist tatsächlich wie ein Ruck, der durch die Fluten geht, ein kurzer Stillstand und dann strömt das Meerwasser in die gegenläufige Richtung. Warum das so ist, hat schon Aristoteles Kopfzerbrechen bereitet. Heute weiß man, es hängt mit der Strömung des Meeres zusammen. Am besten anzuschauen ist das Phänomen übrigens vom Balkon des Hotels Lucy.

○ EDIPSOU

Marc Aurel und Konstantin der Große waren dort schon auf Kur: Mehr als 80 heiße Quellen sprudeln im Nordwesten der Insel aus dem Boden. An manchen Tagen hüllen sie die Straße in Nebel, immer aber sorgen sie auch im Meer für wärmere Grade als an anderen Stellen der Insel.

○ DRYMONAS-WASSERFÄLLE

Im grünen Norden der Insel versteckt sich ein wunderbares Naturschutzgebiet zwischen Feldern und Dörfern: ein dichter Wald mit kleinen Bächen, die in einem See münden, in den sich zudem ein Wasserfall stürzt. Ein wunderschöner Ort für Wanderungen.

○ KYMI

Das kleine Dorf im Osten der Insel schmiegt sich idyllisch an den Hang. Weiter unten am Meer locken schöne Strände.

○ ERETRIA

Einst war dieses verschlafene Dorf die wichtigste Stadt der Insel. Von dort aus wurde losgesegelt, Waren landeten an und es wurde getauscht. An diese Aktivitäten in der Antike erinnern heute Ausgrabungsstätte und Museum von Eritrea. Zudem ist es touristisches Zentrum, es gibt einige Läden und Tavernen.

○ LIMNI

Rote Dächer, weiße Fassaden und darunter tiefblaues Meer – Limni gehört zu den schönsten Dörfern auf Euböa. Der Fischerort ist ein beliebtes Ziel von griechischen Touristen und in der Hauptsaison dement-

Links oben: Am Strand von Edipsou treten heiße Quellen zutage, denen eine heilende Wirkung nachgesagt wird.

Links unten: Lichadonisia ist ein Archipel direkt nordwestlich von Euböa., das aus der Luft wie ein Südseeparadies wirkt.

Rechts: Der Dirfis ist die höchste Erhebung der Insel. Zahlreiche Wanderwege erschließen das Gebirge.

sprechend überlaufen. Doch hinfahren und durch die Straßen schlendern lohnt sich, der Blick auf den Golf von Euböa ist wunderschön.

○ DIRFIS-MASSIV

Tiefe Schluchten und bis weit in das griechische Frühjahr schneebedeckte Berge – das Dirfis-Massiv erhebt sich bis zu 1743 Meter über dem Meer. In den dichten Wäldern lässt es sich gut wandern. Sie duften herrlich nach Pinie. Besonders schön sind die Wanderungen im Frühjahr, wenn ein bunter Blumenteppich die Wiesen überzieht.

○ DRACHENHÄUSER BEI STYRA

Haben übermenschliche Kräfte einst diese schweren Felsen bewegt, zu Wänden und Dächern gestapelt und mörtellos Häuser damit errichtet? Man weiß es heute nicht. Fakt ist aber, dass die Ruinen im Süden

der Insel immer wieder Anlass zu Spekulationen geben. Bis heute ist nicht einmal geklärt, aus welcher Zeit sie stammen. Manche Felsen wiegen mehr als zehn Tonnen, wer soll sie im 5. Jahrhundert v. Chr. bewegt haben und wie? Fragen, die bis heute nicht beantwortet werden konnten.

○ VERSTEINERTER WALD VON KERASIA

Funde von alten, versteinerten Bäumen sind selten. In Euböa gibt es sogar einen versteinerten Wald. Bis zu zehn Millionen Jahre alt sind die petrifizierten Baumstämme in Kerasia. Am besten zu sehen ist das Naturwunder bei Psili Rachi auf den Feldern.

AUSGEHEN

Faros // So stellt man sich Griechenlandurlaub vor: eine Taverne, an deren Terrasse sich die Wellen des Meeres brechen, frischer Fisch auf dem Grill und duftendes Brot und Tzaziki auf dem Teller. Wunderbare Atmosphäre am Strand von Mytikas!

Maravelis // Am schönsten ist dieser Platz zum Sonnenuntergang, wenn sich die Inseln nach und nach blau verfärben und der Ozean zur Ruhe kommt. Auf den Tisch kommen Meeresfrüchte wie Tintenfisch oder Garnelen, aber auch das Lamm wird gekonnt angerichtet. Lage: Edipsou.

Primavera // Direkt an der Promenade von Eritrea hat sich dieses Restaurant niedergelassen, mit etwas Glück hängen die frisch gefangenen Tintenfische vor der Tür wie Wäsche auf der Leine. Das Essen ist hausgemacht und schmeckt mit diesem Blick noch mal so gut.

STRÄNDE

○ LIHADONISIA

Ganz im Norden gelegen, entführt Lihadonisia in eine andere Welt. Es bilden sich kleine Inseln mit Vegetation vor der Küste, der Sand ist fein und der Strand wenig besucht, weil er weit weg von den touristischen Zentren liegt.

○ MARMARI

Gelber Sand, der sich an einer Sandbank sammelt – Marmari zählt zu den Traumstränden auf Euböa, der Insel, der nachgesagt wird, dass sie mit ihren 365 Stränden für jeden Tag des Jahres einen anderen bietet.

○ CHILIADOU

Eine Höhle im Meer macht diesen Strand so einzigartig. Bäume locken am Rand mit Schatten, und der Sand unter den Füßen ist fein.

Links: Der Paralia Chiliadou mit seiner Höhle und der vorgelagerten Insel ist eine der schönsten Badebuchten auf Euböa. Sie liegt im Osten der Insel; bei klarem Wetter kann man bis nach Skyros blicken.

SHOPPING

○ BERRYLAND

In der Einkaufsstraße von Chalkida wartet ein besonderer Laden auf Kunden: Verkauft werden Beerenspezialitäten der besonderen Art. Ob Goji, Sanddorn oder Aronia, alles auf Euböa gezüchtet und zu edlen Marmeladen verarbeitet, manches sogar mit kleinen Silberteilen veredelt.

// www.berryland.gr

○ AMALIA

Er sieht aus wie ein Hexenladen: Amalias kleiner Shop in Chalkida. Verkauft werden heimische Spezialitäten. Doch das Beste ist, dass Amalia in ihrer kleinen Küche kleine Leckereien frisch auf den Tisch bringt.

○ EVIA NATURAL

Seife nur aus kaltgepresstem Olivenöl – die Manufaktur Evia Natural stellt Schönes für die Haut her, veredelt mit Lavendel, Kamille oder Zimt.

// www.evianatural.com

○ PETRIESSA

Wein aus Euböa wird sogar in manchen Airlines ausgeschenkt: Petriessa ist ein Familienunternehmen, das sowohl Weißen als auch Roten im Angebot hat. Wer sich vorab informieren will, ob es sich lohnt, etwas nach Hause zu exportieren, macht eine Weinprobe im Haus.

// www.petriessa.gr

ÜBERNACHTEN

Hotel Lucy // Direkt an der Promenade von Chalkida liegt das Hotel Lucy, ein Familienbetrieb mit sehr freundlichem Service. Die Zimmer sind gut ausgestattet, der Blick auf die Promenade und das Wasser ist vor allem abends atemberaubend. Zudem ist das Hotel Lucy der beste Platz, um das Phänomen der wechselnden Wasser zu beobachten.

// www.lucy-hotel.gr

Thermae Sylla Wellness-Hotel // Das wohl beste Hotel an den Quellen von Edipsou stammt aus dem Jahr 1896: Damals wurde es als prachtvolles Kurhotel errichtet, heute zählt es zu den schönsten Wellnesshotels Europas.

// www.thermaesylla.gr

Thalatta Seaside Hotel // Am Strand von Agia Anna liegt dieses Hotel an einem der beliebtesten Strände der Region. Es ist als Designer-Hotel im Architektenstil errichtet und bietet nicht nur Ästhetik, sondern auch ein schönes Programm für Kinder und Familien.

// www.thalattahotel.gr

AUF KEINEN FALL VERPASSEN

BADEN IN DEN QUELLEN VON EDIPSOU

In natürlichen Pools am Ende des Ortes Edipsou im Norden der Insel finden Urlauber Becken, in denen sie auf einfache Art und Weise kuren können: Dort sammelt sich das bis zu 45 Grad warme Wasser und lädt zum Bad direkt am Kiesstrand. Es ist ein wunderbares Schauspiel aus kleinen Sprudeln, Dampf und Felsenbecken. Wer es luxuriöser haben möchte, besucht das Spa des Thermae Sylla Wellness-Hotel.

EINE TOUR IN DIE BERGE

Dieser Duft! Die Pinien in den Bergen des Nordens von Euböa duften, wie sie es eben nur am Mittelmeer tun. Eine Tour in die Wälder der Insel sollte unbedingt sein. Im Gegensatz zu manchen Inseln, die trocken und savannenähnlich sind, ist Euböa von dichten Wäldern bewachsen, die zu schönen Wanderungen einladen und gern an schönen, leeren Stränden enden.

ABENDS AUF DER PROMENADE SEIN

Die Promenade von Chalkida ist der Laufsteg der Insel. Dort treffen sich Jugendliche auf ein Bier oder einen Wein, Pärchen sitzen an der Mole und blicken aufs Wasser und Tanzwütige erobern einen Club mit den neuen Beats. Der Uferweg von Chalkida hat zu jeder Tageszeit seinen Reiz, besonders aber in der Dämmerung, wenn die Häuser so schön angestrahlt sind und das Leben sich auf die Straße verlagert.

WECHSELNDE WASSER

Dieses Naturwunder gibt es auf der Welt nur einmal – und das in Euböa. Die Einheimischen nennen das Phänomen »Verrücktes Wasser«, denn die Strömung an der Meerenge zwischen Festland und Insel ändert alle sechs Stunden ihre Richtung. Es gibt eine kurze Irritation in den Wellen und schwupps, fließt das Meer in starker Strömung in die entgegengesetzte Richtung. Am besten beobachten kann man dieses Schauspiel von etwas erhöhter Stelle aus, Balkone von Hotels bieten dabei einen guten Blick.

#28   LESBOS

BUNT SIND DIE FARBEN DIESER INSEL - OB IM KLEINEN LADEN AN DEN NUGATSTÄNDEN, ZWISCHEN DENEN DIE TROCKEN-FRÜCHTE WUNDERBAR IN ERDFARBEN LEUCHTEN, AN DEN FASSADEN DER HÄUSER ODER AN DEN STRÄNDEN. LESBOS HAT REGENBOGENTENDENZEN. DIE DRITTGRÖSSTE INSEL GRIECHENLANDS WIRD AUCH ALS OLIVENGARTEN GRIECHENLANDS BEZEICHNET, MEHR ALS ELF MILLIONEN BÄUME SOLLEN HIER WACHSEN. SIE NEHMEN EIN DRITTEL DER LANDSCHAFT EIN, WEITERE TEILE SIND PINIENWALD UND VULKANGESTEIN. ZWISCHEN DEN ROTEN ERDEN ZEIGT SICH EIN NATURWUNDER DER BESONDEREN ART - EINER DER GRÖSSTEN VERSTEINERTEN WÄLDER DER WELT FINDET SICH AUF LESBOS. DER INSEL, AUF DER ES VIEL ZU ENTDECKEN GIBT: KLEINE DÖRFER MIT DEUTLICH TÜRKISCHEM EINSCHLAG, HÜBSCHE STRÄNDE UND SOGAR BEDEUTENDE ARCHÄOLOGISCHE MUSEEN. KULINARISCH STEHT EIN GERICHT GANZ KLAR IM MITTELPUNKT, DIE SARDELLEN, DIE NEBEN DEM OLIVENÖL ZU DEN WICHTIGSTEN PRODUKTEN DER INSEL ZÄHLEN.

Oben: Der kleine Fischerort Skala Sikamineas zeigt sich abends von seiner romantischen Seite. Von ihm aus lassen sich die Lichter an der türkischen Küste ausmachen.

Links: Die auch Mithymna genannte Hafenstadt Molivos liegt am Fuße des 968 Meter hohen Berges Lepetymnos. Das noch nicht einmal 2000 Einwohner zählende malerische kleine Dorf lockt mit seinem von pittoresken Bauten im byzantinischen Stil geprägten historischen Ortskern zahlreiche Besucher an. Er steht unter Denkmalschutz.

○ MYTILINI

In der Inselhauptstadt ist vor allem der große Hafen eine Attraktion. Er ist von zwei Molen eingefasst, die bis ins 5. Jahrhundert zurückreichen. Quirlig geht es auch in der Einkaufsstraße Odós Ermú zu, ihre kleinen Läden mit dem bunten Warenangebot und den süßen Naschereien versprühen orientalisches Flair. Reisende merken deutlich die Nähe zur Türkei, denn es darf gern gefeilscht werden. Ruhiger wird es auf der Festung etwas außerhalb des Zentrums, sie reicht bis ins 6. Jahrhundert zurück. Noch älter ist das antike Theater, dessen Überbleibsel oberhalb des Stadtteils Synoikismos zu besichtigen sind. Ganz in der Nähe der Stadt, in Richtung Moira, befindet sich ein riesiger römischer Aquädukt.

ARCHÄOLOGISCHES MUSEUM

Das Archäologische Museum von Lesbos verteilt sich auf zwei Gebäude: Eines befindet sich in der neoklassizistischen Villa in Hafennähe und das andere ist in einem Neubau im Stadtteil Kioski untergebracht, ganz in der Nähe wird dort auch ein Aphroditetempel ausgegraben. Ausgestellt werden Mosaiken, Skulpturen und Alltagsgegenstände. Kunstfreunde gehen in das Museum Byzantinischer Kunst im Zentrum der Stadt. Es zeigt Werke, die ins 13. Jahrhundert zurückreichen, aber auch Schnitzereien und Alltagsgegenstände.

○ VERSTEINERTER WALD

Wenn Baumstümpfe oder Wurzeln Steinen gleichen, wirken sie oft besonders bizarr. Der versteinerte Wald bei Sigri gibt Zeugnis von Bäumen, die vor 20 Millionen Jahren von Vulkanasche verschüttet worden sind. Hunderte dieser Naturskulpturen sind dort heute zu sehen, es ist ein wohl einmaliges Naturschauspiel. Besucher, die mehr über den versteinerten Wald wissen wollen, besuchen das naturkundliche Museum in der

FÜR WEN GEEIGNET? TATSÄCHLICH IST DIE INSEL, GANZ WIE DER NAME ES VERMUTEN LÄSST, ZIEL FÜR LESBISCHE PÄRCHEN, ABER NICHT NUR. DIE ZEITEN, ALS DIE FRAUEN WILD AM STRAND VON SKALA ERESSOS CAMPTEN UND ZUM LAGERFEUER GITARRE SPIELTEN, SIND LÄNGST VORBEI. DIE GÄSTE DER INSEL SIND VIELSCHICHTIG, AUCH FAMILIEN MIT KINDERN KOMMEN GERN NACH LESBOS. WER GRIECHENLAND MIT STARKEM TÜRKISCHEN EINSCHLAG ERLEBEN MÖCHTE, IST AUF LESBOS GENAU RICHTIG. ZUDEM IST DIE INSEL EIN FEST FÜR KULINARIKER, DENN AUCH DIE KÜCHEN BEIDER LÄNDER VERSCHMELZEN HIER UND ZAUBERN BUNTE KREATIONEN AUF DIE TELLER.

Links unten: Mytilini heißt die Hauptstadt von Lesbos, doch wird oft auch die gesamte Insel so genannt. Schließlich lebt mehr als ein Drittel der 90 000 Inselbewohner hier. Bei einem Bummel fühlt man sich wie im Orient. Moscheen und andere Zeugnisse islamischer Architektur erinnern an die Osmanen, die 1462–1912 über Lesbos herrschten.

Links oben: Westlich vom Fischerort Skala Kallonis befindet sich eine geschützte Sumpflandschaft, in der Frösche, Schlangen und Wasserschildkröten heimisch sind.

Links unten: Kloster Limonos in der Nähe der Stadt Kalloni wurde bereits 1526 gegründet. Es beherbergt eine eindrucksvolle Handschriftensammlung aus osmanischer Zeit.

Nähe, es informiert umfassend, wie die Formationen entstanden sind. Wer noch nicht genug hat, geht an den Strand gleich in der Nähe, auch dort finden sich versteinerte Stämme.

○ HEISSE QUELLEN BEI POLICHNITOS

Nicht nur Rheumatiker fühlen sich von diesem emporsprudelnden Wasser angezogen: Die heißen Quellen von Polichnitos gehören mit 79 bis 91 Grad Temperatur zu den heißesten Europas. Ein kleiner Badebetrieb unterhält Becken, in denen Gäste kuren können.

○ MOLIVOS

Dieser Ort ist bei Touristen der beliebteste der Insel, was einerseits am breiten Strand und der gut ausgebauten Infrastruktur mit Hotels und Bars liegt. Andererseits bietet das Städtchen eine pittoreske Kulisse mit seinen engen Gassen, die sich wie ein Labyrinth ineinanderschlingen, gesäumt von den bunten Häusern und der Burg, die das Dorf wie eine Krone überragt.

○ SALINEN VON KALLONI

Mehr als 250 Vogelarten, darunter Flamingos, Schwarzstörche und Silberreiher leben in den Salinen. Die Felder werden bis heute zur Salzgewinnung aus dem Meerwasser genutzt. Ornithologen lieben das Feuchtgebiet, in dem sie auch einen Vogelbeobachtungsturm vorfinden. Wer genau hinschaut, findet im Wasser des umliegenden Sumpfes auch Schildkröten und Frösche.

○ PANAGIA AGIA SION

Der Steinbau der Kirche mit ihren schattigen Arkadengängen, die malerisch von Wein berankt werden, ist eines der beliebtesten Fotomotive der Insel. Dabei sollten Reisende nicht vergessen, die Kirche auch von innen anzuschauen, dort sind viele Ikonenbilder zu sehen.

○ KLOSTER AGIOS RAPHAEL

Das berühmteste Kloster der Insel liegt nahe des Dorfes und der Ausgrabungsstätte Thermi. Zu byzantinischen Zeiten war es einst eines der geistigen Zentren des Landes. Im Jahr 1963 wurde der Bau auf den Ruinen wiedererrichtet. Ein Besuch dort soll heilkräftige Wirkung entfalten und lockt bis heute viele Pilger an.

STRÄNDE

○ SKALA ERESSOS

Der einstige Bereich der Frauen zeigt sich heute als ganz normaler Strand wie jeder andere auch. Er ist leicht kieselig, am Rand laden Bars und Restaurants zu Erfrischungen und Stärkungen ein. Er zählt zu den berühmtesten Stränden des Landes.

AUSGEHEN

Tropicana // Eines der beliebtesten Restaurants der Insel ist das Tropicana in Molinos, ehrliche griechische Küche mit großen Fleischportionen kommt dort auf den Tisch. Die Schattenplätze unter den Platanen sind beliebt und machen die romantische Stimmung an lauen Sommerabenden aus.

// www.unique-molivos.com

Parasol // Verspielt und ein wenig im Hippie-Stil präsentiert sich diese Strandbar, die zu den schönsten Plätzen der Insel zählt, wenn es darum geht, den Sonnenuntergang zu genießen. Das Palmwedeldach raschelt leicht im Wind, man sitzt hoch im Stelzenhaus über dem Strand und schaut ins Abendrot – etwas für Romantiker.

Mamas Little Bakery // Manchmal sind es die kulinarischen Entdeckungen jenseits der großen Mahlzeiten, die im Gedächtnis bleiben. Mamas Little Bakery in Pétra punktet nicht nur mit einer herrlichen Auswahl an Brot, sondern mit feinen Torten und Kuchen für die süße Pause zwischendurch, am besten zu einem griechischen Mokka.

○ **SIGRI**

Versteinerte Bäume im Wasser finden? Das ist in Sigri möglich, dieser Strand bietet Außergewöhnliches und gehört zu dem Gebiet des versteinerten Waldes.

○ **PÉTRA**

Einen langen Sandstrand bietet das Dorf Pétra, das mit seinen hübschen Häusern einen Besuch wert ist. Die Flaniermeile erstreckt sich entlang der Küstenlinie, für ausreichend Verpflegung und Trinkmöglichkeiten ist gesorgt, auch das Ausleihen von Liegen und Sonnenschirmen ist kein Problem. Familien mit kleineren Kindern schätzen die flach abfallende Küste.

○ **MELINTA**

Im Süden der Insel befindet sich der Strand von Melinta mit seinem langen, verträumten Steg. Das Wasser ist ruhig ebenso wie die Stimmung am Strand.

Links: Bedeutendste Natursehenswürdigkeit der Insel ist ihr versteinerter Wald, den man zu Fuß oder mit dem Esel erkunden kann.

SHOPPING

○ **OLIVEN**

Die Insel der Olivenbäume bietet in ihren Geschäften alles rund um diesen Baum. Die Olivenseife wird aus den Resten der Ölproduktion gewonnen und ist auf Märkten und in den kleinen Shops ebenso zu finden wie gutes Öl. Zum Mitnehmen eignet sich aber auch hervorragend Geschnitztes aus dem Holz des Baumes, das Olive-Wood-House in Pamfilya gilt als erste Adresse auf der Insel, um Kochlöffel, Salatschüsseln oder Dekogegenstände aus Olivenholz zu kaufen.

○ **KERAMIK**

Keramik auf Lesbos muss farbenfroh sein – so jedenfalls will es die Tradition. Das Studio Stelios Stamatis in Mytilene fertigt Geschirr nach historischen Mustern und Vorlagen – ganz gleich ob Teller oder Olivenölkaraffe.

// www.steliosstamatis.gr

○ **SCHMUCK**

Schmuckdesigner gibt es nicht nur in Deutschland, sondern auch in Griechenland. Die kleine Schmuckboutique Irida in Molivos hat ein schönes Sortiment von Schmuckstücken aus dem eigenen Land.

ÜBERNACHTEN

Theofilos Paradise Boutique Hotel // Mitten in Mytilini liegt das Theofilos Paradise Boutique Hotel. Der Innenhof besteht fast nur aus dem Pool, die Zimmer sind modern, individuell und stilvoll eingerichtet. Abends empfiehlt sich ein Absacker an der Rooftop-Bar mit Blick über die griechischen Häuser.

// www.theofilosparadise.gr

Pyrgos of Mytilene // Im historisierenden Stil aufgemachtes Hotel, das mit seiner Einrichtung an das frühe 20. Jahrhundert anknüpft. Gäste wohnen wie in einer Villa und fühlen sich dank der netten Gastgeber auch wie zu Hause. Wer es stilvoll mit rotem Samt und geschwungenen Möbeln mag, ist hier richtig.

// www.pyrgoshotel.gr

Archontiko Petras 1821 // Im Stil eines englischen B&B zeigt sich dieses kleine Hotel. Es hat nur wenige Zimmer, ist liebevoll eingerichtet in einer Mischung aus Alt und Neu, die Bäder sind witzig designt und auf dem neuesten Stand. Es liegt im ruhigen Dorf Pétra und ist perfekt für einen Landhausurlaub.

// www.archontikopetras.gr

AUF KEINEN FALL VERPASSEN

OUZO TRINKEN

Etwa die Hälfte des griechischen Ouzos stammen von Lesbos. Bekannt ist vor allem der Schnaps aus dem Dorf Plomari, der mit zu den besten seiner Art zählen soll. Führungen und Verkostungen gibt es auch im Barbayannis Ouzo-Museum. Beide Brennereien zählen zu den besten des Landes.

SARDELLEN ESSEN

Die Sardellen aus der Bucht von Kalloni werden in die ganze Welt exportiert, frisch schmecken sie natürlich am besten. In fast jeder Taverne gibt es sie frisch gegrillt oder in Salz eingelegt und dann quasi roh gegessen. Letztendlich hat jede Familie ihr eigenes Rezept, um die kleinen Fische schmackhaft zu machen. Wer Sardellen satt genießen möchte: Mitte August feiert die Insel ein großes Sardellenfest in Skala Kallonis.

DIE DICHTUNGEN DER SAPPHO LESEN

Eine der größten Dichterinnen der griechischen Antike stammt aus Skala Eresos auf Lesbos. Sie hat im 7. Jahrhundert v. Chr. sprachgewaltige Lieder und Texte über Liebe und Schönheit verfasst. Und wer immer dachte: Lesbos – der Inselname erinnert zugleich an homosexuelle Liebe, der behält Recht. Sappho hat vielfach die erotische Liebe unter Frauen besungen, später wurde der Satz »sie machen es wie die Frauen aus Lesbos« ein Begriff, aus dem sich das Wort lesbisch ableitet. Bis heute ist die Insel traditionelles Reiseziel vieler Frauenpaare.

SICH IM OLIVENÖLMUSEUM INFORMIEREN

Lesbos ist die Insel der Olivenbäume, elf Millionen Exemplare sollen dort wachsen – und deswegen gehört ein Besuch des Olivenölmuseums unbedingt aufs Programm. Das Museum liegt in einem Natursteingebäude in Agias Paraskevis und gibt Einblick in die Techniken der Pressung, aber auch in die Konservierung und Aufbewahrung – in diesem Falle in formschönen Tonkrügen. Das Olivenöl von Lesbos ist übrigens als Produkt mit geschützter Herkunftsbezeichnung anerkannt.

#29 MYKONOS

IN DEN ANTIKEN SAGEN GEHT ES MANCHMAL GANZ SCHÖN RAU ZU: HERAKLES, GOTT DER STÄRKE, MUSSTE GEGEN RIESEN KÄMPFEN. ER BESIEGTE SIE UND WARF SIE INS MEER. AUS DIESEN DORT VERSENKTEN RIESEN SOLL DIE INSEL MYKONOS ENTSTANDEN SEIN. AUSGEZEICHNETE RESTAURANTS, SCHÖNE STRÄNDE, VERTRÄUMTE BUCHTEN UND LUXURIÖSE VILLEN SIND ZEUGNIS, DASS MYKONOS NICHT NUR EINE BELIEBTE FERIENINSEL GEWORDEN IST, SONDERN AUCH BEIM JETSET HOCH IM KURS STEHT. DABEI HATTE DIE INSEL BIS IN DIE 1950ER-JAHRE EIN SCHLECHT AUSGEBAUTES STROMNETZ. SCHON BALD ABER KAMEN PROMINENTE, UND DIE INSEL VERZAUBERTE BERÜHMTHEITEN WIE GRACE KELLY, ELISABETH TAYLOR ODER MARIA CALLAS. HEUTE VERBRINGEN HOLLYWOODGRÖSSEN WIE MICHAEL DOUGLAS ODER RUSSELL CROWE GERN IHRE FREIEN TAGE HIER. NICHT UMSONST TRÄGT DIE INSEL AUCH DEN BEINAMEN »ST. TROPEZ DER ÄGÄIS«.

Oben: Vor 100 Jahren waren es Bewunderer der griechischen Antike, die auf Mykonos Station machten, um auf dem nahen Delos die Stätten des Apollonkults zu besuchen. Sie hatten auch Augen für das beispielhaft schöne Ortsbild der Chora (Hauptort der Insel, auch Altstadt), Künstler und Lebenskünstler zogen ein. Seit rund 50 Jahren sind die Reichen und Schönen oft auf Mykonos anzutreffen.

Links: Überall sorgen leuchtend blau, türkis oder rot gestrichene Fensterläden und Türen sowie über und über mit Blumen geschmückte Balkone für farbige Akzente in dem sonst fast blendend weißen Häusermeer.

○ MYKONOS-STADT

Wie bei vielen griechischen Inseln heißt die Hauptstadt genau wie die Insel, in diesem Fall Mykonos. Sie ist die Partyhochburg von Mykonos, dort wird gefeiert und getanzt, bis die Sonne wieder aufgeht. Doch tagsüber zu schlafen lohnt sich nicht, es gibt viel zu entdecken in der Hauptstadt. Die typisch quaderförmig gebauten Kykladenhäuser mit ihren Flachdächern, die blumengeschmückten Vorgärten, die engen steilen Gassen zwischendrin und die weiße Farbe sorgen für Fotomotive an jeder Ecke in der Altstadt.

KLEIN-VENEDIG

Plötzlich endet die kykladische Bauweise der Innenstadt und die Häuser bekommen Balkone, Erker, manche haben sogar Dächer aus Ziegeln und liegen ganz nah am Meer. Klein-Venedig ist ein Teil von Mykonos-Stadt, der an die Zeit der italienischen Herrschaft im 17. und 18. Jahrhundert erinnert. Heute finden sich in den engen Gassen viele Boutiquen, Juweliere und Luxusrestaurants.

HAFEN

Er ist weiß, etwas tollpatschig, zutraulich und reckt seinen langen Hals gern nach Touristen: Der Pelikan am Hafen zählt zu den Wahrzeichen der Insel. Gemeinsam mit seiner Herzensdame flaniert er besonders gern an der Hafenmeile und stört sich auch nicht daran, wenn andauernd Touristen stoppen, um Fotos von ihm zu machen. Er ist an diesen Trubel gewöhnt. Der Hafen ist eines der Zentren der Stadt. Wer dort flaniert, wundert sich nicht über die Popularität, denn die blau-roten Fischerboote dümpeln malerisch im Wasser, der Blick schweift zu bunten Häusern und kleinen Kirchen. Davor schillert das Meer in seinen Blautönen. Was tagsüber so romantisch aussieht, erwacht nachts zu prallem Leben, der Hafen ist einer der Hotspots für das Nachtleben der Insel.

FÜR WEN GEEIGNET? MYKONOS GILT ALS SCHILLERNDSTE INSEL IN GRIECHENLAND. VOM EINFACHEN FERIENGAST BIS ZUM HOLLYWOOD-STAR REICHT DAS SPEKTRUM DER GÄSTE. UND NICHT NUR DAS, SIE IST AUCH AUSGESPROCHEN BELIEBTES REISEZIEL FÜR HOMOSEXUELLE. WER HERKOMMT, SOLLTE SICH AUF EIN HOHES PREISNIVEAU GEFASST MACHEN, DER LUXUS, DAS GUTE LEBEN UND DIE VIELEN BERÜHMTEN GÄSTE HABEN IHRE SPUREN HINTERLASSEN. DAFÜR BIETET MYKONOS FERIEN AUF GEHOBENEM NIVEAU MIT SPITZENRESTAURANTS, LUXUSHOTELS UND DESIGNER-BOUTIQUEN.

KATO MILI MIT DEN WINDMÜHLEN

Hat sich Don Quijote nach Griechenland verirrt? Fast könnte man es glauben, wenn man die kleine Landzunge am Rand von Mykonos-Stadt betritt. Fünf Mühlen reihen sich dort aneinander. In typischer, turmförmiger Kykladenoptik errichtet, bilden sie einen wunderbaren Blickfang, nicht nur für Gäste mit Fotoapparat. Bis zum Anfang des 20. Jahrhunderts wurde in diesen Mühlen übrigens noch Getreide gemahlen.

KIRCHE PARAPORTIANI

Sie wirkt, als hätte man eine Ruine weiß angemalt und mit einer Kirchenkuppel versetzt. Ganz falsch ist dieses Bild zur Kirche Paraportiani nicht, denn der Bau setzt sich aus fünf alten Kirchen zusammen, die älteste stammt aus dem Jahr 1425, manche der Wände stehen dachlos auf der Anhöhe, andere tragen Glockenbögen. Am schönsten ist sie im milden Licht der Abendsonne.

Bilder links: Mykonos ist Griechenlands Jetset-Ziel, Treffpunkt für alle Varianten der Liebe, Sammelplatz der schicks- *ten Szene-Bars, von Künstlern und Lebenskünstlern aus aller Welt. Die vielen Tavernen, Bars und Restaurants der Stadt* *haben bis spät in die Nacht geöffnet, und in den Clubs wird bis in die frühen Morgenstunden getanzt.*

Links: Das architektonisch ungewöhnlichste Gebäude von Mykonos, die Kirche Panagia Paraportiani (wörtlich: vor den Pforten der – nicht mehr vorhandenen – Burg), wuchs seit dem Mittelalter mit immer neuen Anbauten.

Rechts: Die Windmühlen und die weiß gekalkten Häuschen sind das Wahrzeichen der Insel.

MUSEEN

Das archäologische Museum in Hafennähe zeigt vor allem Funde aus der Totenstadt der benachbarten Insel Delos. Zu sehen sind Keramiken, Grabsteine, Statuen und Schmuck. Das dort präsentierte Relief ist die älteste Abbildung eines Trojanischen Pferdes. Jüngere Geschichte bildet das Folkloremuseum ab. Im Stadtteil Kastro gelegen, präsentiert es Haushaltsgeräte, Möbel und Keramiken der vergangenen Jahrhunderte. Das Ägäische Schifffahrtsmuseum zeigt anhand vieler Modelle die Vielfalt der griechischen Flotte, ob im Fischfang oder Militär. Wer es lieber landwirtschaft-

licher möchte, besucht das Landwirtschaftsmuseum bei Áno Mili und sieht sich alte Werkzeuge und Utensilien des bäuerlichen Lebens an.

○ **ÁNO MÉRA**

Etwa zehn Kilometer von Mykonos-Stadt entfernt befindet sich dieses Dorf, das sich mit seinem zentralen Dorfplatz, den kleinen Läden und Cafés so traditionell zeigt wie kaum ein anderer Ort auf der Insel. Zum Dorf gehört das Kloster Panagia Tourliani aus dem 16. Jahrhundert, das bis heute eine kontemplative Stimmung in all dem Inseltrubel verbreitet.

AUSGEHEN

Café Suisse // Es müssen nicht immer Meeresfrüchte sein, wie wäre es mal mit Crêpes, einer guten Tasse Kaffee und einem schönen Stück Kuchen? Dafür ist dieses Café in Mykonos-Stadt der perfekte Platz, der Besitzer ist redselig und sehr nett, die Crêpes sind super und machen in dem bunt eingerichteten Stadthaus doppelt Spaß zu essen.

Funky Kitchen // In den verschlungenen Gassen von Mykonos-Stadt befindet sich dieses Restaurant. Es überträgt den traditionellen griechischen Stil mit Holzstühlen ins Moderne, setzt gekonnt Lichtakzente und auch die Küche ist leicht und gehoben. Vegetarier finden ein gutes Angebot, ebenso Allergiker.

// www.funkykitchen.gr

Karavaki // Ein romantisches Plätzchen für das Essen zu zweit mit Blick über Mykonos-Stadt bietet das Restaurant Karavaki. Die Küche ist typisch griechisch, mit einer Prise mehr Raffinesse als bei vergleichbaren Restaurants. Am schönsten, wenn die Lichter der Stadt auf dem Meer funkeln und man einen Snack vor der Party zu sich nehmen möchte.

// www.vencia.gr

STRÄNDE

○ **SUPER PARADISE**

So heißt der berühmteste Strand der Insel. Da wummern laute Beats durch die Luft, junge Menschen feiern, so scheint es, den ganzen Tag lang. Gern treffen sich auch homosexuelle Männer dort zum Flirten.

○ **KALO LIVADI**

Es ist der Strand im Südosten der Insel. Hier geht es gemäßigter zu, Partystimmung kommt nur selten auf. Liegestühle und Sonnenschirme lassen sich mieten, das Wasser fällt sanft ab und sorgt auch bei Eltern für entspannte Momente. Der Strand gilt als Familienstrand der Insel.

Links: Nirgendwo sonst lässt sich die für die Region typische Architektur besser studieren als hier. Von Weitem scheint Mykonos-Stadt nichts als ein am Hang erbautes Ensemble weiß gekalkter Häuschen zu sein. Aus der Nähe betrachtet entpuppt es sich als Gewirr ineinander verschachtelter putziger kleiner Häuschen, das von einem labyrinthischen Netz aus engen kopfsteingepflasterten Gassen, Treppen und Durchgängen durchzogen wird.

○ AGIOS IOANNIS

Für Schönheit muss man mitunter weit laufen: Dieser Strand gilt als der schönste der Insel, liegt aber auch abgelegen. Die Bucht öffnet sich nach Westen, es lohnt sich also, bis zum Sonnenuntergang zu bleiben. Das wird mit einem farbenprächtigen Naturschauspiel belohnt.

SHOPPING

○ MYKONOS-WEIN

Die Kunst des Kelterns auf Mykonos hat der Winzer Nikos Asimomytis wiederbelebt. Er betreibt seinen Weinanbau auf biologische Art und gehört zu den beliebtesten Winzern der Insel. Die Farm ist nicht nur für Weinproben einen Besuch wert.

// www.mykonosvioma.com

○ NATURAL ART

Naturprodukte wie Muscheln, Sand oder Steine zu witzigen Dekogegenständen, Bilderrahmen oder Schmuck zusammengefügt, finden Gäste in diesem Laden in der Hauptstadt der Insel.

○ ERGON

Wenn es einen Konzept-Store auf Mykonos gibt, dann diesen: Er punktet mit witzigen, frischen Ideen, neuer Mode und wirklich ausgesuchten Stücken wie etwa hochwertigem Schmuck oder lustigen Schuhen. Wer etwas tragen möchte, was nicht von der Stange kommt, ist hier richtig.

// www.ergonmykonos.com

ÜBERNACHTEN

Hotel Carbonaki // Mit kleinen Zimmern in Mykonos-Stadt versprüht dieses Hotel romantische Stimmung, die Zimmer haben keinen Balkon, dafür gibt es einen Innenhof mit einem kleinen Pool. Herzliche Stimmung bei den Gastgebern.

// carbonaki.gr

Mykonos Grand Hotel & Resort // Höchsten Luxus bietet das Grand Hotel: Viele Zimmer haben ihren eigenen Service. Es wurde in den Hang gebaut, liegt direkt am Meer, etwas erhoben und sorgt nicht nur nachts für einen wunderbaren Panoramablick auf den Privatstrand.

// www.mykonosgrand.gr

Petinos Hotel // Im verschachtelten Kykladen-Stil errichtet ist dieses Hotel der Mittelklasse. Es verfügt über einen Pool, saubere und moderne Zimmer. Die Einrichtung im Holz-Weiß-Mix erinnert ein wenig an Skandinavien und versprüht kühle, aufgeräumte Stimmung.

// www.petinoshotel.gr

AUF KEINEN FALL VERPASSEN

IN DER TRADITIONAL MYKONIAN BAKERY SCHLEMMEN

Es duftet nach Brot und süßem Gebäck: Wer die Gasse Efthímios betritt, wird förmlich fast eingesogen in die Bäckerei. Sie befindet sich in einem 500 Jahre alten Haus und fertigt im Keller Gaumenfreuden wie Teigtaschen oder einfaches Weißbrot. Alles wird in dem traditionellen Holzofen gebacken, in den der Bäcker mit seinen langen Schiebern das Brot hineinreicht. Die beste Zeit für den Besuch hier ist – natürlich – zwischen 6 und 8 Uhr morgens.

INS KUNSTATELIER GEHEN

Mykonos ist auch eine Insel der Künstler, in Mykonos-Stadt tummeln sich Ikonenmaler, abstrakte Künstler sowie Marmorbildhauer. Durch die Gassen der Stadt zu schlendern und die Künstler in ihren Ateliers aufzusuchen, lohnt sich; oftmals finden sich kleine Schätze in den Ausstellungsräumen. Ob der Zusammenschluss in der Galerie »Artists of Mykonos« oder die naive Künstlerin im Hafen – sie haben alle ihren eigenen Charme und bieten für jeden Kunstsinn das Passende.

SUNDOWNER IN DER CAPRICE BAR

Auf blauen Sitzkissen, die eine breite Fensterbank zum Sofa verwandeln, sitzen, das blaue Meer, dessen Gischt bis ans Haus reicht, unter sich sehen und in den Sonnenuntergang klönen – die Caprice Bar ist einer der beliebtesten Plätze, um den Streifzug durch Mykonos-Stadt am Abend zu beginnen. Sie vereint die Wohnatmosphäre einer Höhle mit griechischem Tavernenambiente, das Publikum ist angenehm gemischt.

LUXUSJACHTEN SCHAUEN

Am Strand von Psarou tummeln sich Gäste feiner Luxushotels, in der Bucht ankern zudem auch gern hochwertige Jachten zum Schwimmausflug. Kein Wunder, das Wasser scheint hier noch eine Spur mehr Türkis in sich zu tragen als an anderen Stellen der Insel. Tavernen am Strand sorgen für gute Verpflegung und mit etwas Glück kann man einen Prominenten sehen. Abends steigt aber auch hier die Party.

EINEN AUSFLUG NACH DELOS UNTERNEHMEN

Die Insel des Lichts wird sie auch genannt: Delos ist das komplette Gegenteil von Mykonos. An einem Ort, wo der Gott des Lichts wohnt, muss es besonders sein. Nur einen kurzen Meerweg von Mykonos entfernt liegt Delos und doch offenbart die Insel eine komplett andere Welt. Nur die Museumsaufseher, die die antiken Ruinen verwalten, verweilen auf Delos, die Tagesgäste sind dann längst schon wieder zurück in ihren Hotels. Möglicherweise ist diese Nachtruhe angemessen für ein Eiland, das als Sitz der Götter galt. Schließlich soll Apollon dort geboren worden sein und so war Delos einst gleichbedeutend mit Delphi und Olympia. Ihr Licht, so hieß es einst, erhellt ganz Griechenland. Sicher ist, dass Delos das Zentrum der Kykladen bildet.

#30 PAROS

Weiß, glänzend, edel – der Marmor hat diese Insel geprägt. Seit der Antike ist Paros für seinen hochwertigen Stein bekannt, Statuen, Skulpturen und Tempel wurden daraus errichtet. Noch heute können sich Besucher auf die Suche nach Spuren aus diesen prunkvollen Zeiten begeben (rechts: ein Marmorstollen), obwohl der Abbau dieses Steins wirtschaftlich längst nicht mehr im Mittelpunkt des Interesses steht. Vielmehr ist es der Tourismus, der die 165 Quadratkilometer große Kykladeninsel westlich von Naxos zu einem quirligen Urlaubsparadies gemacht hat – mit herrlichen Stränden wie der von Logaras (links) und hübschen Städtchen wie Naoussa (oben).

DEN SINN FÜR SCHÖNHEIT HATTEN SIE SCHON FRÜH, DIE MENSCHEN AUF PAROS. MÖGLICHERWEISE LAG ES AN IHREM MARMOR, DER SO WEISS UND LICHTDURCHLÄSSIG WIE KAUM EIN ANDERER WAR UND KÜNSTLER VIELER JAHRHUNDERTE ZU AUSSERGEWÖHNLICHEN WERKEN INSPIRIERT HAT. DOCH NICHT NUR SEINES MARMORS WEGEN HAT PAROS EINE SPITZENSTELLUNG IN DEN KYKLADEN. DIE INSEL SCHAFFT DEN SPAGAT ZWISCHEN VERTRÄUMTER RUHE AUF DER EINEN SEITE, ETWA IN DEN KLEINEN DÖRFERN IN DEN BERGEN ODER AM MEER, UND HIPPEN SZENEBARS AUF DER ANDEREN SEITE. MAN FEIERT IN PAROS UND MAN ZEIGT SICH GERN, OB IN BARS ODER AUF DEN KLEINEN FLANIERMEILEN IN DER INSELHAUPTSTADT. DABEI KOMMEN ABER AUCH NATURLIEBHABER NICHT ZU KURZ: DAS ZARTE FLÜGELSCHLAGEN EINES SCHMETTERLINGS IST DORT EBENSO ZU BEOBACHTEN WIE DAS SCHNELLE WEGHUSCHEN KLEINER UND GROSSER FISCHE UNTER WASSER. DIE INSEL IST SEHR CHRISTLICH GEPRÄGT UND VIELE KIRCHEN LOHNEN EINEN BLICK INS INNERE.

○ PARIKIA

Panagia Ekatontapiliani, »die Hunderttorige«, wie diese Kirche auch genannt wird, hat offiziell nur 99 Tore.

Sobald sich das 100. Tor zeigt, soll Konstantinopel (also Istanbul) wieder christlich werden, so zumindest sagt es die Sage. Die dreischiffige Kreuzkuppelkirche geht auf das 7./8. Jahrhundert zurück und zeigt sich im Inneren sehr prächtig mit Marmorverzierungen und Ikonen aus dem 17. Jahrhundert sowie einem frühchristlichen Taufbecken. Sie hat allerdings keinen Glockenturm, die Glocke baumelt in einer großen Zypresse des Kirchengartens. Das Gotteshaus ist Zentrum der Marienverehrung und soll von einem der Architekten der Hagia Sofia konzipiert worden sein.

○ MARATHI

Er gilt als transparenteste Marmor der Welt – parianischer Marmor war schon im 8. Jahrhundert v. Chr. ein bedeutender Wirtschaftsfaktor. Seine Reinheit und Lichtdurchlässigkeit sind überdurchschnittlich. So soll

die Venus von Milo auch aus diesem Gestein sein. Drei historische Marmorabbaustätten bei Marathi sind heute zu besichtigen, dort wurde bis ins 20. Jahrhundert Gestein abgebaut.

○ NAOUSSA

Im Norden der Insel liegt einer der wohl schönsten Häfen der Kykladen. Aus Naoussa wurde einst der parianische Marmor verschifft. An das Hafenbecken, in dem heute neben Jachten noch immer Fischerboote liegen, grenzt das kleine Städtchen mit den sehr engen Gassen, über die an manchen Stellen Bougainvilleen wuchern oder Torbögen Schatten werfen. Die Kirche Agios Nikolaos im Hafen sowie der venezianische Rundturm sind wichtige Landmarken des malerischen Ortes. Das archäologische Museum stellt neben Gefäßen auch Marmorskulpturen der Insel aus. Es ist aber auch schön, sich einfach nur unter einem der Eukalyptusbäume auszuruhen und die Stille zu genießen.

○ SCHUTZGEBIET PAROS-PARK

Im Nordwesten der Bucht von Naoussa erstreckt sich ein 80 Hektar großes Naturschutzgebiet. Einsame Naturstrände, Höhlen und Buchten warten dort darauf, entdeckt zu werden. Wildblumenwiesen verströmen ätherische Düfte, und wer genau hinschaut und -hört, wird viele Insekten entdecken.

○ MARPISSA

Als Bergdorf gibt sich Marpissas Architektur typisch kykladisch mit Häusern, die an große, ineinandergestapelte Schuhkartons erinnern. Die Windmühlen des Zentrums sorgen für Postkartenstimmung. Auf dem Hügel können Überreste des Klosters Agios Antonios sowie einer alten Festung gefunden werden. Ein Skulpturenmuseum zeigt, dass die Kunst der Steinbearbeitung nicht von gestern ist, denn dort ist noch immer ein Künstler tätig, ebenso wie in Marpissa bis heute alte Webstühle rattern, in denen die Frauen des Ortes aus Stoffresten Taschen oder Teppiche weben.

○ LEFKES

Bergdörfer haben den Charme, dass sie zum einen eingebettet ins Grün liegen und zum anderen überragende Blicke offerieren. Mit diesen beiden Eigenschaften gehört Lefkes zu den schönsten Dörfern der Insel, die Straßen blumengesäumt und gepflegt, die

Bilder links: Die Insel überrascht mit hübschen weiß-blauen Häuschen und Kirchen, Kathedralen in schmucken Dörfern und bunten Blumen überall an den Hauswänden.

Rechts: Abendstimmung auf Paros: Blick auf den illuminierten Hafen von Naoussa.

AUSGEHEN

Moraitis Kellerei // Griechischer Wein gehört einfach zum Urlaub auf den Inseln dazu, umso besser, wenn er direkt aus der Region kommt. Die Kellerei Moraitis entführt in die Gewölbe, zeigt die großen Fässer und Abfüllanlagen und bietet zum Schluss eine Verköstigung an. Ein kulinarisches Erlebnis mit leckeren Häppchen.
// www.moraitiswines.gr

Le Sud // Raffinierte, moderne Küche mit saisonalen Zutaten und Leichtigkeit bietet das Restaurant Le Sud. Dass der Besitzer aus Frankreich kommt, merkt man der Küche an, die Rezepte sind nicht typisch griechisch, viel leichter verdaulich und die Speisekarte ist klein, fein und täglich wechselnd. Der Innenhof ist lauschig zum Sitzen an langen, warmen Abenden.

Markakis // Direkt am Hafen liegt das Lokal in Piso Livadi. Nicht nur der schöne Ausblick ist damit garantiert, sondern auch die frischen Fänge, die täglich in die Küche wandern. Vegetarier finden eine Auswahl an Gemüsevarianten.

kleinen Häuser kreativ restauriert und dazu überall Olivenbäume, die Schatten spenden. Wer Glück hat, sieht eine der Einwohnerinnen am Webstuhl. Von dort führt der Byzantinische Weg, eine Wanderstrecke auf der Insel, nach Prodomos, ein ebenfalls bezauberndes Fischerdorf.

○ **SCHMETTERLINGSTAL**
Wie auf Rhodos gibt es auch auf Paros ein Schmetterlingstal, in dem sich Tausende von Bärenspinnern beobachten lassen. Die Tiere sind allerdings nachtaktiv. Wem das nicht reicht, der besucht eines der beiden alten Klöster, die sich ganz in der Nähe des Schmetterlingstals befinden.

STRÄNDE

○ **PUNDA**
Die Partyzone von Paros heißt Punda. Der Sandstrand, so scheint es, ist hier eigentlich nebensächlich. Es geht mehr um das Sehen und Gesehenwerden. Wenn es kühl wird abends, drängeln sich die jungen Menschen an den Tresen und vor den Pools, die Party scheint die gesamte Woche zu dauern – vor allem in der Sommersaison. Nicht umsonst heißt es, dass Paros nach Mykonos die beliebteste Partyinsel der Kykladen sei – am wildesten wohl im Punda Beach Club.

○ KOLYMBITHRES

Glatt geschliffen ist der graue Stein wie von einem Künstler: Die Felsen am Kolymbithres-Strand könnten auch Skulpturen sein, so zart und fein, wie sie bearbeitet worden sind. Salzwasser, Wind und Wellen haben beste Arbeit geleistet und damit eine der beliebtesten Sehenswürdigkeiten der Insel erschaffen. Vor dem türkisblauen Wasser und dem hellgelben Strand wirken die Steine wie Monumente.

○ MARTSELO

Gegenüber der Inselhauptstadt findet sich einer der beliebtesten Strände der Insel. Nicht ohne Grund nehmen die Gäste die kleine Bootsfahrt oder den Fußweg auf sich, denn der Strand ist breit, flach abfallend und gesäumt von schönen Bars.

SHOPPING

○ ATELIER 1935

Blätter als Halter für die Lederbändchen oder einfache Lederriemchen – die Sandalen vom Atelier 1935 haben nicht nur in Griechenland Kultcharakter. Sie sind handgefertigt, denn immerhin arbeitet der Schusterbetrieb tatsächlich seit 1935 an schönem Schuhwerk, zunächst in Athen, heute in Paros. Viele der Kunden sind so verzückt, dass sie später Zusatzpaare im Internet bestellen. Das Material ist immer reines Leder.

// www.atelier1935.com

○ TÖPFERWARE

Paros ist nicht nur Insel der Webereien, sondern auch des Töpferhandwerks. Besonders fantasievolle Tassen, Teller und Dekostücke stammen vom Atelier Noé Ceramics. Die Werkstatt liegt in einem kleinen Dorf im Süden der Insel. Wer dort hinkommt, kann nicht nur einkaufen und stöbern, sondern ganz nach Terminlage auch selbst tätig werden: An der Töpferscheibe erstellen Gäste unter Anleitung ihre eigenen Werke und nehmen sie später mit nach Hause.

// www.noeparos.com

ÜBERNACHTEN

Hotel Kalypso // Meerblick, ein eigener Jacuzzi auf dem Balkon und moderne Ausstattung: Das Hotel Kalypso in Naoussa bietet ein gutes Preis-Leistungs-Verhältnis. Hübsch ist der kleine Strand mit den Schatten spendenden Bäumen.

// **www.kalypsoparos.com**

Minois Village // Mit den hellen Farben und der kühl designten Einrichtung erinnert dieses Hotel eher an Skandinavien als an Griechenland. Gehoben geht es dort zu, es gibt sogar ein kleines Spa im Haus.

// **www.minois-village.gr**

Apollon Boutique Hotel // Geschwungene Möbel, die aussehen, als seien sie aus einem Zukunftsfilm entnommen, ganz hellweiße Einrichtung und lichte Stilelemente – ein Hotel, das voll und ganz auf Stil setzt.

// **www.hotelapollon.gr**

Poseidon // Zimmer im gehobenen Stil am goldenen Strand, einen sehr langen, eigenen Badesteg vor der Tür, der ins türkisgrüne Meer führt – dieses Hotel bietet Luxus und Wohlfühlqualität. Die Zimmer sind modern ausgestattet, der große Balkon bietet ein zweites Wohnzimmer mit Blick auf das Häusermeer und den Ozean.

// **www.poseidon-paros.gr**

AUF KEINEN FALL VERPASSEN

BIER AUS PAROS PROBIEREN

56 Isles – so heißt ein ambitioniertes Projekt der Insel. Seit dem Jahr 2016 gibt es auf Paros eine Mikrobrauerei, die seit vielen Jahren eine der größten Investitionen jenseits des Tourismus auf der Insel getätigt hat. Das Bier in den blauen Flaschen ist fast überall erhältlich, auch außerhalb der Insel, und gehört zu den Dingen, die man unbedingt auf Paros probiert haben sollte.

AUSFLUG NACH ANTIPAROS

Wer auf Paros weilt, sollte einen Besuch der Schwesterinsel Antiparos miteinplanen. Das von 1200 Einwohnern bewohnte Eiland liegt nur etwa eine Viertelstunde mit der Fähre entfernt, punktet mit schönen Stränden und dem ruhigen Hafenort Pounta. Auf Antiparos gibt es schöne Möglichkeiten, eine Radtour zu unternehmen. Auch viele Verleihstationen haben sich auf die Radtouristen eingestellt. Ausflüge auf der Insel lohnen sich auch zu den Tropfsteinhöhlen und wer länger bleiben will, freut sich, denn das Preisniveau ist niedriger als auf dem benachbarten Paros.

DIE KOLYMBITHRES BESTAUNEN

Riesige Skulpturen findet man selbst in Griechenland nicht mehr so häufig. Umso beeindruckender, wenn sie mit zehn Meter Länge plötzlich vor einem liegen. Diese unvollendeten Bildnisse sind von der Erosion durch Meerwasser geschaffen und zeigen sich an drei Stellen der Insel, mindestens eine sollten sich Besucher anschauen. Die Kolymbithres sind typisch für die Insel und immer gut für Spekulationen, warum und wie sie hergestellt worden sind.

TAVLI SPIELEN

Es gibt Dinge, die sollte man einfach können, wenn man auf die Kykladen reist. Eine Fertigkeit gehört sicher dazu: Backgammon spielen, denn das Brettspiel bringt überall die Köpfe zum Rauchen. In Restaurants, am Strand oder unter Zypressen auf den Plätzen – es scheint kein Plätzchen sicher vor dem Backgammon-Fieber auf Paros zu sein. Das Spiel heißt hier allerdings Tavli, die Regeln sind aber ähnlich wie beim Backgammon.

#31   NAXOS

DIE SONNE SINKT ÜBER DAS BLAUE MEER UND IHRE STRAHLEN LASSEN DIE FARBEN AUFFLAMMEN. NICHT NUR DER HIMMEL FÄRBT SICH ORANGE, AUCH DAS GROSSE PORTAL HÜLLT SICH IN EINEN HAUCH ROT. DABEI IST ES EIGENTLICH HELLGELB. ES SIEHT AUS WIE AUS EINEM FANTASY-FILM, WIE EIN TOR IN EINE ANDERE WELT. DAS IST ES AUCH, ES SCHLÄGT EINE BRÜCKE INS 6. JAHRHUNDERT V. CHR., IN EINE ZEIT, ALS DIE BEWOHNER DER INSEL IHREN GÖTTERN TEMPEL BAUTEN UND SIE MIT FESTEN UND RITUALEN VEREHRTEN. EINE ZEIT, ALS DER MARMOR DER INSEL ZU SÄULEN UND SKULPTUREN VERARBEITET WURDE. HEUTE ERZÄHLEN VIELE BAUWERKE AUF NAXOS VON DEN AKTIVITÄTEN DER FRÜHZEIT. GENAU DAS MACHT DEN REIZ DER GRÖSSTEN KYKLADEN-INSEL AUS: ZWISCHEN DEN TAGEN AM STRAND ODER DEN BESUCHEN DER DÖRFER STOSSEN REISENDE IMMER WIEDER AUF ZEUGNISSE DER GESCHICHTE GRIECHENLANDS. MÖGLICHERWEISE IST DAS DAS GEHEIMNIS, WESWEGEN ES HEISST: WER EINMAL AUF NAXOS WAR, KOMMT IMMER WIEDER.

Oben: Der Blick fällt auf die historische Altstadt von Naxos, in deren Kern noch viel mittelalterlich-venezianische Bausubstanz erhalten geblieben ist.

Links: Das monumentale Marmortor eines antiken Apollo-Tempels steht am Haupthafen der Insel.

○ HORA VON NAXOS

Auf der Halbinsel Palatia vor der Inselhauptstadt begrüßt ein Tempeltor die Besucher der Insel. Ist es ein Überbleibsel eines Apollo-Tempels, der nie fertiggestellt wurde? Forscher rätseln bis heute über die Bedeutung dieses Baus. Fest steht, dass er aus Naxos-Marmor ist, im 6. Jahrhundert v. Chr. gefertigt wurde und knapp sechs Meter hoch ist. Das Tor ist das Wahrzeichen der Insel und besonders schön zum Sonnenuntergang. Wem dieses Bauwerk bekannt vorkommt, der liegt richtig – es gilt als Vorlage für das Logo von National Geographic.

○ NAXOS-STADT: CHORA

Der Hafen von Naxos ist das quirlige Zentrum der Insel. Dort landen die Fähren von Piräus und Paros an, kleine Jachten schaukeln vor sich hin und überall wuseln Menschen. Bei so viel Trubel kann der Blick auf das Kleinod mitten im Wasser leicht verloren gehen:

Auf einem Inselchen steht eine kleine Kapelle und lädt zur Andacht. Direkt hinter dem Hafen erstreckt sich die Bummelmeile mit der hübschen Altstadt: Strahlend weiße Häuser bergen Geschäfte in den schmalen, autofreien Gassen. Cafés laden zur Pause ein, viele der Gassen sind überdacht oder mit Bögen verziert, was für wohltuenden Schatten sorgt. Auf dem Burghügel (Kastro) haben die Venezianer vom 13. bis 16. Jahrhundert ihre Herrschaft verteidigt. Die Festung hatte einst sieben Türme, von denen nur einer erhalten geblieben ist. In Naxos-Stadt ist das Viertel um die Metropoli-Kirche sehenswert, das dazugehörige Museum präsentiert mykenische Ruinen.

○ DEMETER-TEMPEL

Bei Ano Sangri wurde 1954 ein spezieller Tempel ausgegraben: Im Gegensatz zu den meisten Gotteshäusern in Griechenland hat er einen fast quadratischen Grundriss, seine Fassade ist nach Süden gerichtet und

FÜR WEN GEEIGNET? KULTUR UND KLEINE BERGDÖRFER, SCHÖNE STRÄNDE UND BESCHAULICHKEIT VEREINT NAXOS. DEN RUF DER PARTYINSEL KANN SIE NICHT GANZ ERFÜLLEN UND SO IST ES KEIN WUNDER, DASS ZU DEN BESUCHERN HAUPTSÄCHLICH MENSCHEN IN DER LEBENSMITTE ZÄHLEN SOWIE FAMILIEN MIT KINDERN. WER NACH NAXOS FÄHRT, MÖCHTE ES RUHIG HABEN UND DENNOCH GENÜGEND MÖGLICHKEITEN, DINGE ZU ERFORSCHEN. GENAU DIESE ASPEKTE BEDIENT DIE KYKLADENINSEL. TRUBEL, PARTY UND PROMINENZ HINGEGEN FINDEN REISENDE AUF ANDEREN KYKLADEN BESSER ALS AUF NAXOS.

Links oben: Die Landschaft im gebirgigen Norden der Insel ist großartig mit ihren silbrigen Ölbaumwäldern, tief eingeschnittenen Tälern und einsamen Höhen. Oben: Auch das Bergdorf Apiranthos im Osten der Insel ist sehr ursprünglich. Etwas trubeliger geht es an den Stränden zu (links unten: Agios Prokopios, ganz oben: Plaka)

es führen keine Treppen hinauf: Der ganz aus Marmor errichtete Demeter-Tempel gibt Einblick in die frühe ionische Kultur um 530 v. Chr. Viele Steine des Tempels wurden abgetragen, um eine christliche Basilika zu errichten.

○ IDOLE VON NAXOS

Naxos schaffte es sogar, die Kunstgeschichte zu beeinflussen: In der Bronzezeit, im 3. Jahrhundert v. Chr., entstand eine ganz eigene Richtung der Skulpturengebung. Aus Marmor schnitzten die Menschen damals schlanke, weibliche Figuren, die eher geometrischen Formen angelehnt waren als naturgetreue Abbildungen. Jahrtausende später entdeckten Künstler wie Pablo Picasso diese Reduktion auf das Wesentliche und malten ihre Bilder in diesem Stil. Die Kykladenidole von Naxos sind heute in Museen überall auf der Welt zu finden – und als Repliken zum Kauf in den Läden der Insel.

○ KOUROS VON FLERIO UND APOLLONAS

Der gleißend weiße Marmor muss einst viele Bildhauer der Insel inspiriert haben, riesige Statuen zu erschaffen – auf Naxos finden sich bis zu zehn Meter hohe antike Skulpturen. Sie wurden im 6. oder 7. Jahrhundert v. Chr. erschaffen, zeigen unvollendete Bildnisse von Jünglingen und zählen zu den wichtigsten Sehenswürdigkeiten der Insel. Die größte Figur steht beim Steinbruch von Apollonas, weitere bei Melanes.

○ APIRANTHOS

Gibt es ein dörfliches Schmuckstück von Naxos, ist es Apiranthos. Der Weiler mit 700 Einwohnern zeichnet sich nicht nur durch seine idyllische Lage am Hang aus, Treppen zwischen Natursteinhäusern und weiß verputzten kykladisch-quaderförmigen Bauten sorgen für Atmosphäre, die Straßen sind mit Naxos-Marmor ausgelegt. Dank der Touristen hat sich eine Infrastruktur aus kleinen Läden und Cafés gebildet.

○ CHALKI

Dieses Dorf wirkt, als hätte es sich mit seiner Bauweise in die griechische Landschaft verlaufen. Keine kubistisch-weißen Flachdachhäuser, sondern Gebäude wie im Norden Italiens: in Naturstein, mit spitzen Dächern und Balkonen. Chalki im Tragea-Hochland erzählt mit seiner abweichenden Architektur von der venezianischen Vergangenheit der Insel.

STRÄNDE

○ PLAKA

Die Strände von Naxos gehören zu den besten der Kykladen – vor allem südlich der Hauptstadt sind sie feinsandig und breit. Plaka ist einer der berühmtesten, er ist flach abfallend, hat schöne Dünen und erinnert ein wenig an Ostseestrände. Besonders hübsch ist eine alte Windmühle im vorderen Strandabschnitt.

AUSGEHEN

O Giorgis // Wer die traditionelle Küche der Insel sucht, landet früher oder später hier: Das Fleisch dreht sich am Spieß im Ofen, die Standardbeilage Pommes leuchtet gelb und der Blick schweift aus dem Fenster auf das Dorf Melanes. Abends schmeckt es unter der weinberankten Pergola am besten.

O Vasilis // Ein Familienbetrieb wie viele Restaurants auf Naxos, der nicht nur mit frischen Zutaten, sondern auch mit Freundlichkeit punktet. Für Vegetarier gibt es viele Gemüseangebote, vor allem aus der reichen Vorspeisenauswahl.

//www.tavernanaxos.com.gr

La Vigne // Wenn eine Französin in Griechenland kocht, dann kommt eine schöne Mischung aus deftig und raffiniert dabei heraus. Ob Fisch in Schaumsauce oder vegetarische Varianten – die Karte ist abwechslungsreich, man sitzt hübsch im kleinen Innenhof in Naxos-Stadt, keine Massenabfertigung.

// www.la-vigne-wine-bar-food.business.site

○ PYRGAKI

Pyrgaki heißt der sehr ruhige Strand, der sich mit kristallklarem Wasser und schönen Bedingungen zum Schnorcheln auszeichnet. Er gliedert sich in kleine Buchten, und auch Tavernen sind zu finden.

○ PANORMOS

Palmen geben Schatten an diesem Strand, der sich etwas grobsandig zeigt. Manche der Gäste haben zwischen den Stämmen ihre Hängematte aufgespannt und dösen in der Sonne. Mitunter kommen Ziegen und Schafe auf dem Weg zu ihren Weiden vorbei. Eine nicht befestigte Straße führt zum Strand.

○ AGIA ANNA

Touristisch geht es am Strand von Agia Anna zu, die lange Sandbucht ist gesäumt von Tavernen und kleinen Läden.

SHOPPING

○ PAGONIS-SCHUHE

Sie sind flach, einfach geschnürt und haben das gewisse Etwas: Schuhe aus Griechenland sind schon längst keine Latschen mehr, sondern wohlgeformter Schmuck für die Füße. Im Pagonis-Sandalenladen in Naxos-Stadt wird wohl jede Frau fündig, ganz gleich, ob sie Sandalen mit Glitzer sucht oder Modelle, die bis zu den Waden gebunden sind.

○ FISH & OLIVE

So heißt ein außergewöhnlicher Laden in Chalki. Dort fertigt ein deutschstämmiges Paar Porzellan und Töpferwaren jenseits des typischen Urlaubskitsches. Fische reihen sich zu silbernen Ringen zusammen, kleine Frösche aus Ton sind zu sehen, hübsche Schalen oder Kerzenleuchter glänzen in ihrer Einfachheit und Formschönheit.

○ SOOCRE

Es muss ja nicht immer von Dauer sein, was man aus dem Urlaub mitbringt, manchmal möchte man auch etwas für den Gaumen. Soocre heißt das kleine Unternehmen, das bunte Bonbons selbst fertigt. Es ist in Naxos-Stadt ansässig und derart erfolgreich, dass eine zweite Filiale in Athen zu finden ist.

ÜBERNACHTEN

Lagos Mare // An einem der schönsten Strände der Insel liegt dieses kleine Hotel mit einem hübschen Garten samt Pool und modern ausgestatteten Zimmern. Es zählt zu den gehobenen Häusern der Insel, bleibt aber preiswert.

// www.lagosmare.gr

Naxian Collection // Auf langen Holzplanken vom Hotel direkt an den Strand gehen – das hat schon etwas von exklusiver Ferienstimmung: Das Naxian Collection liegt am Plaka-Strand und hat sich dort seine eigene kleine Insel der Ruhe errichtet. Die Zimmer sind im Designerstil, großzügig in Villen untergebracht.

// www.naxiancollection.com

Saint Vlassis // Im Architektenstil ist das Hotel errichtet, manche der Wände bestehen nur aus einer Fensterfront und bieten einen dementsprechend schönen Blick auf Naxos-Stadt sowie das Meer. Die Zimmer sind ganz hell und bestehen fast nur aus Weißtönen, aus manchen Duschen kann man direkt ins Bett sehen.

// www.saint-vlassis.gr

AUF KEINEN FALL VERPASSEN

ZITRONENLIKÖR GENIESSEN

In Chalki wird ein einmaliger Likör hergestellt, Grundlage dafür ist die Zitronats-Zitrone vom Zederat-Baum. Kitro heißt die Spezialität, die typisch für Naxos ist. Es gibt sie in drei Farben: gelb, mit Safran gefärbt und viel Alkohol, grün, süß und mit Chlorophyll versetzt. Die klare Variante ist die unspektakulärste. Die Brennerei Vallindra gilt als erste auf Naxos, die dieses Getränk hergestellt hat, das es übrigens nur auf Naxos gibt, da nicht genug Zederat-Bäume auf der Insel wachsen, um den Likör zu exportieren.

WANDERUNG ZUM BERG DES ZEUS

Dem höchsten Berg der Kykladen wird nachgesagt, Geburtsstätte des Gottes zu sein. Er soll in einer Höhle in der Mitte des Berges das Licht der Welt erblickt haben. Ob Legende oder nicht, fest steht, dass der Zas mit 1004 Metern der höchste Berg auf den Kykladen ist. Der Aufstieg für geübte Wanderer umfasst einen Weg von fünf Kilometern und beginnt bei Agia Marina. Wer noch mehr Zeit hat, der kann sich die Höhle des Zeus anschauen, in der der Gott einst geboren sein soll. Auch ohne den Abstecher lohnt sich der Aufstieg, allein schon wegen des schönen Blicks auf Meer und Umgebung.

STRANDTAGE VERBRINGEN

Wer nach Naxos kommt, möchte die Sandstrände genießen. Meistens am drei Kilometer langen Strand Plaka oder auch in Pyrgaki, dazu mittags in der Taverne Schatten aufsuchen und nachmittags ein wenig baden und auf das Meer blicken. Unbedingt einen Besuch lohnt die Bucht von Mikri Vigla, in der häufig ein erfrischender Wind weht, sehr zur Freude der Surfer, die dort neue Kunststücke einüben.

MARMORSTEINBRUCH BESUCHEN

Der Marmor aus Naxos ist bis heute weltbekannt und wird noch immer abgebaut. Auf jeden Fall sollte man sich die Marmorskulpturen in den Läden der Insel anschauen, falls man noch ein Mitbringsel für Zuhause sucht. Doch erlebnisreicher und eindrucksvoller ist ein Besuch des Steinbruchs der Insel.

#32 MILOS

EINE GRIECHISCHE INSEL, DIE TRAUMHAFT, ABER RELATIV UNBEKANNT IST? DAS KLINGT NACH MILOS. WÄHREND DIE GRIECHEN DAS EILAND ALS »INSEL DER VERLIEBTEN« KENNEN, IST SIE AUSSERHALB DES LANDES EHER EIN GEHEIMTIPP. DAS LIEGT MÖGLICHERWEISE AN IHRER VERGANGENHEIT, DENN DIE KYKLADENINSEL KONNTE SICH DEN LUXUS LEISTEN, NICHT AUF TOURISMUS ZU SETZEN. DER REICHTUM VON MILOS SCHLUMMERT UNTER DER ERDE STATT AN SCHÖNEN STRÄNDEN. WAREN ES SEIT DER FRÜHZEIT DIE BODENSCHÄTZE WIE OBSIDIAN, SIND ES HEUTE SCHWEFEL ODER BETONIT, DIE MILOS REICH MACHEN UND DEN BEWOHNERN EIN GUTES LEBEN BESCHEREN. DAS 160 QUADRATKILOMETER GROSSE EILAND BREITET SICH WIE EIN HUFEISEN IN DER SÜDLICHEN ÄGÄIS AUS, UNGEFÄHR AUF DER HÖHE VON TUNESIEN. EIN KLEINER KOSMOS MIT TRAUMSTRÄNDEN, UNENTDECKTEN BUCHTEN UND WAHRSCHEINLICH SOGAR EINEM GOLDSCHATZ. WELTBEKANNT IST DIE STATUE DER »VENUS VON MILO«, DIE AUF DER INSEL GEFUNDEN WURDE.

Links: Die Insel im Südwesten der Kykladen liegt ein wenig abseits der großen Touristenströme und hat ihren Gästen doch einiges zu bieten. Jahrmillionen dauernde vulkanische Aktivität hat eine facettenreiche Landschaft geformt und Milos ein unverwechselbares Gesicht verliehen. Viele Urlauber, die mit der Fähre in Adamas ankommen, zieht es aber sofort wenige Kilometer weiter nach Plaka, dem auf einer Felsenhöhe thronenden Hauptort von Milos, einem traditionellen Kykladendorf, in dem die Zeit stehen geblieben zu sein scheint. Von der Kapelle Mesa Panagia auf dem Festungshügel über der Stadt hat man eine schöne Aussicht über Milos und seine Nachbarinseln.

Rechts: Bunt und fröhlich zeigen sich die Fischerhäuser in Klima.

○ KATAKOMBEN BEI TRIPITI

Südwestlich des Dorfes Tripiti führt der Weg ins Nirgendwo – so scheint es. Steile Berghänge, darunter glitzert das blaue Meer. Und doch, zwischen den Grasbüscheln taucht ein kleiner Platz mit einem Kassenhäuschen auf: der Eingang zu den Katakomben, die nur mit einer Führung besichtigt werden dürfen. Die Katakomben stammen aus dem 1. bis 5. Jahrhundert und reichen bis zu 200 Meter in das Gestein hinein. Die unterirdischen Gänge sind in Griechenland einzigartig und ein Zeugnis früher Kultur.

○ ALT-MILOS UND FUNDSTELLE DER VENUS VON MILOS

Die berühmteste Sehenswürdigkeit der Insel steht leider im Pariser Louvre: Die Venus von Milo wurde in der Nähe der antiken Stadt Melos gefunden. Vom der ehemaligen Inselhauptstadt sind heute nur noch Ruinen geblieben – und ein antikes Theater, dessen Ausgrabungsarbeiten andauern. Ist man schon in Melos unterwegs, sollte man unbedingt einen Abstecher zur kleinen Kirche machen, sie liegt malerisch auf einem kegelförmigen Hügel und allein das gibt ihr schon eine mystische Atmosphäre.

○ FISCHERHÄUSER VON KLIMA

Sie leuchten am schönsten zu Sonnenuntergang: Wenn die letzten Strahlen der Abendsonne die Fassaden der Fischerhütten von Klima streicheln, kitzeln sie noch einmal eine Farbenpracht heraus, bevor das Licht verschwindet. Wie Reihenhäuser liegen die ehemaligen zweistöckigen Bootsschuppen nebeneinander. Einmalig ist wohl die dichte Bauweise am Meer, wer zum Eingang gehen will, den küsst meistens die Gischt an den Füßen. Heute sind die Fischerhütten fast alle zu Appartements für Touristen umgebaut.

○ ADAMAS

Der Hauptort der Insel wartet nicht nur mit einer belebten Hafenmeile auf, sondern auch mit zwei Museen: Das Bergbaumuseum gibt Einblick in die geologischen Besonderheiten der Insel und schlägt den Bogen vom Obsidian-Abbau in der Frühzeit bis zum Betonit-Abbau heute. Die ehemalige Kirche Agia Triada zeigt prachtvolle Ikonenbildnisse.

○ PLAKA

Mit seiner Kirche, die wie auf einem riesigen Zuckerhut thront, ist Plaka schon von Weitem eine Attraktion. Näher kommen lohnt sich, denn das Örtchen im Inselinneren verkörpert mit seinen engen Gassen, den strahlend weiß-blauen Häusern und den kleinen Lädchen griechische Dorfidylle wie aus dem Bilderbuch.

FÜR WEN GEEIGNET? MILOS GILT ALS INSEL DER VERLIEBTEN – SO JEDENFALLS NENNEN SIE DIE GRIECHEN. PAARE FINDEN DORT VOR ALLEM IN DER VOR- UND NACHSAISON DAS PERFEKTE HIDEAWAY. INSGESAMT IST MILOS SEHR RUHIG UND IN DER NEBENSAISON EHER VERSCHLAFEN, WER MIT BARS UND DISKOS RECHNET, WIRD SICHER ENTTÄUSCHT SEIN. SPORTBEGEISTERTE HABEN DORT ABER AUCH IHREN SPASS BEIM TAUCHEN ODER QUADFAHREN, WANDERN UND RADFAHREN, EBENSO WIE FAMILIEN MIT KINDERN.

Bilder oben: Die klippenreichen und im Norden steilwandigen Küsten sind mit bizarren Gebilden aus hellem Bimsstein und rötlichem Basalt übersät. Am Firiplaka-Strand liegen sogar eigentümliche Felsen im Wasser (links unten). Links oben: Am Firopotamos-Strand bei Agios Nikolaos lädt eine Hausruine zu schönen Fotomotiven ein.

Rechts: Noch einige alte Windmühlen sind auf Milos zu finden. In manchen kann man sogar übernachten.

Das archäologische Museum informiert über die Funde – eine Kopie der Venus von Milo ist dort auch zu sehen.

○ WINDMÜHLEN

Milos heißt auf Griechisch »Windmühle«, ein letzter Rest der wohl einst mühlenreichen Insel zeigt sich bei Tripiti, dort stehen eine Handvoll Windmühlen malerisch auf einen Hügel.

○ SARAKINIKO

Wahrzeichen der Insel ist die weiße Mondlandschaft in Sarakiniko. Vulkane haben dort eine einzigartige Landschaft erschaffen: strahlend weißer Fels in bizarren Formen. Felsenbrücken über dem Meer und Bögen zeugen davon, wie einst Lava diesen Landstrich formte. Eine Bucht mit türkisblauem Wasser lädt zum Schwimmen und einige Höhlen zum Entdecken ein. An Tagen mit ruhiger See probieren sich gern Felsenspringer aus.

STRÄNDE

○ TSIGRADO

Ein Strand, den man nur mit einem Seil erreichen kann? Klettermanöver über Leitern und durch eine schmale Schlucht muss auf sich nehmen, wer nach Tsigrado will. Doch die Belohnung ist fabelhaft, ein Strand, der an die Seychellen erinnert mit dem türkisfarbenen Wasser, dem feinen Sand und den großen Steinmurmeln.

○ FIRIPLAKA

Neben dem Strand von Tsigrado befindet sich in der Nachbarbucht Firiplaka, eine Sandbucht, die touristisch gut erschlossen ist. In der Bar gibt es Snacks und Getränke, auch Gazebos kann man mieten.

○ PALIOCHORI

Wer es farbenfroh mag, ist am Strand von Paliochori richtig, denn dort zeigt sich die Küste in vielen Farben: ob ockerfarben oder knallrot, gelb oder weiß, manchmal sogar als Schichten direkt untereinander. Spannend ist auch die heiße Quelle, die dort hervorblubbert.

AUSGEHEN

Café Utopia // Ein Muss auf der Insel ist ein Sundowner im Café Utopia in Plaka. Eingebettet in die gemütliche Altstadt bietet es einen perfekten Platz zum Feiern bis in die Nacht, ganz gemütlich auf der großen Panoramaterrasse, von der aus Gäste bis zur Peloponnes sehen können.

Enalion // Wer Meeresfrüchte und Fisch liebt, isst hier richtig. In Polonia liegt das Enalion direkt am Strand und verwöhnt den Gaumen mit gut gewürzten Antipasti und fein abgeschmeckten Hauptspeisen.

// **www.enalion-milos.gr**

Medusa // Eine Taverne direkt über dem Meer in einem abgelegenen Fischerdorf – das ist das Restaurant Medusa in Mandrakia. Die Kalamari gehören zu den besten der Insel, aber auch Kaffee und Kuchen sind herrlich. Man sitzt einfach gut dort, so dicht am Meer mit frischer Brise um die Nase.

// **www.medusamilos.gr**

Psaravolada// Nahe dem Strand Aghia's Kiriaki befindet sich das Restaurant Psaravolada. Es punktet mit seiner Steinterrasse sowie fangfrischen Fischgerichten.

// **www.psaravolada.gr**

Links: Schiffsmodelle und Bilderrahmen aus Treibholz sind nur Beispiele für die Handwerkskunst, die man in zahlreichen Orten auf der Insel erwerben kann.

SHOPPING

○ **OBSIDIAN-SCHMUCK**

Schmuck aus Obsidian zählt zu den Mitbringseln, die Reisende gern von Milos exportieren, ebenso wie Schmuck aus anderem Gestein. Die Hafenmeile von Adamas ist ein Tummelplatz für Anbieter von Souvenirs. Doch aufgepasst: Nicht alles stammt aus Milos, vieles kommt auch aus Ostasien, deswegen besser genau nachfragen.

○ **SHOPPING IN PLAKA**

Die Stadt ist ein Paradies für alle, die Kunsthandwerk und hochwertige Kleidung mögen. Hier gibt es Ausgefallenes, ob Schuhe aus Fischleder, Handtaschen aus Kork oder Kleider im Batik-Look. Individueller Schmuck wird in den kleinen Läden ebenso angeboten wie bunte Mini-Repliken der Venus von Milos – mal als Pirat und mal aus Pop-Art-Statue.

○ **PLIATSIKO**

Handgemachtes aus Milos verkauft Pliatsiko, das Geschäft gibt es sowohl in Klima als auch in Plaka. Ob kleine Boote aus Ton, Schmuck aus bunten Perlen oder Tücher und Schals – typische Souvenirs, aber eben nicht in Fernost gefertigt, sondern auf der griechischen Insel.

ÜBERNACHTEN

Heliotropio Hotel // Das Heliotropio Hotel in Polonia vereint Hotelkomfort mit der Freiheit einer Ferienwohnung. Die Zimmer mit Meerblick sind frisch eingerichtet, liegen direkt an der Bucht von Polonia und bieten modernen Komfort der Mittelklasse.

// www.heliotropio.com.gr

Santa Maria Village // Ganz modern präsentiert sich das Hotel Santa Maria Village mit eigenem Pool. Es liegt etwas zurückgezogen im Ort Adamas, hat einen eigenen Spa-Bereich, und einige Zimmer bieten Zugang zum grünen Garten des Hauses. Abends hat man einen schönen Blick auf das Meer.

// www.santamaria-milos.gr

Artemis Deluxe Rooms // Modern und stylish zeigt sich das Artemis Deluxe Rooms, die Einrichtung ist ein pfiffiger Mix aus griechischer Tradition, futuristischen Elementen und Strandgut. Es gibt einen Infinity-Pool, das Haus liegt in Paliochori, an der bunten Küste der Insel.

// www.artemismilos.gr

AUF KEINEN FALL VERPASSEN

SCHWEFELMINEN –
ALTE INDUSTRIEKULTUR ERLEBEN

Die alten Schwefelminen wurden 1958 stillgelegt, sehen aber aus, als wäre das fluchtartig passiert: Betten stehen noch in den Wohnhäusern, Loren lassen sich quietschend über Schienen schieben. Das Gestein rundherum ist leuchtend schwefelgelb, die Hallen faszinieren mit Verfall und Industriegeschichte.

BOOTSTOUR ZU DEN FELSEN VON KLEFTIKO

Im Südwesten von Milos liegen die Felsen von Kleftiko. Das einstige Piratenversteck mit seinen Felsbögen und Höhlen ist eine geologische Formation, die nur per Schiff zu erreichen ist. Touren sind im Hafen von Adamas buchbar. Am schönsten ist die Variante mit dem alten Holzschiff: Es ist stilvoll und es kommt ein wenig Piratengefühl auf.

ÜBER DIE INSEL WANDERN

Von Plaka nach Klima oder Adamas ergeben sich wunderbare Blicke über eine einsame Landschaft, denn die Touristen tummeln sich in den Badeorten und am Strand. Aber aufpassen: Festes Schuhwerk ist beim Wandern ein Muss, denn auf Milos gibt es die Kykladenviper, deren Bisse giftig, aber nicht tödlich sind.

SONNENUNTERGANG IN PLAKA

Zu den Dingen, die man unbedingt auf Milos gemacht haben sollte, gehört es, sich den Sonnenuntergang in Plaka anzuschauen. Das Bergdorf bietet den perfekten Platz, da es sich gen Westen erstreckt. Die beste Sicht haben Urlauber vom Kirchenplatz oder vom Kastrohügel aus. Dort klettern sie auf den Berg und überblicken die gesamte hufeisenförmige Insel.

SONNENGETROCKNETER OKTOPUS

Wie Wäsche hängt er auf der Leine – Oktopus gehört zu den Leibgerichten der Insulaner, deswegen baumelt er in fast jedem Garten. Am liebsten essen sie ihn sonnengetrocknet und später mit Knoblauch und Öl zubereitet. Es gibt ihn in fast jedem Restaurant der Insel. Vor allem in Firiplaka wird er gern serviert.

#33 SANTORIN

WILL MAN DIESE INSEL WIRKLICH VERSTEHEN, MUSS MAN SIE EINMAL VON OBEN BETRACHTET HABEN. ERST DANN WIRD IHR TEMPERAMENT DEUTLICH: EIN VULKAN, UNTERGEGANGEN UND EINGESACKT MIT SEINER CALDERA, ABER DENNOCH ERHEBT SICH DER KRATERRAND WIE EINE KRONE AUS DEM MEER. WER AUF SANTORIN URLAUBT, MACHT FERIEN AUF EINEM VULKAN. UND ERST MIT DIESEM WISSEN VERSTEHT MAN DIE DRAMATURGIE DER SCHIFFSEINFAHRT ZUR INSEL BESSER, WENN SICH RECHTS UND LINKS STEILE WÄNDE AUFTUN. SIE SIND WIE TORE IN EINE ANDERE WELT, EINE WELT DER FEUERBERGE, DER KARGHEIT, DER DRAMATIK, GLEICHZEITIG ABER AUCH DER ROMANTIK UND DER WUNDERSCHÖNEN PANORAMEN. MIT SEINER BIZARREN LAGE, DEN DÖRFERN, DIE WIE ADLERHORSTE AN DEN FELSEN KLEBEN, UND DEN TEILWEISE IN DEN STEIN GEHAUENEN HOTELS BIETET DIE INSEL AUF HOHEM NIVEAU ROMANTIK WIE WOHL KAUM EINE ZWEITE IN GRIECHENLAND.

Beide Bilder: Fira, der Hauptort Santorins, wurde an einem Steilhang 300 Meter über dem Meer errichtet. Weiße oder in hellen Pastelltönen gestrichene, oft würfelförmige kleine Häuser, die ineinander verschachtelt scheinen und durch Treppen, Terrassen oder Höfe miteinander verbunden sind, verleihen der Stadt ihr unverwechselbares Gesicht. Im Zentrum, einem Geflecht schmaler Gassen und Sträßchen, herrscht fast ganzjährig dichtes Gedränge und reges Treiben.

○ FIRA (THIRA)

In der Hauptsaison legen am Hafen von Fira die großen Kreuzfahrtschiffe an und spülen ihre Reisegruppen an Land. Wer den steilen Anstieg ins Dorf nicht schafft, setzt sich in eine Seilbahn und pendelt so bequem zwischen den Stationen, denn Fira liegt 260 Meter hoch und ist über einen alten Maultierpfad am besten erreichbar, mehr als 580 Stufen führen vom Hafen zum Dorf mit den strahlend weißen Fassaden und Dächern. Aufgrund der vielen Touristen hat sich im Ort eine gute Struktur ausgebildet, bei der die Restaurants nicht aufs Preis-Leistungs-Verhältnis achten müssen. Ist man einmal zum Sonnenuntergang entlang der Promenade des Ortes geschlendert, wird schnell deutlich, warum dieses Panorama so verlockend ist. Sehenswert in Fira ist nicht nur das Gewirr aus engen Gassen und den Häusern am steil abfallenden Berg, sondern auch die Kathedrale, die nach einem Erdbeben 1956 wiedererrichtet wurde und mit Wandmalereien und Ikonen ausgeschmückt ist. Ihre Kuppel und der Arkadengang strahlen kykladische Romantik aus. Besucher sollten aber nicht auf Regentropfen warten, um die Museen der Inselhauptstadt zu besuchen, sie lohnen auch bei gutem Wetter. Das Prähistorische Museum zeigt Stücke aus früher Zeit und erzählt von Ackerbau, Viehzucht, Safrananbau und Silbenschriften. Im Archäologischen Museum sind Fundstücke wie Mosaiken, Plastiken und Keramiken ausgestellt. Sie entführen in die hellenistische Zeit und passen gut zu einem Besuch von Alt-Thera, um sich den Alltag des frühen Griechenlands vorzustellen. Wer sich vor Augen führen lassen will, wie die Menschen in der Zeit der Venezianer gelebt haben, geht in das Gyzi-Museum im alten Herrenhaus.

○ KAP AKROTIRI

Das südwestliche Ende der Insel ist mehr als nur die Inselspitze, auch für archäologisch Interessierte bietet es einen guten Ausflug, dort laden Ausgrabungsstätten mitsamt Museum zu einer Zeitreise ein. Zu sehen sind zum einen die Ruinen eines venezianischen Kastells aus dem 14. Jahrhundert, zum anderen gibt es ein Museum, das über Funde Auskunft gibt, denn an dieser Stelle befand sich einst eine Siedlung. Der Leuchtturm am Kap ist nicht von innen zu besichtigen, lohnt aber dennoch den Abstecher.

○ ALT-THERA

Wer wissen will, wie die Menschen vor 2500 Jahren gelebt haben, besucht die antike Stadt Alt-Thera. Sie liegt auf dem steilen Mesa Vouno und ist ein Zeugnis einer kykladischen Stadt damaliger Zeit. Breite Straßen führen zu einem Theater, dessen Reste ebenso erhalten sind wie die Agora oder die Säulenhalle der einstigen Basilika, auch Überbleibsel römischer Bäder

FÜR WEN GEEIGNET? SONNEN-FANS SIND AUF SANTORIN GUT AUF-GEHOBEN, DENN WIE ALLE KYKLADEN WIRD DIE INSEL VIELE TAGE IM JAHR VON DER SONNE BESCHIENEN. WILL MAN SANTORIN GENIESSEN, SOLLTE KLAR SEIN, DASS ES KEIN GÜNSTIGES VERGNÜGEN SEIN WIRD, DENN DIE INSEL IST ALLES ANDERE ALS EIN GE-HEIMTIPP. VOR ALLEM IN DER HAUPT-SAISON KANN ES AN DEN TOURISTI-SCHEN HOTSPOTS GERN AUCH MAL VOLL WERDEN. AUSSERDEM IST DIE INSEL VON NATUR AUS NICHT BARRIE-REFREI, FÜR FAMILIEN MIT KINDER-WAGEN ODER EINGESCHRÄNKT BE-WEGLICHE PERSONEN GIBT ES VIELE HINDERNISSE. WER BADEURLAUB MA-CHEN WILL UND STRÄNDE SUCHT, IST DORT EBENSO FALSCH. PERFEKT ABER IST ES ALS AUFENTHALT FÜR FLITTER-WOCHEN UND CO., DENN DIE INSEL HAT VIEL ROMANTIK ZU BIETEN.

Der zwölf Kilometer lange Kraterrandweg führt aus Fira nach Norden bis in den kleinen Ort Oia (ganz oben) und gewährt *spektakuläre Ausblicke auf das in der Sonne glitzernde Meer und die in allen Erdfarben leuchtenden Kraterwände.* *Auch der »Rote Strand« Kokkini Ammos ist von einer rötlich gefärbten Lavasteilwand umgeben (oben).*

Rechts: Erdbeben haben die Insel bis in die jüngste Vergangenheit erschüttert. 1956 wurde noch einmal ein Großteil der Siedlungen vernichtet. Dank der Weitsicht der Verantwortlichen wurde Fira im Stil traditioneller lokaler Bauformen wieder aufgebaut.

sowie von Privathäusern lassen sich in den Ruinen ausmachen. Zwei Höhlen in der Nähe der Stadt laden ebenfalls zu einem Abstecher.

○ **ART SPACE**

Wenn ein Kunstmuseum in einen alten Weinkeller zieht, dann ergibt sich eine Mischung mit besonderem Charme. Zeitgenössische Kunst fügt sich passend und edel in das Ambiente der Fässer und langen Gänge ein. Zudem ist die Galerie im Ort Exo Gonia ein

perfekter Abstecher für alle, denen es gerade zu warm geworden ist. Wein wird auf dem Gelände auch noch produziert, und die Winzer lassen sich dabei gern über die Schulter schauen.

○ **OIA**

Blaue Kuppeldächer vor glitzerndem Meer, steile Bebauung am Vulkankrater und alte griechische Windmühlen im Hintergrund: Wer das Postkartenbild von Santorin sucht, fährt nach Oia. Das kleine Dorf ist etwas ursprünglicher und ruhiger als das trubelige Fira. Besonders zum Sonnenuntergang ist Oia ein beliebter Ort und die Terrassen der Lokale sind schnell voll besetzt. Auch tagsüber lohnt sich der Rundgang, denn – wen wundert es bei dieser schönen Atmosphäre – es haben sich viele Künstler angesiedelt und bieten in ihren Ateliers Einblick in ihre Tätigkeiten.

AUSGEHEN

The Good Heart // Ökologisch, nachhaltig und gut schmeckend – mit The Good Heart hat sich die Griechin Anna einen Traum erfüllt und kocht mit regionalen guten Bio-Zutaten. Das eher unscheinbar wirkende Restaurant auf dem Weg zum Leuchtturm nach Kambía hat es in sich, die Zutaten stammen vielfach aus eigenem Anbau, auch der Käse wird selbst gemacht.

// **www.goodheartsantorini.com**

Porto Carra Hotel // Dachterrassen haben immer etwas Entspannendes. Wenn dort auch noch Sitzkissen zum Rumlümmeln einladen, ist das der perfekte Abschluss eines Ferientages. Die Bar des Hotels Porto Carra bietet diesen Komfort, ohne überlaufen zu sein. Dadurch ergibt sich ein gutes Preis-Leistungs-Verhältnis.

// **www.hotelportocarra.com**

Casa di Te Santorini // Sehr gut auf das Essen abgestimmte Weine, leichte, moderne Küche mit Ideen jenseits von Pommes und Tsatsiki – wer auf der Suche nach dem Besonderen ist, ist in diesem Restaurant in Thira richtig. Es beweist, dass es oftmals genau jene Häuser sind, die vielleicht nicht den besten Blick haben, aber dafür hervorragende Küche.

STRÄNDE

Schwarzer Sand, Vulkanerde und Kieselsteine beherrschen die Strände der Insel. Es ist außergewöhnlich, sich auf solche Strände zu legen und der feine, dunkle Vulkanstaub nicht jedermanns Sache. Deswegen sollte man wissen, dass Santorin keine Strandinsel im eigentlichen Sinne ist. Dennoch verfügt sie über Möglichkeiten zum Sonnenbaden.

○ **ROTER STRAND**

Ganz in der Nähe der Ausgrabungsstätte Akrotiri befindet sich dieser schmale Strand, der sich unter ei-

Links: Filigrane Glockenträger und blaue Kirchenkuppeln sind Charakteristika der typisch santorinischen Inselarchitektur. Die blaue Kuppel der orthodoxen Kirche des Dorfes Imerovigli ist ein Wahrzeichen Santorins.

ner tennisplatzroten Steilküste erstreckt. Er ist aber eher für Abenteurer geeignet, da überall Steine im Wege liegen.

○ **PERIVOLI**

Der längste und feinste Strand der Insel ist grauschwarz. Hier stehen Liegen zum gediegenen Sonnenbaden, wer Lust auf Surfen oder andere Wassersportarten hat, kann einen Kurs besuchen.

SHOPPING

○ **WAVE SCULPTURE**

Kunstobjekte aus Glas, Metall oder im bunten Materialmix erschafft die Deutsche Uschi Schmid in ihrem Atelier in Oia.

// www.wavesculpture.net

○ **ART OF LOOM**

Kleine Plastiken, moderne Bilder oder witzige Dekorationsstücke: In dieser Galerie gibt es für fast jeden Geldbeutel etwas, viele der Dinge sind dabei sehr erschwinglich.

// www.artoftheloomgalleries.gr

○ **FAROS MARKET**

Lokale Spezialitäten wie sonnengetrocknete Tomaten oder griechischer Honig finden sich in diesem Familienbetrieb, der an der Straße nach Akrotiri liegt. Ob eingelegtes Gemüse, Tomatensauce oder Wein – die Besitzerin berät gern bei der Suche.

ÜBERNACHTEN

Hotel Katikies // Romantischer als in diesem Hotel kann man kaum wohnen, es befindet sich in Oia und verwöhnt seine Gäste, die am liebsten perfekte Flitterwochen dort verbringen. Ob der Pool hoch über dem Meer, ein voll verglastes Restaurant, Massagen und andere Anwendungen oder Weinverkostungen – man glaubt, hier im Himmel zu schweben.

// www.katikies.com

Secret Legend Suites // Wer Luxusklasse sucht, der ist in diesem Hotel richtig: Runde Betten mit Panoramablick auf Meer und Inseln, Service der Extraklasse und ein verwöhnendes Spa sind ebenso inklusive wie das Restaurant mit Sonnenuntergangsgarantie. Luxus hat eben auch seinen Preis.

// www.secretlegendsuites.com

Santa Irini // Es muss nicht immer exorbitant teuer sein, wenn man auf Santorin übernachten will: Das beweist dieses kleine Hotel, das zwar nicht mit einem fantastischen Blick punktet, dafür aber mit einem guten Preis-Leistungs-Verhältnis.

// www.santairinihotel.com

AUF KEINEN FALL VERPASSEN

WANDERUNG ENTLANG DER CALDERA

Fira als Hauptort der Insel strahlt Geschäftigkeit und Trubel aus. Wie schnell dieser allerdings vorbei sein kann und sich ins Nichts auflöst, das erfahren Reisende, wenn sie vom etwas höher gelegenen Ortsteil Firostefani entlang der Caldera des Vulkans bis nach Oia wandern. Es ist ein Weg, der höchstens 20 Minuten beansprucht, aber einmalige Ausblicke und vor allem Ruhe bietet.

GRIECHISCHEN DUDELSÄCKEN LAUSCHEN

Dudelsäcke stammen doch aus Schottland, oder? Nach Santorin jedenfalls würde man sie auf den ersten Blick nicht verorten. Dennoch lassen sie sich dort finden. In Akrotiri gibt es einen Instrumentenbauer, der aus Schafsknochen und Ziegenhaut noch die alten Instrumente, die hier Tsamboúna genannt werden, baut. Für die Griechen bedeutet dieser Klang das »Weinen der Erde«.

IN EINER HÖHLE SCHLAFEN

Die Höhlenwohnungen auf Santorin sind ganz typisch für die Insel. Obwohl einige Hotels der alten Tradition folgen und Zimmer und Appartements in die steilen Vulkanwände bauen, ist es nicht dasselbe, wie in den alten Höhlen zu schlafen. Es gibt aber noch Privatanbieter auf der Insel, die Reisenden die Möglichkeit geben, in einer Höhle zu übernachten. Ein wirklich außergewöhnliches Erlebnis mit garantiertem Panoramablick!

WASSER SPAREN

Grundwasser auf Santorin ist ein wertvolles Gut, da der Spiegel immer weiter absackt und inzwischen Meerwasser ins Grundwasser eingetreten ist. So kann sich die Insel längst nicht mehr selbst versorgen und ist auf den Import des Wassers über Leitungen und Tankschiffe angewiesen.

DEN LEUCHTTURM AM KAP AKROTIRI AUFSUCHEN

Der Sonnenuntergang auf Santorin ist ein echtes Event. Man trifft sich in den angesagten Bars, sucht sich den schönsten Platz, um das goldene Licht zu genießen, bevor sich das Blau vom Himmel ergießt. Doch es muss nicht immer die Szenebar sein, wenn es am Leuchtturm einen perfekten Panoramaplatz gibt. Der Leuchtturm von Kap Akrotiri ist zwar nur von außen zu besichtigen, bietet aber einen wunderschönen Platz, um Blicke schweifen lassen.

#34　　　　　　　　　　　　SAMOS

WECHSELHAFT WAR DIE GESCHICHTE DER WUNDERSCHÖNEN INSEL, DIE BEI DEN GRIECHEN DIE »BLÜHENDE« HIESS ODER DIE »JUNGFRÄULICHE«, SCHON IMMER. DER BERÜHMT-BERÜCHTIGTE TYRANN POLYKRATES HERRSCHTE EINST HIER UND HINTER-LIESS ARCHITEKTONISCHE SPUREN. SAMOS FIEL UNTER PERSISCHE, SPÄTER UNTER RÖMISCHE HERRSCHAFT. ZWISCHENZEITLICH WAR DIE INSEL SOGAR NAHEZU UNBEWOHNT, PEST UND PIRATEN HATTEN LEICHTES SPIEL. ERST IM 20. JAHRHUNDERT STABILISIERTEN SICH DIE POLITISCHEN VERHÄLTNISSE WIEDER. HEUTE LEIDET AUCH SAMOS UNTER DEN KRIEGEN IM NAHEN OSTEN. DIE NÄHE ZUR TÜRKEI LIESS ES IN DEN LETZTEN JAHREN ZU EINER ANLAUFSTELLE FÜR SCHLEPPER WERDEN, WAS MEDIALE WELLEN SCHLUG. DOCH WARUM WEGSCHAUEN ODER GAR DIE INSEL MEIDEN, NUR WEIL DIE AKTUELLE WELTLAGE AUCH AUF SAMOS SPÜRBAR WIRD? ES IST EIN LUXUS, DEM ALLTAG AUF EINER SO VERLOCKENDEN INSEL ENTFLIEHEN ZU KÖNNEN. UND ES IST ETHISCH GEBOTEN, DABEI NICHT DIEJENIGEN WEGZUWÜNSCHEN, DIE AUS GANZ ANDEREN GRÜNDEN AUF DER FLUCHT SIND. SAMOS BLEIBT TRAUMHAFT. DAS KANN IHR KEIN ZWISCHENMENSCHLICHES ELEND DER WELT NEHMEN.

Oben: Das Kloster des heiligen Kreuzes, Timiou Stavrou, wurde bereits 1592 gegründet. Es liegt in der Nähe von Samos-Stadt auf einem 180 Meter hohen Felsen.

Links: Der heute nur noch 1700 Einwohner zählende Hafenort Pythagorio liegt an der Stelle des antiken Samos, wo vermutlich über 25 000 Menschen gelebt hatten. Von dieser Zeit (6. Jahrhundert v. Chr.) zeugen noch heute Teile der Stadtmau-er, die einst sieben Kilometer lang war.

○ HERAION VON SAMOS

Die wenigen steinernen Reste dieser in der Antike für ihre Großartigkeit gerühmten Tempelanlage lassen den einstigen Ruhm des der Hera geweihten Tempels nordöstlich Ireos nur noch erahnen. Nur noch ein Teil einer einzigen Säule der vormals 155 Säulen ragt zwischen den Trümmern empor, wie ein mahnender Zeigefinger. Die Ausgrabungen auf dem Gelände sind archäologisch äußerst ergiebig, für Laien ist allerdings wenig zu sehen. Trotzdem lässt sich der Geist des Ortes erahnen. Immerhin stand dieses Heiligtum zu seiner Blüte in Handelsbeziehungen mit der gesamten damals den Griechen bekannten Welt.

○ KLOSTER MEGALIS PANAGIAS

Es gibt viele Klöster auf Samos, wie auf fast allen griechischen Inseln. Und die Auswahl ist immer subjek-tiv, abhängig von den Resonanzen, mit denen ein je-der für sich die Atmosphäre eines Ortes spürt und sich entsprechend wohlfühlt – oder ob ihn die Mauern gleichgültig lassen. Und dennoch: Die besonderen Schwingungen gerade in diesem Kloster scheinen fast objektiv fühlbar. Wem das zu spirituell ist, der sei auf die schönen Fresken in der Kreuzkuppel-kirche verwiesen sowie auf die Aussicht von oben.

○ HÖHLENKIRCHE PANAGIA KAKOPERATO

Kein Geheimtipp ist die Höhlenkirche Panagia Spili-ani nahe Pythagorios. Deutlich schwieriger zu finden und zu erreichen ist dagegen die der Überliefe-rung nach nicht minder wunderwirkende kleine Höhlenkirche in der Kakoperato-Schlucht. Es bedarf eines guten Orientierungssinns, Trittsicherheit und eines Quentchens Abenteuerlust, um sich dem Weg zu stellen.

FÜR WEN GEEIGNET? FÜR WEN SAMOS NICHT GEEIGNET SEIN KÖNNTE, LIESSE SICH EHER BEANTWORTEN, ALS ALLE DIEJENIGEN AUFZUZÄHLEN, DIE DIE INSEL LIEBEN WERDEN. DA ES SOWOHL FÜR NATURLIEBHABER ALS AUCH FÜR KULTURREISENDE VIEL ZU ERKUNDEN GIBT, SOWOHL AUF SINGLES ALS AUCH AUF PAARE ODER FAMILIEN SCHÖNE PLÄTZE WARTEN, DA DIE INFRASTRUKTUR AN VIELEN STELLEN SEHR GUT IST, GLEICHZEITIG SEHR WILDE GEGENDEN DURCHSTREIFT WERDEN KÖNNEN, KOMMEN EINSAMKEITSLIEBENDE GENAUSO AUF IHRE KOSTEN WIE DIEJENIGEN, DIE IM URLAUB VOR ALLEM FEIERN WOLLEN. UND INSOFERN DECKT SAMOS EIN SEHR BREITES SPEKTRUM POTENZIELLER REISENDER AB. NICHT GEEIGNET IST SIE EIGENTLICH NUR FÜR DIEJENIGEN, DIE WEDER MEER NOCH SONNE MÖGEN ODER DIE MIT KIESSTRÄNDEN EIN PROBLEM HABEN.

Links: Vor dem Massiv des Kerkis-Gebirges erstreckt sich der Balos-Strand. Ganz oben: Kokkari ist ein schöner Ort, um einen *Sonnenaufgang zu erleben. Oben: Der nach dem Architekten benannte »Tunnel des Eupalinos« war ein 1,1 Kilo-* *meter langer, völlig waagrechter Wasserleitungstunnel durch einen Berg und eine technische Meisterleistung der Antike.*

Rechts: Etwa 300 Meter lang ist der Kiesstrand Lemonakia bei Kokkari, der recht schnell steil ins Meer übergeht.

○ **TUNNEL DES EUPALINOS**

Ein wassertechnisches Meisterwerk sei dieser Tunnel, und die Frage, wie es dem Architekten gelungen ist, dass die beiden von der Nord- und der Südseite in den Berg getriebenen Stollen sich tatsächlich in etwa mittig trafen, beschäftigt die Fachwelt. Für Laien lohnt der Besuch schlichtweg aufgrund des Alters (6. Jahrhundert v. Chr.) und der Länge (1036 Meter) des Tunnels. Spuren wissenschaftlicher Präzision, die mehr als 2000 Jahre zurückreichen, lösen eine gewisse Ehrfurcht aus, auch bei allen Technikmuffeln, die die Einzelheiten der Umsetzung der Wasserleitung nicht bis ins letzte Detail interessiert.

○ **HÖHLE DES PYTHAGORAS**

Natürlich könnten sich die Quellen als Mythos entlarven. Doch was ändert es, ob Pythagoras wirklich in gerade dieser Höhle am Fuße des Kerketeas, des höchsten Berges der Insel, Unterschlupf fand oder vielleicht doch in einer anderen unbekannten Grotte? Es reicht, dass er möglicherweise genau in dieser Höhle war, um dem Ort eine geheimnisvolle Aura zu verleihen. Die schöne Aussicht bleibt ohnehin erhalten und belohnt den Anstieg – unabhängig von dem berühmten Bewohner.

○ **ARCHÄOLOGISCHES MUSEUM SAMOS**

Schon allein die gigantische Kouros-Statue mit ihrem sanften Lächeln lohnt den Besuch im Museum, aber auch andere Kleinode aus alter Zeit können bewundert werden.

STRÄNDE

Wer nur an Sandstränden glücklich ist, wird auf Samos enttäuscht, denn hier gibt es nur zwei richtige Sandstrände, die prompt auch denselben Namen tragen: Psili Ammos (»feiner Sand«). Immerhin liegen sie praktischerweise weit auseinander: der eine ganz im Südosten der Insel, ganz nah zur Türkei; der andere im Südwesten, am Fuße des Kerkis-Massivs.

○ **LONG BEACH IN KOKKARI**

Sehr beliebter Badestrand mit perfekter Infrastruktur. Sogar Surfer finden hier ausreichend Wellen.

AUSGEHEN

Stella (Ormos Koumeikon) // Gute Konzepte zahlen sich manchmal aus. Im Stella fehlt die Karte, umso engagierter sind Crew und Koch. Es wird auf regionale frische Produkte gesetzt, die Kommunikation zwischen Gästen und Mitarbeitern ist äußerst herzlich, die Gerichte sind nicht einfach nur lecker, sie sind zum Teil phänomenal.

Esperides (Pythagorio) // Schönes Restaurant im Herzen Pythagorios mit nett gestaltetem Garten. Für all diejenigen, die es gemütlich, grün und griechisch mögen.

Orizontas (Platanos) // Auf Inseln wollen die meisten am Meer speisen. Warum nicht einmal auf Berge und richtig tolle Aussicht setzen, zumal, wenn das Essen so herausragend ist wie im Orizontas? Einer der schönsten Plätze der Insel, um den Sonnenuntergang abzuwarten – was auch an dem Weinangebot des Lokals liegt.

○ KALADAKIA

Früher war die kleine Kieselbucht mit Höhle, durch die ins Meer getaucht werden kann, ein Geheimtipp. Seit einer Weile steht ein Hotel in Buchtnähe und sorgt für eine gewisse Infrastruktur. Das macht den Strand bequemer – aber auch weniger geheimnisvoll.

○ MEGALO SEITANI UND MIKRO SEITANI

Für Naturliebhaber gibt es auf Samos glücklicherweise noch Strände, die ganz unberührt geblieben sind, da weder Straßen zu ihnen führen noch ein einfacher Weg. So auch die zwischen Kovalassi und Potami gelegenen Buchten, an denen sich auch ohne Kleidung baden lässt, weil schlichtweg diejenigen fehlen, die daran Anstoß nehmen könnten.

Links: Bei Marathokampos erstreckt sich dieser Strand mit einigen vorgelagert liegenden Felsen.

SHOPPING

○ KALLISTI

Bunt, üppig, vielfältig. Die kleine Kunstgalerie in Pythagorio quillt fast über, so viel Schönes ist hier zum Verkauf angeboten. Kein Kitsch, sondern hochwertige Kleinigkeiten – eine wunderbare Quelle für Geschenke und Mitbringsel.

○ HONIGSTAND BEI PIRGOS

An der Straße gelegene kleine Holzbude, die sehr liebevoll arrangiert Honigprodukte und einige Gartenfrüchte zum Verkauf anbietet. In einer Hängematte lässt sich eine Weile entspannen, dem ewigen Singsang der Zikaden lauschen; das Karvouni-Massiv ragt im Hintergrund empor.

○ KOUMARADEI

Kräuter, Keramik, Olivenöl. Das idyllische Bergdorf ist berühmt für das besondere Olivenöl einer Olivensorte, die um das Dorf herum am besten gedeiht. Seine Keramikerzeugnisse stellen schöne Mitbringsel dar, die selbst gesammelten und getrockneten Kräuter bereichern die Küche.

ÜBERNACHTEN

Kerveli Village Hotel // In diesem Hotel stimmt alles: Aussicht, Freundlichkeit, Geschmack, Einrichtung – einfach eine gelungene Atmosphäre! Ein köstliches Frühstück wird auf einer schön gestalteten Außenterrasse serviert. Kleiner angenehmer Strand, zwar mit Kieseln, aber mit klarem tiefblauen Wasser. Klassisch eingerichtete Zimmer.
// www.kerveli.gr

Phytaïs Hotel (Pythagorio) // Sehr kleines, schlicht, aber geschmackvoll eingerichtetes Hotel. Familienbetrieb, kleiner Garten, Strandnähe.
// www.pythaishotel.com

Kalidon Beach Hotel (Kokkari) // Ästhetik und Sinn fürs Detail bestimmen die Inneneinrichtung des Kalidon Beach Hotel. Reichhaltiges Frühstück, guter Ausgangspunkt für Erkundungen der Insel, da an die öffentlichen Verkehrsmittel angeschlossen. Es liegt nahe dem beliebten Long Beach. Nur die Zimmer im Untergeschoss sind nicht zu empfehlen, da sehr dunkel.
// www.kalidon.gr

AUF KEINEN FALL VERPASSEN

BOOTSBAUERN BEI DER ARBEIT ZUSCHAUEN

Alte Handwerkskunst hat immer ihren Reiz. In Agios Issidoros finden sich einige kleine Schiffswerften, wo noch die traditionellen Kaikia, kleine Holzboote mit besonderer Segelführung, hergestellt werden. Seit Jahrhunderten kreuzen sie das Ägäische Meer. Noch gibt es Kundige, die sie bauen können, ihnen kann vor Ort über die Schulter geschaut werden.

AN EDLEM NEKTAR NIPPEN

Der Samosische Nektar, ein Likörwein, reift mindestens drei Jahre in Eichenfässern, bevor er diesen Namen verdient. Insgesamt durchläuft das bernsteinfarbene hochwertige Getränk einen vieljährigen Herstellungsprozess, bis es im Handel landet. Seine schwere Süße lässt sich am besten vor Ort schmecken, in der Nähe der alten Weinfelder unter der Sonne von Samos – zum Beispiel im Weinmuseum in Malagari.

WANDERN IM KERKIS-MASSIV

Ohne sehr gute Wanderschuhe ist von Touren durch die Berglandschaft des Kerkis-Massivs abzuraten. Wer in Votsalakia startet, dessen Weg schlängelt sich zunächst durch Olivenhaine und ist anfangs noch gut ausgeschildert. Am verlassenen Kloster Evangelistria sprudelt eine kleine Quelle, an der die Trinkwasservorräte aufgefüllt werden können. Wer höher wandert, sollte gute Karten oder ein GPS-Gerät dabeihaben.

DIE ORCHIDEENBLÜTE ERLEBEN

Warum nicht eine Orchideenreise buchen, um die zart blühenden Geschöpfe zu entdecken, die an Wegesrändern und im Unterholz ihre fragile Schönheit zeigen – vorrausgesetzt, jemand weiß, wo. Die deutschsprachige Margarete zum Beispiel, die Samos besser kennt als manch Einheimischer. // www.samos-zu-fuss.de

#35   PATMOS

»JERUSALEM DER ÄGÄIS« WIRD SIE AUCH GENANNT, DIE KLEINE INSEL DES DODEKANES. AUF PATMOS SOLL DER WIEDERAUF-
ERSTANDENE JESUS SEINEM LIEBLINGSJÜNGER JOHANNES ERSCHIENEN SEIN UND IHM EINE UMFASSENDE PROPHEZEIUNG
ÜBERBRACHT HABEN. BIS HEUTE GILT PATMOS DEN GRIECHEN ALS HEILIGES EILAND UND SIE IST VOR ALLEM BEI GLÄUBIGEN
BELIEBT, ABER AUCH JUNGE MENSCHEN KOMMEN MEHR UND MEHR AUF DIE INSEL, DEREN UMRISSE WIE EIN GROSSES
»E« AUSSEHEN UND DIE IN DER ÖSTLICHEN ÄGÄIS LIEGT. WILDE PARTYS UND BARS SUCHEN SIE ALLERDINGS VERGEBLICH,
AUFGRUND DER GROSSEN VEREHRUNG VON PATMOS SIND DIE REGELN STRENG. SCHON DICHTER FRIEDRICH HÖLDERLIN HAT
DER MYTHOS UM DAS JOHANNESEVANGELIUM SO BEEINDRUCKT, DASS ER PATMOS EINE EIGENE HYMNE GEWIDMET HAT.

Oben: Das Johanneskloster wurde 1088 von dem Mönch Christodolous gegründet. Moni Agios Ioannis Theologos wurde im Laufe der Jahrhunderte immer wieder umgebaut und renoviert. Die Schatzkammer birgt noch heute außergewöhnliche Kostbarkeiten wie die Mosaikikone des heiligen Nikolaus aus dem 11. Jahrhundert, sakrale und profane Kunstwerke aus dem 17. Jahrhundert sowie wertvolle Schriften. Als Teil von Chios-Stadt gehören das Kloster und die Höhle zum UNESCO-Welterbe.

Links: Auf Patmos gibt es viele malerische Buchten.

○ CHORA

Enge Gassen bezaubern die Besucher, die zwischen den weißen Häusern durch Arkaden und Torbögen flanieren. Einige Herrenhäuser erinnern an die Zeit, in der viele Kaufleute Station auf der Insel gemacht haben. Sehenswert ist das Haus Nikolaidi, das als Museum Auskunft über den einstigen Alltag auf Patmos gibt. Die drei einem Rundturm ähnelnden Windmühlen mit ihren schlanken Holzflügeln am Ortseingang ergeben ein typisches Panorama.

○ JOHANNESKLOSTER

Es thront wie eine Ritterburg über der Altstadt. Die Häuser am Fuße des monumentalen Baus sind griechisch weiß gekalkt, doch das Kloster fügt sich mit seinen dicken Steinmauern harmonisch in die Gegend ein und wirkt doch wie ein Bollwerk auf dem höchsten Punkt der Insel. Gegründet wurde es im Jahr 1088.

Noch immer ist das Kloster ein wichtiger Ort für Gottesdienste und hat eine starke Strahlkraft auf die Liturgien der griechisch-orthodoxen Kirche, denn die Klostergemeinschaft feiert die Gottesdienste unverändert mit uralten Stilelementen. Dabei findet die Messe unter der prächtigen Kuppel des Katholikon statt, der wichtigsten Kirche des Klosters. Zu dem Bau gehört auch ein Museum, das Kirchenschätze wie Ikonen, alte Gewänder und Ritualgegenstände präsentiert. Hinter diesen Mauern ist zudem eine Bibliothek zu finden. Sie umfasst mehr als 12 000 Werke, darunter auch viele Handschriften auf Pergament, eine soll sogar das originale Markusevangelium sein.

○ JOHANNESGROTTE

Andächtig beten sie vor Bildnissen oder legen Blumen ab: Pilger gehen in der Johannesgrotte ein und aus, manche mit Kopftuch und Kleid, andere in Touris-

FÜR WEN GEEIGNET? FÜR MEN-
SCHEN, DIE SPIRITUELLE ERLEBNIS-
SE SUCHEN, IST DIE INSEL IDEAL. SIE
FINDEN RUHE, BESCHAULICHKEIT UND
VIELE ORTE DER STILLE, UM ZU SICH
SELBST ZU FINDEN. DER MASSENTOU-
RISMUS IST AUF DER INSEL BIS HEUTE
NICHT ERWÜNSCHT. DAZU TRÄGT SI-
CHER AUCH DIE STRENGE REGELUNG
BEI, NACH DER ALLES, WAS NICHT IN
RELIGIÖSEM EINKLANG MIT DER INSEL
IST, KEINE LIZENZ BEKOMMT, DAZU GE-
HÖREN AUCH NACHTCLUBS. PATMOS
IST AUSSCHLIESSLICH MIT DER FÄHRE
ERREICHBAR UND KANN NICHT ANGE-
FLOGEN WERDEN. DA SANDSTRÄNDE
AUCH NICHT SO HÄUFIG VERTRETEN
SIND, IST DIE INSEL EHER ETWAS FÜR
ENTDECKER.

*Links oben: Die zwölf Kilo-
meter lange Insel zählt
wegen der Heiligtümer
der griechisch-orthodoxen
Kirche zu den bedeu-
tendsten Inseln der Ägäis.
Die »Höhle der Apoka-
lypse«, wo der Evangelist
Johannes seine Offen-
barung niedergeschrieben
haben soll, und das
dortige Kloster machen
Patmos zur Pilgerstätte.
Links unten: alte
Windmühlen.*

Links oben: Kreuzfahrt-schiffe und Fähren legen in der Bucht des Naturhafens Skala an. Venezianische Einflüsse in der Architektur sind heute noch in Teilen der erhaltenen Bausubstanz an der Hafenfront zu erkennen.

Links unten: Eine Straße führt hinunter ans Meer, zur Bucht Grikos mit dem gleichnamigen charman-ten kleinen Fischerdorf. Grikos ist ein Zentrum des Tourismus auf Patmos.

Rechts: Der helle Strand von Livari bietet groben Sand.

tenoutfit. Für diesen Platz braucht man Zeit, um seine Ausstrahlung zu spüren. Einfach in die Grotte hetzen, die Sehenswürdigkeit auf der Liste abhaken und weiterziehen, funktioniert dort nicht. Zu groß ist die Faszination, die von diesem Ort ausgeht. Wo genau hat Johannes gelegen? Wo der Jünger einst seinen Kopf gebettet hat, ist heute alles in Silber gefasst, dort stehen betende Pilger und halten inne. Das größte Heiligtum auf Patmos ist eben keine Sehenswürdigkeit, sondern bleibt ein Ort des Glaubens und der Gläubigen. Hier soll der Apostel 90 n. Chr. das gleichnamige Evangelium empfangen haben, ein Schreiber hat die Worte für die Nachwelt verewigt. An die Grotte schließt sich die kleine Anna-Kirche an, auch sie bildet einen Ort der Kontemplation.

○ **KASTELI**

Die Akropolis von Patmos befindet sich in der Nähe von Skala. Von der frühen Bebauung ist nur noch wenig übrig geblieben. Lediglich Grundrisse sowie Treppen und Mauerreste lassen sich dort finden, der Ausblick lohnt sich.

○ **SKALA**

Skala ist die Unterstadt von Chora. Der Hafen ist zugleich der Hauptort der Insel, dort finden Feriengäste Hotels und Appartements für längere Aufenthalte. In Skala verlässt die Fähre Patmos und dementsprechend ist dort immer etwas los. Sehenswert ist vor allem ein Naturwunder: An dieser Stelle ist die Insel ganz schmal, man kann bequem von einem Ufer zum anderen schlendern und dabei stets im Ort bleiben. Viele der Häuser sind im venezianischen Stil errichtet.

○ **KATHISMATA**

In den Höhlen errichteten die Mönche sich einst kleine Einsiedeleien, manche dieser einfachen Unterkünfte sind heute zu sehr interessanten Museen umgebaut.

○ **KALLIKATSOU**

Stand an dieser Stelle einst ein großer Tempel für die Liebesgöttin Aphrodite? Oder eine christliche Kirche? Der Felsen am Ende der Bucht von Petra gibt seit jeher viel Anlass zu Spekulationen. Wer genau hinschaut, findet Einkerbungen auf dem Gestein, ebenso Becken für Weihwasser und Altarnischen. Der Aufstieg lohnt sich also.

AUSGEHEN

Gelateria Marechiaro // Das beste Eis der Insel soll er herstellen: Der Besitzer dieser Eisdiele ist Italiener und weiß, wie man aus Sahne und Früchten schmackhafte Kugeln zaubert. Seine Spezialitäten sind über die Inselgrenzen hinaus bekannt. Gut, dass Skala so dicht am Wasser liegt, dort lässt es sich prima mit der Waffel in der Hand flanieren.

Ktima Petra // Auf der Terrasse zu sitzen und in den Obst- und Gemüsegarten des Restaurants zu blicken, hat eine ganz eigene Qualität. Die kleine Taverne ist gepflegt, liegt an der Promenade von Grikos und punktet mit ihrem Einfallsreichtum an vegetarischen Kombinationen jenseits der doch sehr fleischlastigen griechischen Küche.

Tzivaeri Taverna // Wer Meze, also Vorspeisen, ausprobieren will, ist hier in Skala genau richtig. Sie sind hausgemacht wie bei einer Familienfeier. Auch die Fischgerichte sind hervorragend, und mit etwas Glück gibt es sogar noch griechische Traditionsmusik live dazu.

STRÄNDE

○ PSILI AMMOS

Mit seinen goldenen Stränden, dem feinen Sand und dem klaren Wasser zählt er zu den schönsten Sonnenplätzen der Insel. Doch ist der Strand nur mit Mühe erreichbar, er liegt rund eine halbe Stunde Fußweg von Skala entfernt. Er wird gern von Nudisten besucht.

ÜBERNACHTEN

Patmos Aktis Suites & Spa // In der Bucht von Grikos befindet sich dieses junge, stylische Hotel, dessen Zimmer auf modernem Stand sind. Wer es privat haben möchte, kann sogar ein Zimmer mit eigenem Pool buchen. Der Blick aufs Meer ist wundervoll, und der große Gemeinschaftspool des Hotels mit Blick auf die Berge verströmt mediterranen Charme.

// www.patmosaktis.gr

Acqua Blue // Pfiffig gemacht, trotz der schweren, rustikalen Holzmöbel nicht mit seiner mächtiger Einrichtung erschlagend: Das Haus wirkt eher wie eine Hazienda, der Stil wird stimmig durchgehalten. Besonders an warmen Abenden breitet sich rund um den Pool eine schöne Atmosphäre aus.

// www.acquablu.gr

9 Muses // Im typisch griechischen Landhausstil ist dieses Hotel eingerichtet, die Zimmer sind nicht durchgestylt, sondern eher bodenständig, dafür stimmt der Preis. Es werden auch Appartements vermietet.

// www.9musespatmos.com

○ KAMBOS

Im Nordosten der Insel findet sich der beliebteste Strand mit Liegen und Schirmen. Möglichkeiten zum Wasserski und Wakeboardfahren gibt es ebenso wie eine Taverne. Ein Strand für alle, die es gern gesellig mögen und etwas Action zum Erholen brauchen.

○ AGRIO LIVADI

Neben Psili Ammos einer der schönsten Strände der Insel, eher etwas grobsandig, dafür bietet er klares Wasser und Tamariskenbäume, die Schatten spenden. Kioske und Bars sorgen dafür, dass auch die Versorgung nicht zu kurz kommt.

○ GRIKOS

Mit seiner vorgelagerten Insel wirkt dieser Strand wie ein kleiner See, der vom großen Meer abgeschottet liegt. Sand sorgt für Wohlgefühl, auch bei Familien mit kleinen Kindern.

SHOPPING

○ KOUMANIS

Blätterteig gefüllt mit Herzhaftem oder Süßem, kleine Törtchen oder Nugat: Diese Bäckerei in Skala wird in der dritten Generation geführt und überzeugt mit traditionellen Süßigkeiten.

○ NEKTAR

Leckereien aus Griechenland sind ein schönes Souvenir für zu Hause, ob Thymian-Honig oder Käse. Dieser Shop heißt nicht umsonst Nektar, denn er hat vieles, was aus der griechischen Küche nicht wegzudenken ist, zu bieten: von Bergtee über Marmelade bis zu Olivenseife.

○ TOURLOU

Handgemachter, fröhlicher Schmuck, kleine Designerstücke für die Wohnung – bei Tourlou lebt das Bunt-Kreative. Der Laden an sich ist schon eine Sehenswürdigkeit mit seiner witzigen Möblierung. Ob Kette mit Fischanhänger oder gefaltete Papierschiffchen – in Skala lässt sich viel finden.

AUF KEINEN FALL VERPASSEN

WANDERN VON CHORA NACH SKALA

Wer auf Patmos ist, wird es schnell schätzen, wie gut es tut, die Orte der Insel zu Fuß zu erkunden. Überall lässt es sich gut wandern, ein Weg mit herrlichen Ausblicken und ruhigen Stimmungen schlängelt sich von Aporthiano aus gen Meer. Wer von Chora zum Hafen nach Skala spaziert, wird immer wieder mit hübschen alten Häusern und schönen Ausblicken belohnt.

OSTERN AUF PATMOS FEIERN

Ostern ist Hauptsaison auf Patmos, dann wird das heilige Licht, das die Auferstehung Christi symbolisiert, aus Jerusalem nach Patmos gebracht. Es ist ein kraftvolles Ritual. Ebenso traditionell geht es auf dem Fest zum Gründonnerstag zu. Dann findet auf der Insel das große Ritual der Fußwaschung statt, inszeniert als Historienspiel auf dem Rathausplatz.

DIE MYTHEN RUND UM JOHANNES LESEN

Kein Besuch auf der Insel, ohne zu wissen, was eigentlich in der Offenbarung des Johannes steht. Nur dann kann man bei einem Gang in die Grotte die Ikonografie verstehen und warum viele Menschen so ehrfürchtig der Behausung gegenüberstehen.

AUSFLUG NACH ARKI

Vor Patmos liegt die kleine Inselgruppe Arki. Sie entführt in eine andere Welt ist: Die 40 Einwohner der gleichnamigen Hauptinsel bekommen ihren Strom per Generator, es gibt keinen Priester und keinen Arzt. Das Leben ist sehr abgeschottet, vor allem jenseits der Hauptsaison, in der doch ein paar Segelboote und Jachten an den Buchten und im Hafen ankern. Ruhesuchende sollten unbedingt einen Ausflug auf den Miniarchipel buchen.

#36   KOS

»KOS IST LIEBLICH, ANGENEHM ZUM WOHNEN UND REICH AN WASSER«, SO BESCHRIEB SCHON DER DICHTER HERODAS IN DER ANTIKE SEINE INSEL. SIE IST HEUTE EIN BELIEBTES FERIENZIEL, DESSEN VIELE SANDSTRÄNDE BESUCHER VON WEITHER ANLOCKEN. DIE INSEL, DIE WENIGER ALS FÜNF KILOMETER VON DER TÜRKISCHEN KÜSTE ENTFERNT LIEGT, IST WIE EIN LETZTER GRIECHISCHER GRUSS VOR DEM TÜRKISCHEN FESTLAND UND VERMENGT DEN EINFLUSS BEIDER KULTUREN. MÖGLICHER-WEISE WEIL SIE STRATEGISCH SO WERTVOLL WAR, FINDEN BESUCHER AUCH VIELE ANTIKE BAUTEN UND RUINEN VOR. AM BEKANNTESTEN IST KOS AUFGRUND IHRES BERÜHMTESTEN BÜRGERS: HIPPOKRATES WURDE AUF DER INSEL GEBOREN UND HEISST MIT VOLLEM NAMEN AUCH HIPPOKRATES VON KOS. DER VATER DER MODERNEN MEDIZIN BEGEGNET BESUCHERN AN VIELEN PLÄTZEN DER INSEL UND HAT IHR VIELE STÄTTEN UND TEMPEL DER HEILUNG HINTERLASSEN.

Links: Romantischer Sonnenuntergang bei Kefalos. Der rund 2000 Einwohner zählende Ort im Westen von Kos liegt etwas abseits der großen Touristenströme und präsentiert sich als beschauliches kleines Dorf.

Rechts: Wie die Insel heißt auch die größte Stadt Kos (18 000 Einwohner), die bereits im 4. Jahrhundert v. Chr. als Handelshafen entstand. Die bedeutende Hadji-Hassan-Pascha-Moschee (1786 erbaut) markiert den Beginn des antiken Marktplatzes Agora. Neben dem Minarett der Moschee steht eine Platane, unter der schon Hippokrates und der Apostel Paulus gelehrt haben sollen.

○ KOS-STADT

Das Zentrum der Insel mit seinen 19 000 Einwohnern ist aufgrund der vielen Sehenswürdigkeiten einen Besuch wert. Vor allem die Altstadt mit ihren Kirchenkuppeln, Minaretten, Moscheen, Herrenhäusern und Museen, aber auch der Mandáki-Hafen lohnen Abstecher.

PLATANE DES HIPPOKRATES

Hat er hier gesessen, den berühmten Eid ersonnen und seine Schüler erstmals die Worte schwören lassen? Man weiß es nicht, wahrscheinlich aber ist es, denn Hippokrates stammt von der Insel Kos. Der berühmteste Arzt der Antike und Begründer der Medizin hat auf jeden Fall auf der Insel gewirkt. Die Platane soll einst von ihm gepflanzt worden sein. Wahrscheinlich ist der völlig ausgehöhlte Baum, der auf der Platia Platanou mit seinem ausladenden Wuchs alle Blicke auf sich zieht, ein Ableger der Hippokrates-Platane. Der Sprössling des Originals büßt dennoch nichts von der Faszination eines mystischen Baums ein.

ARCHÄOLOGISCHES MUSEUM

Skulpturen, Mosaiken, Statuen, Malereien – wer die Schätze anschauen will, die sich im Boden der Insel verborgen haben, geht ins Archäologische Museum. Gezeigt werden vor allem Funde aus der Zeit der römischen und griechischen Antike, aber auch aus dem Mittelalter.

NERATZIA

Auf einer schmalen Halbinsel in der Nähe des Hafens von Kos zeugt dieses wehrhafte Gebäude aus dem 13. Jahrhundert von Verteidigung und Kämpfen gegen die Osmanen und Ägypter.

AUSGRABUNGSSTÄTTEN

Manchmal muss die Erde beben, damit alte Schätze wieder ans Tageslicht treten. So war es etwa mit der Agora. An jener Stelle befand sich einst das mittelalterliche Stadtzentrum, bis ein Erdbeben 1933 die Gebäude einriss. Zutage kam dabei die antike Agora mit einem Aphrodite-Tempel. Sehenswert sind darüber hinaus die westlichen Ausgrabungsstätten mit Thermen, Nymphäum und Gymnasium in Kos-Stadt.

ODEON

Überraschend rund gebaut ist das antike Theater der Insel. Es stammt aus dem 2. Jahrhundert v. Chr. Auf seinen Marmorsitzen haben die Zuschauer zum einen Wettkämpfe verfolgt, zum anderen aber auch Sitzungen des Rates oder Theateraufführungen.

FÜR WEN GEEIGNET? MAN KANN AUF KOS AUCH EINEN STRANDURLAUB MACHEN – DOCH DANN WÜRDEN REISENDE WIRKLICH ETWAS VERPASSEN. DIE INSEL BIETET DIE PERFEKTE KOMBINATION VON BADEURLAUB UND KULTUR. AN DEN AUSGRABUNGSSTÄTTEN UND DEN TEMPELN LÄSST ES SICH HERRLICH AUF DEN SPUREN DER MENSCHEN DER ANTIKE WANDELN, UM ANSCHLIESSEND WIEDER EINEN DER SCHÖNEN SANDSTRÄNDE AUFZUSUCHEN. WANDERN UND RADFAHREN SIND AUF KOS IDEAL, EBENSO WIE DIE INSEL AUCH KULINARISCH EINIGES ZU BIETEN HAT.

MARKTHALLE

Die Markthalle ist bis 23 Uhr geöffnet und bietet neben knackig frischem Obst und Gemüse auch kleine Bistros für den Hunger zwischendurch in typisch mediterraner Stimmung.

○ ASKLEPIEION

Orte, die Heilung versprechen, waren stets beliebt bei den Menschen. So auch dieser Tempel, der dem Heilgott Asklepios gewidmet war. Es stammt aus dem 4. Jahrhundert v. Chr. und schon Hippokrates soll dort gewirkt haben. Die Stätte, die unter anderem antike Badehäuser enthält, erstreckt sich über mehrere Terrassen und ist mit Marmortreppen verbunden.

○ ZIA

Duftend grüne Gärten zwischen den Häusern, leuchtend weiße Fassaden, an denen Rankpflanzen emporklettern und alte Handwerkskunst in den Läden – Zia gehört zu den idyllischsten Dörfern der Insel und lockt mit ursprünglichem Charme. Besonders beliebt sind die Sonnenuntergänge von den Terrassen der vielen Restaurants.

○ PLATANI

Griechen und Türken müssen nicht immer in Konkurrenz miteinander leben. Dieses Dorf beweist, wie gut das Miteinander von orthodoxem Glauben und Islam

Der wilde Strand von Limnionas (oben) liegt bei Kefalos ebenso wie diese kiesige Bucht (links).

Links unten: In der unmittelbaren Nachbarschaft von Kefalos finden sich die Überreste des antiken Astypalaia, der ersten Hauptstadt von Kós und wahrscheinlich der Geburtsort von Hippokrates.

funktionieren kann. Vor allem der Dorfplatz mit den Bars lohnt einen Besuch.

○ PALEO PYLI

Zum Sonnenuntergang beginnt ein filmreifes Schauspiel: Dann färben sich die ruinenhaften Mauern orangerot, eine Kulisse wie aus einem Historienfilm entsteht. Die Festungsanlage aus dem 11. Jahrhundert treibt zu dieser Tageszeit ihren verwunschenen Charme zum Höhepunkt.

○ ANTIMACHIA

Windmühlen sind eines der Wahrzeichen der Insel. Schon aus dem Flugzeug heraus lässt sich die Windmühle Antimachia sehen. Sie ist heute zum Museum

umfunktioniert, in dem immer noch Mehl gemahlen wird. Etwas weiter entfernt befindet sich die alte Festung, sie wurde im 14. Jahrhundert vom Johanniterorden errichtet. Heute sind die massiven Wände eingestürzt und haben sie zur Ruine geformt.

○ WALD VON PLAKA

Pfauen sind bunte, stolze Tiere und nicht immer leicht zu beobachten. In Plaka ist das anders, denn dort sind die Pfauen zahm und genau das lockt Erwachsene wie Kinder in den kleinen Pinienwald. Er ist ein bekanntes Ausflugsziel für alle, die besondere Tierbegegnungen suchen. Die Pfauen lassen sich nicht nur beobachten, sondern fressen den Besuchern sogar aus der Hand.

○ EMBROS-QUELLE UND THERMALQUELLEN

Auf dem Weg von Kos-Stadt nach Agios Fokas kommt aus Felsspalten nach Schwefel riechendes Wasser aus dem Gestein: Die Embros-Thermen sind vulkanischen Ursprungs, ein aus Natursteinen angelegtes Becken sorgt dafür, dass Kurgäste in das 49 Grad warme Wasser eintauchen können. Auch im Meer sprudeln die heißen Quellen empor und sorgen für außergewöhnliche Schnorchelerlebnisse.

○ KEFALOS

Der trubelige Touristenort präsentiert sich in seinem alten Kern beschaulich: Hoch oben befindet sich mit der alten Burg einer der schönsten Panoramaplätze der Insel. Breitet sich die Entdeckerfreude nun noch weiter aus, bietet sich ein Besuch des Volkskundemuseums an oder ein entspannender Gang zu einem der vielen kleinen Strände.

Rechts: Antimachia liegt in 140 Meter Höhe auf einer zerklüfteten Hochebene liegt. Bereits in der Antike war der Ort besiedelt. Besonders sehenswert sind die Überreste des Kastells Palea Antimachia, der größten Burgruine auf Kos. Die mächtige Festung wurde im 13. Jahrhundert von Rittern des Johanniterordens errichtet. Während der Belagerung von Kós durch die Osmanen im 15. und 16. Jahrhundert zogen sich die Bewohner der umliegenden Dörfer hinter die Festungsmauern zurück. Erst zu Beginn des 19. Jahrhundert wurde die Siedlung auf dem Burgareal aufgegeben.

AUSGEHEN

Lofaki // Die beste Küche ist nicht unbedingt immer direkt am Strand zu finden. Das beweist das Restaurant Lofaki in Kos-Stadt. Etwas außerhalb gelegen, verfügt es über einen schönen Garten mit Blick in den Sonnenuntergang. Die Küche ist mediterran angehaucht und gehoben leicht.

// www.lofaki.gr

Alchimion // Den Zauber eines echten griechischen Kafenion versprüht dieses kleine Café in Zia. Man sitzt idyllisch unter Platanen und der Kaffee wird noch mit Sorgfalt und Zeit zubereitet. Um die Mittagszeit gibt es auch Snacks.

Old House // Zum Sonnenuntergang in Zia noch schnell ein Eis essen? Dann am besten jenseits der touristisch wirkenden Tavernen gen Ortsausgang schlendern und die Old House Cafe Bar suchen! Dort stimmt nicht nur das Preis-Leistungs-Verhältnis, die hausgemachte Limonade schmeckt ebenso gut wie die Eiscreme.

STRÄNDE

○ MARMARI

Mit seinen 14 Kilometern zählt er zu den längsten Stränden der Insel. Der Sandstrand ist touristisch gut erschlossen mit Bars, Kiosken und Sonnenliegen. Besonders beliebt ist diese Ecke bei Surfern, denn der Meltemi-Wind lässt sich an diesem Strand besonders gut nutzen.

○ TIGAKI

In die Top-Liste der schönsten Strände von Kos gehört Tigaki. Sein feiner weißer Sand, auf dem gelegentlich Bäume Schatten werfen, ist beliebt bei Familien, da das Wasser flach abfällt und Nichtschwimmern etwas Sicherheit gibt. Tavernen, Bars und Liegen lassen es an nichts mangeln.

○ MASTICHARI

Mit seinem gleißend weißen Sand und der vorgelagerten Insel ist Mastichari ein gern besuchter Platz auf der Insel, Sonnenanbeter fühlen sich wohl, auch Wassersportaktivitäten werden angeboten. Vor allem in der Saison geht es trubelig zu.

ÜBERNACHTEN

TUI Magic Life Marmari Palace // Dieses Hotel punktet mit vielen Swimmingpools und einem tollen Animationsprogramm. Sportbegeisterte Familien kommen voll auf ihre Kosten, für Kinder in jedem Alter gibt es Unterhaltung, und vor der Tür locken zudem Strand und Meer.
// www.magiclife.com

Kos Imperial Thalasso // Wie eine verzauberte Oasenlandschaft wirkt dieses Hotel: Obwohl es direkt am Meer liegt, lockt ein üppiger Palmengarten. Das Haus wirkt wie ein marokkanischer Palast. Die Zimmer sind modern ausgestattet, es bietet Komfort wie Spa, Unterhaltungsprogramm und Restaurants. Vorgelagert ist ein Kiesstrand.
// www.kosimperial.com

Hotel Sonia // Für den kleineren Geldbeutel bietet sich dieses familiär geführte Haus in Kos-Stadt an. Die Zimmer sind modern ausgestattet, es liegt zentral, der Service ist freundlich.
// www.hotelsonia.gr

SHOPPING

○ ZIA

Der Dorfplatz des lauschigen Ortes ist zum Souvenirumschlagzentrum geworden: T-Shirts, Honig oder Taschen gehen dort über die Tische, vieles allerdings stammt nicht mehr von der Insel, sondern aus Fabriken des Festlandes oder aus Asien.

○ BUS STOP GALLERY

Wer etwas Außergewöhnliches sucht, macht sich auf den Weg nach Marmari. Dort unterhält ein österreichischer Künstler eine Galerie, seine Frau bietet zudem Kunsthandwerk und Schmuck an.
// www.busstopgallery.kosweb.com

○ REMKO UND RIA

In Pyli findet sich dieser Shop eines Künstlerpaars. Während Remko feine Radierungen und Aquarelle fertigt, stellt Ria Schmuckstücke in Silber und Gold her, die es an Eleganz nicht mangeln lassen.

AUF KEINEN FALL VERPASSEN

DEN VULKANKRATER DER INSEL NISYROS BESTAUNEN

Sind wir auf dem Mars gelandet? Das wird sich so mancher Besucher fragen, der eine Bootsfahrt zur benachbarten Insel Nisyros gebucht hat. Die kleine Nachbarinsel von Kos wird von dem Vulkan bestimmt, dessen Lava den Boden an manchen Stellen noch immer auf 70 Grad erhitzt. Auf Nisyros kann man in die Caldera, also den Krater des Vulkans, schauen und an seinen Hängen wandern; kleine Dörfer laden zur Rast ein.

KANELADA-LIMONADE TRINKEN

Sie schmeckt angenehm nach Zimt und muss am besten so kühl sein, dass sich ein leichter Nebel bildet, wenn sie auf dem Tisch steht: Kanelada besteht aus braunem Zimtsirup, der in vielen Haushalten noch traditionell gefertigt wird. Der Sirup wird mit Sprudelwasser aufgegossen, mit Eiswürfeln versehen und wie eine Limonade serviert.

KOS VOM SATTEL AUS GENIESSEN

Kos gilt als Fahrradinsel. Sie ist groß genug, um ausreichende Touren zusammenzubekommen und doch klein genug, um den Überblick zu behalten. Schließlich ist die Insel nur zehn Kilometer breit und 42 Kilometer lang und dabei sehr flach. Also ideal für Radfahrer. Die Strecken sind gut ausgebaut, empfehlenswert sind Touren von Kos-Stadt nach Mastichari oder rund um den Salzsee Alikés. Wer kein eigenes Rad mitgebracht hat, leiht sich eines.

ROBINSON CRUSOE IN NISI KASTRI

Inseln in Strandnähe üben einfach eine Faszination aus. Wer sich in Agios Stefanos sonnt oder die Basilika anschaut, erblickt ein vorgelagertes Inselchen. Eine kleine weiß-blaue Kapelle leuchtet dort in der Sonne, hinter ihr erhebt sich schroff ein Felsen und erweckt Entdeckergefühle. Also auf durch das Wasser schwimmen oder waten und das Inselchen erkunden. Am besten mit Schwimmschuhen, damit man sorglos Robinson Crusoe spielen kann, ohne um seine Fußsohlen zu fürchten.

#37 RHODOS

MANCHMAL TRAGEN INSELNAMEN SCHON GANZE GESCHICHTEN IN SICH - UND SO BLEIBT RHODOS WOHL IMMER UNTRENNBAR MIT DEM KOLOSS VERBUNDEN BLEIBEN. ER SOLL EINST ALS 34 METER HOHE STATUE ÜBER DER HAFENEINFAHRT GESTANDEN HABEN, BREITBEINIG, SODASS DIE SCHIFFE DURCH SEINE BEINE HINDURCHSEGELN MUSSTEN. 292 V. CHR. WAR ER ALS SIEGESDENKMAL ERRICHTET WORDEN, DOCH KNAPP 70 JAHRE SPÄTER RISS IHN EIN ERDBEBEN INS MEER. SEINE TRÜMMER SOLLEN DAMALS VERKAUFT UND EINGESCHMOLZEN WORDEN SEIN. DIE BEIDEN HIRSCHE, DIE HEUTE DIE HAFENEINFAHRT FLANKIEREN, SIND DARAUS SICHER NICHT ENTSTANDEN, SIE ERINNERN DENNOCH AN DIE LEGENDE UM DIE RIESENSTATUE. RHODOS ABER KANN WEIT MEHR ALS NUR VON DEM KOLOSS ERZÄHLEN. WER AUF DER INSEL WEILT, WIRD RITTERGESCHICHTEN ERLEBEN, KLEINE FISCHERDÖRFER BESICHTIGEN UND KANN SICH SOGAR INS TAL DER SCHMETTERLINGE AUFMACHEN.

○ RHODOS-STADT

Die größte Stadt der Insel heißt ebenfalls Rhodos. Sie hat 50 000 Einwohner, wurde 408 v. Chr. aus dem Zusammenschluss der drei Dörfer Ialysos, Kameiros und Lindos gegründet und zählt heute zu den schönsten und am besten erhaltenen mittelalterlichen Städten Griechenlands. Vier Kilometer Mauer umschließen ihren historischen Kern, der als Zitadelle auf einem Hügel liegt. Die Festung stammt aus der Zeit, als der Johanniterorden die Insel von der Herrschaft der Byzantiner befreite. Mit seiner geschickten Mischung aus Handel, Gemeinnützigkeit und Rittertum sorgte der Orden nicht nur für wirtschaftliche Blüte, sondern garantierte auch Sicherheit.

RITTERSTRASSE

Die Schritte klappern auf dem Kieselsteinpflaster wie vor 500 Jahren. Die 200 Meter lange Ritterstraße Odos Ippoton ist gesäumt von historischen Gebäuden. Die ehemaligen Vertretungen (Herbergen) des Johanniterordens mit ihren geschmückten Portalen bieten ein Fest für die Augen, ebenso wie die kleinen Kirchen und Brunnen. Die Ritterstraße endet vor dem Großmeisterpalast.

GROSSMEISTERPALAST

Wie eine Bilderbuchburg thront die Burg mächtig über Rhodos-Stadt als steinernes Denkmal an die Zeit der Ritter: Die Johanniter herrschten, von diesen dicken Mauern geschützt, über die Insel, beratschlagten sich dort über Politisches oder Gemeinnütziges und lebten in dieser mächtigen Anlage. Das Portal mit den breiten Steintürmen und dem Spitzbogen bildet den Durchgang zum Innenhof, der von schattigen Arkadengängen gesäumt ist. Heute ist in dem Komplex ein Museum untergebracht, das unter anderem Möbel und Mosaiken ausstellt.

UHRTURM

Er stammt aus dem Jahr 1852 und überragt das türkische Viertel. Die kleine Gebühr für die Besteigung lohnt sich, von dort oben ergibt sich ein herrlicher Blick über die Altstadt, denn der Uhrturm ist der höchste Turm der Stadt.

TÜRKISCHES VIERTEL

Als Insel, die nur gut 20 Kilometer Luftlinie von der Türkei entfernt ist, blickt Rhodos auch auf eine türkische Vergangenheit zurück. Das türkische Viertel schlägt eine Brücke zum Nachbarland, allen voran die Suleiman-Moschee mit ihrem Reinigungsbrunnen. Andere Zeugnisse sind die türkische Bibliothek, das türkische Bad sowie die belebte Odos Sokratous, die Hauptgeschäftsstraße der Inselstadt.

JÜDISCHES VIERTEL

Kahal-Shalom ist die älteste Synagoge Griechenlands und hat die schweren Bombenangriffe während des Zweiten Weltkriegs überstanden. Auch aus Rhodos wurden Juden in das Konzentrationslager Auschwitz verfrachtet, das Holocaust-Denkmal erinnert an diese dunklen Zeiten.

ARCHÄOLOGISCHES MUSEUM

Es ist im ehemaligen Krankenhaus des Ritterordens untergebracht, seinerzeit gehörte es zu den größten und modernsten Hospitälern des Abendlandes. Das Archäologische Museum der Insel ist sehr sehenswert, zu den berühmtesten Exponaten zählt die »Aphrodite von Rhodos« (1. Jahrhundert v. Chr.).

Links: Der alte Mandraki-Hafen von Rhodos-Stadt wird von einer 400 Meter langen Mole begrenzt, auf der sich die drei oft fotografierten Windmühlen sowie das Fort Agios Nikolaos befinden. Einst soll die Hafeneinfahrt von dem berühmten Koloss von Rhodos bewacht worden sein, heute wird sie von einem Hirsch und einer Hirschkuh, die auf hohen Säulen sitzen, beschützt.

FÜR WEN GEEIGNET? RHODOS IST EIN IDEALES ZIEL FÜR MENSCHEN, DIE SICH FÜR MITTELALTERLICHE KULTUR INTERESSIEREN. ABER NICHT NUR DAS: DIE ÜBERSICHTLICH GROSSE INSEL LÄSST SICH IN EINEM URLAUB GUT ENTDECKEN, ES GIBT VIELE ANGEBOTE, UM NICHT NUR DEN GANZEN TAG AM STRAND ZU SEIN, ETWA TOUREN ZU DEN HANDWERKSBETRIEBEN, STADT-FÜHRUNGEN DURCH DEN MITTELAL-TERLICHEN STADTKERN ODER TAUCH- UND WANDERANGEBOTE.

Bilder links: Das Zentrum von Rhodos-Stadt präsentiert sich als faszinierender Mix aus mittelalterlicher europäischer und osmanischer Architektur und steht deshalb seit 1988 auf der UNESCO-Welterbeliste. Nirgends wird das Mittelalter so lebendig wie in der Ritterstraße in der Altstadt. Das Straßenbild des 15. und 16. Jahrhunderts blieb erhalten.

MANDRAKI-HAFEN

Mit seinen drei Windmühlen auf der Mole, den davor schaukelnden Jachten und dem kleinen Fort ist der Mandraki-Hafen ein schöner Abstecher jenseits der alten Stadtmauern. Dass hier einst allerdings der Koloss von Rhodos gestanden haben soll, lässt sich kaum mehr vorstellen.

AKROPOLIS

Ein Stadion, Säulen vom Tempel des Apollon, ein Athena-Tempel sowie Ruinen einer Arena sind in der Akropolis von Rhodos-Stadt zu sehen. Sie stammt aus dem 3. bis 5. Jahrhundert v. Chr.

AUSGEHEN

Wonder // Es muss nicht immer die griechische Taverne sein: Im Restaurant Wonder treffen sich griechische, skandinavische und asiatische Einflüsse. Knackige Salate, auf den Punkt gegartes Beef oder Muscheln und Fisch – dieses Restaurant weiß, die frischen Zutaten bestens auf dem Teller zu veredeln.

// **www.restaurantwonder.gr**

Cocktail Bar Peperi // Wenn die Touristen aus Lindos verschwunden sind, legt sich eine ganz andere Stimmung über das Dorf. Ruhe, Beisammensein, Wein zu trinken und kleine Snacks zu naschen stehen dann auf dem Programm. Ein schöner Platz dafür ist die Rooftop-Bar Peperi. Dort sitzt man gern bei einem Cocktail und schaut ins Mondlicht.

Artemida // Gegrillte Lammkeule, Spanferkel aus dem Ofen oder gebratene Auberginen – die Vielfalt der griechischen Küche wird in dieser Taverne in Psinthos deutlich. Hier wird vieles noch im Holzofen zubereitet, unter anderem das legendäre Brot

// **www.tavernartemida.gr**

○ MONOLITHOS

Einem Tafelberg gleich ragt er in die grüne Landschaft von Rhodos: Der Name Monolithos ist schon sehr passend gewählt. Nicht der Berg allerdings lockt die Besucher, sondern die alte Johanniterburg, deren Ruinen ihn krönen. Sie stammt aus byzantinischer Zeit und wurde im 15. Jahrhundert erweitert.

○ LINDOS

Wie ein heller Gürtel liegt dieses Dorf der alten Stadt zu Füßen: Das Dorf Lindos mit seinen engen Gassen und den strahlend weißen Häusern ist Touristenmagnet der Insel, oberhalb sind die Akropolis mitsamt Tempel und Säulenhalle zu bewundern.

○ EMBONA

Nicht nur zum Weinfest im September kommen die Besucher gern in dieses Bergdorf: Weinanbau und Oliven beherrschen das Tagesgeschäft der dort lebenden Menschen.

○ THERMEN VON KALITHEA

Das Wasser der Gegend um Kalithea genoss seit jeher den Ruf, Heilung zu bewirken. Heute sind die Thermengebäude des 20. Jahrhunderts rekonstruiert, vor allem die Kuppelhalle entführt in eine Stimmung wie aus 1001 Nacht, allein der Garten mit seinen Brunnen und Palmen sorgt für Wohlbefinden jenseits des Thermalwassers.

STRÄNDE

○ PRASONISI

Als sandiges Verbindungsstück zwischen Mittelmeer und Ägäis befindet sich Prasonisi im Süden der Insel. Hier tummeln sich vor allem Surfer, da es häufig windig ist.

○ TSAMBIKA

Es gibt wohl einige Kinder in Griechenland, die den Namen des Ortes als Vornamen tragen, denn die kleine Kapelle gilt als fruchtbarkeitsfördernd bei Paaren mit unerfülltem Kinderwunsch. Das ungeschriebene Gesetz lautet: Klappt es mit dem Nachwuchs, soll einer seiner Namen Tsambika oder bei Jungs Tsambiko

lauten. Der Strand des Ortes zählt zu den schönsten der Insel: fein, flach abfallend und weit.

○ ANTHONY-QUINN-BUCHT

Zwischen schroffen Felsen bettet sich dieser Kiesstrand in der Nähe von Faliraki im Osten der Insel. Das türkisblaue Wasser lockt nicht nur zum Schwimmen, auch zum Tauchen und Schnorcheln sind die Bedingungen hier ideal.

○ LINDOS

Wie zwei Arme schützen die Felsen die St.-Paul's-Bucht in Lindos. Mit ihrem gelbbraunen Sand gehört sie zu den schönsten Stränden der Insel. Die beiden Steinmolen schließen das Wasser der Bucht ein, das dadurch nicht nur sehr warm, sondern vor allem kristallklar ist. Am Abend tauchen Lampen den Strand in ein Lichtermeer, Bars laden auf einen Drink.

SHOPPING

○ PELZE

Es scheint absurd, unter der heißen griechischen Sonne Pelze zu verkaufen, aber tatsächlich sind Pelze typische Souvenirs von Rhodos. Sie werden teilweise noch auf der Insel geschneidert, die Felle stammen aus Nordgriechenland, doch vielfach ist auch Ware aus Fernost darunter. Wer also einen Pelz kaufen möchte, sollte sich unbedingt auskennen. Wer weniger investieren will, hält nach Lederwaren wie Schuhen oder Taschen Ausschau – am besten beides in Rhodos-Stadt.

○ NATURSCHWÄMME

Schwämme von der Nachbarinsel Simi verkaufen fliegende Händler am Mandraki-Hafen. Die ungebleichten dunklen sind dabei von höherer Qualität als die gebleichten hellen.

○ REGENSCHIRME

Regenschirme waren lange auf Rhodos steuerbegünstigt und deswegen erheblich billiger als im Rest des Landes. Deswegen gehören sie zu den typischen Mitbringseln, groß ist die Auswahl an der Platia Kyprou von Rhodos-Stadt.

ÜBERNACHTEN

Atrium-Prestige-Hotel // Ganz in der Nähe von Prasonisi befindet sich das Atrium-Prestige-Hotel. Spa, Pools und viele Terrassen mit Blick direkt auf das Meer lassen Erholung auf höchstem Niveau aufkommen. Das große Spa beinhaltet einen beheizten Salzwasserpool, viele Zimmer haben sogar eigene Pools.

// www.atriumprestige.gr

Spirit of the Knights // In der Altstadt von Rhodos lässt das Boutique-Hotel »Spirit of the knights« mit den gediegen eingerichteten Zimmern Ritterstimmung aufkommen. Obwohl die Ausstattung sehr an einen Adelspalast erinnert, fehlen die modernen Elemente nicht.

// www.rhodesluxuryhotel.com

Cava d'Oro // Ganz zentral in der Altstadt liegt dieses kleine Hotel, das sich in einem 800 Jahre alten Haus befindet. Direkt an der Stadtmauer wohnen die Gäste in dem inhabergeführten Betrieb, die Gastgeber sind herzlich. Trotz der Ritterstimmung in den Zimmern müssen Reisende auf modernen Komfort nicht verzichten.

// www.cavadoro.com

AUF KEINEN FALL VERPASSEN

RITTERGESCHICHTE IN DER ALTSTADT

Ein Bummel durch die Altstadt von Rhodos darf nicht fehlen, am besten mit einer Führung, um die Rittergeschichten zu verstehen und die Gebäude und Geschehnisse einordnen zu können. Wer es nicht zu einer Führung schafft, für den gibt es hilfreiche Apps und multimediale Reiseführer.

TAL DER SCHMETTERLINGE

Wer sich unter Russischer Bär ein bepelztes Großsäugetier vorstellt, wird im Tal der Schmetterlinge eines Besseren belehrt: Der Russische Bär ist ein Nachtfalter und setzt sich gern in ganzen Schwärmen auf dem Amberbaum ab. Zu sehen sind sie von Juni bis Anfang September in der etwa fünf Kilometer langen Schlucht.

AM MANDRAKI-HAFEN BUMMELN

Ein ausgiebiger Hafenbummel gehört in Rhodos zum Besuch dazu: Wenn die Fischer mit den Fängen anlanden oder Schwammtaucher ihre neuesten Errungenschaften feilbieten, ist der Hafen in eine hübsche Stimmung getaucht. In Mandraki ist übrigens auch jeden Samstag Wochenmarkt, ein farbenprächtiges Vergnügen für das Auge und wohl auch den Gaumen, wenn die saftigen Aprikosen und Pfirsiche verkauft werden.

PARTY IN FALIRAKI

Wer Party machen möchte, geht nach Faliraki. Dort treffen sich vor allem junge Briten, aber auch alle anderen Nationalitäten und feiern bis in die Morgenstunden. Ob Go-Kart oder Bungee-Jumping, auch tagsüber ist dort einiges los.

EIN TAG AUF DEM LAND

Es muss nicht immer Strand sein – auf Rhodos locken vor allem auch die kleinen Dörfer. Neben Lindos lohnt sich ein Stopp in Afandou, um dort einen Weber in Aktion anzutreffen, oder im Töpferdorf Archangelos, von dem aus viele Tonwaren auf die Inselgeschäfte verteilt werden. Eleousa lockt mit Tavernen im venezianischen Stil und hübschen, schattigen Plätzen. Emponas verführt mit seinen typischen Kellereien zu Weingenuss.

#38 KRETA

100 KILOMETER SÜDLICH DES FESTLANDES LIEGT SIE WIE EIN KLEINES BOLLWERK: KRETA IST EIN GANZ EIGENER KOSMOS. ALS GRÖSSTE GRIECHISCHE INSEL BIETET KRETA EINE VIELFALT WIE NUR WENIGE DER INSGESAMT 3054 GRIECHISCHEN INSELN. OB PALMENSTRAND, EINSAME BERGWELT, SAFTIGE WÄLDER, MEDITATIVE KLÖSTER ODER TRAUMSTRÄNDE - KRETA ZEIGT SICH ABWECHSLUNGSREICH UND BIETET FÜR JEDEN URLAUBSTYPEN ETWAS AN. MIT ZWEITAUSENDERN UNTER DEN BERGEN, WILDEN SCHLUCHTEN UND LANGEN STRÄNDEN VEREINT SIE VIELE LANDSCHAFTSFORMEN AUF ENGSTEM RAUM. WER DORT IST, STÖSST AUTOMATISCH AUF DIE IMPONIERENDE MINOISCHE KULTUR MIT ALTEN PALÄSTEN UND AUSGRABUNGSSTÄTTEN UND AUF VIELE LEGENDEN. SO SOLL DER GÖTTERVATER ZEUS AUF KRETA GEBOREN WORDEN SEIN. DIE BEWOHNER DER BERGDÖRFER SCHEINEN DEN TRUBEL GELASSEN ZU NEHMEN UND TRINKEN IHREN KAFFEE WIE EH UND JE, SO SCHEINT ES, IM KAFENION, AM LIEBSTEN UNTER SCHATTIGEN PLATANEN.

○ IRAKLIO

Mit seinen schattigen Plätzen, den Brunnen und den angrenzenden Gebäuden im Palazzo-Stil zeigt sich Iraklio eindeutig italienisch geprägt. Zentrum ist die Platia Venizelou mit dem Löwenbrunnen. Die Venezianer haben einen Ring aus Befestigungsmauern hinterlassen, der sich wie ein Saum durch die Stadt zieht. Mit der Hafenfestung und der Loggia ist er eine der wichtigsten Sehenswürdigkeiten der Stadt. Kulinariker schätzen die Marktstraße Odos mit den bunten Gemüseständen.

MUSEEN

Nicht nur Historiker zieht es in das Archäologische Museum – zeigt es doch eine der bedeutendsten Sammlungen griechischer Kultur. Amphoren, Helme, Statuen, Münzen sowie Teile von Fresken sind dort zu sehen. Wen die Museumslust nun gepackt hat, besucht das Historische, das Naturhistorische oder das Ikonen-Museum.

○ RÉTHIMNO

Eine Festungsruine bildet die Grundlage der heutigen Stadt. Eingerahmt von der etwa 1300 Meter langen Festungsmauer, ist der Bau für das Stadtbild prägend. Doch auch die dazugehörige Altstadt lohnt einen ausführlichen Bummel durch die engen Gassen, in denen immer wieder venezianische Gebäude zu sehen sind. Ein Plus für Besucher: die langen, stadtnahen Sandstrände.

○ CHANIA

Die einstige Hauptstadt der Insel punktet mit Zeugnissen verschiedener Kulturen: Ein ägyptischer Leuchtturm am venezianischen Hafen, die türkische Hassan-Pascha-Moschee, die Etz-Hayyim-Synagoge sowie die Kathedrale Ekklisia tis Trimartyris gehören zu den großen Landmarken in der Stadt. Nicht verpassen sollten Reisende einen Besuch der Markthalle, die 1913 im Stil des Neoklassizismus eingeweiht wurde. Wer Museen mag, wird in Chania sicher fündig, neben dem Archäologischen Museum informieren ein Byzantinisches Museum, ein Schifffahrtsmuseum, ein Historisches Museum, ein Kriegsmuseum und ein Volkskundemuseum über die Vergangenheit.

○ KNOSSOS-PALAST

Die wichtigste Ausgrabungsstätte Kretas stammt aus dem Jahr 2100 v. Chr. und gilt als bedeutendes Zeugnis der minoischen Zeit, der frühesten Hochkultur Europas. Der Palast muss einst bis zu fünf Stockwerke gehabt haben und hielt der Königsfamilie und ihrem Hofstaat etwa 800 Zimmer vor. Vieles ist heute zerstört, bekannteste Sehenswürdigkeiten des Palastes sind unter anderem die Fresken, die Frauen mit Puff-

Links: An Kretas Südküste liegt mit Ierapetra nur eine einzige Stadt. Die Küste fällt hier überwiegend steil ins Meer ab und bietet nur wenig Platz für Häfen. Mit Triopetra am Südkap der Insel besitzt die Insel hier aber einen sehr schönen Strand.

Rechts: Die altehrwürdige venezianisch-türkische Altstadt von Réthimno grenzt direkt an ihren Hafen. Sie ist von engen Gassen und stillen Winkeln geprägt.

FÜR WEN GEEIGNET? URLAUBER, DIE KULTUR MIT STRAND, BERGWANDERUNGEN UND BADETAGEN VEREINEN WOLLEN, SIND AUF KRETA GENAU RICHTIG. DIE VIELSEITIGE INSEL LÄSST SICH BEI EINEM EINZIGEN AUFENTHALT GAR NICHT VOLLSTÄNDIG ERKUNDEN UND BIETET AUCH FÜR KOMMENDE URLAUBE NOCH GENUG ZUM ENTDECKEN – EGAL OB FAMILIE, PÄRCHEN ODER BEST AGER. ES GIBT VIELE HÄUSER, DIE SICH KOMPLETT AUF FAMILIEN EINGESTELLT HABEN UND VIELE STRÄNDE, DIE KINDERFREUNDLICH SIND. GENAUSO ABER KÖNNEN SICH ERWACHSENE DORT AUCH EINE AUSZEIT JENSEITS DES FAMILIENALLTAGS GÖNNEN, MIT VIEL KULTUR UND RÜCKZUGSMÖGLICHKEITEN. RUNDREISEN BIETEN SICH EBENSO AN WIE WANDERURLAUBE.

ärmel-Gewändern zeigen, sowie die Abbildungen der Delfine. Aber auch der ehemalige Thronsaal ist relativ gut erhalten.

○ **PHAISTOS-PALAST**
Nahe Matala befindet sich der zweite wichtige Palast der Insel, der von der minoischen Hochkultur erzählt. Er stammt aus dem 2. Jahrtausend v. Chr. und wurde bei einem der großen Erdbeben 1700 v. Chr. zerstört. Die Ausgrabungen und Rekonstruktionen sind heute zu besichtigen; ein Theater, ein großer Königshof und der breite Treppenaufgang zählen zu den Höhepunkten des Geländes.

○ **SAMARIA-SCHLUCHT**
Sie gilt als der Grand Canyon von Kreta: Die Samaria-Schlucht ist ein beliebtes Ziel für Wanderer. Sie ist 16 Kilometer lang und reicht von der Inselmitte bis ans Meer. Unterwegs bieten sich wunderbare Ausblicke auf Berge, Bäume und Lichtspiele.

○ **LEFKA ORI**
Kreta hat sein eigenes Dach der Welt: Das Gebirge Lekfa Ori wird auch oft als »Kretas Himalaya« bezeichnet. Wer im Frühling reist, erblickt mit Glück sogar Schnee auf den bis zu 2454 Meter hohen Gipfeln. Manchmal kann man ihn allerdings gar nicht ausmachen, weil sich zwischendrin weißsandige Wüstengebiete in der Einsamkeit auftun. Kein Wunder, dass sich hier die Bartgeier ein Rückzugsgebiet gesucht haben.

○ **ZEUSS-HÖHLE**
Die Höhle von Psychro zeigt nicht nur Stalaktiten und Stalagmiten, sondern war einst wohl auch ein wich-

Links: Mehr als zwei Drittel der Insel sind von Gebirgen bedeckt. Der Pachnés in den Lefka Ori und der Psiloritis im Ida-Gebirge streiten sich um die Ehre, der höchste Gipfel zu sein – neueste Messungen sprechen beiden 2456 Meter Höhe zu. Die Gebirge sind von Dutzenden tiefer Schluchten durchzogen, von denen die Samaria-Schlucht mit 16 Kilometern die längste – und schönste – ist.

Links oben: An den engen Gassen von Chania stehen venezianische Adelspaläste, die heute von kleinen Läden und Cafés genutzt werden.

Links unten: Matala war dank seines Strandes und seiner antiken Felsgräber in den Zeiten des Vietnamkrieges ein zentraler Hippie-Treff in Europa.

tiger Kultort auf der Insel. Davon zeugen Opfertische, die hier geborgen worden sind, sowie Gegenstände früherer Kulturen, die in verschiedenen Museen weltweit zu sehen sind. Heute gelten die Tropfsteinformationen als einer der Höhepunkte.

○ **KLÖSTER**

Über die Insel verteilen sich viele Klöster, die bis heute eine ganz eigene Atmosphäre der Stille ausstrahlen. Zudem sind sie wichtige Zeugnisse des Glaubens. Zu den bedeutendsten Klöstern der Insel gehört Arkadi bei Réthimno, das Nationalheiligtum der Insel, weil hier einst Rebellen gegen die Türken gekämpft haben. Im Kloster Moní Vrondíssi bei Zaros genießen Besucher den weiten Blick über die Berge,

und das in die Felsen gebaute Kloster Katholiko bei Gouverneto ist allein wegen seiner Bauweise interessant, in der Nähe liegen Höhlen, in denen Einsiedler lebten. Auch andere Häuser, etwa Preveli oder Gouverneto, sind sehenswert und mit ihnen natürlich die zugehörigen Gärten.

STRÄNDE

○ **ELAFONISI**

Eine Insel vor der Insel – das muss einfach ein Traumstrand sein. Elafonisi besitzt keinen rein weißen Strand, wer genau hinsieht, wird eine leichte rosafarbene Tönung entdecken, die sich durch Muscheln ergeben hat. Der Strand ist lang, breit und reicht flach ins Meer.

○ **PREVELI**

Ein Fluss, der ins Meer mündet, sorgt immer für Naturschönheit. In Preveli ist der dazugehörige Strand zudem von Palmen gesäumt.

○ **VAI**

Tropische Palmen direkt am Strand lassen karibische Stimmung aufkommen – Vai ist bestimmt kein Geheimtipp auf Kreta, aber auf jeden Fall einen Besuch wert. Tavernen am Ufer sorgen für Verpflegung und eine kleine vorgelagerte Insel für den Abenteuerfaktor.

AUSGEHEN

Harakas // Griechische Tavernen zu finden ist auf Kreta nicht schwer, die richtig authentische möglicherweise schon. Harakas in Iraklio gehört zu den beliebtesten griechischen Restaurants der Insel. Egal, ob Schafskäse, eingelegte Weinblätter oder Lamm – hier wird mit Leidenschaft gekocht und serviert.

Oinoa // Anders als viele touristische Restaurants setzt Oinoa in Chania nicht auf Fotos vom Essen und Bewirtung draußen. Hier isst man drinnen und genießt hervorragend zubereitete Speisen, ob gegrillte Austernpilze in raffinierter Sauce oder Fisch an leichtem Schaum.

Paralia Seaside Restaurant // Wenn es in einem Restaurant sehr voll ist, ist es meistens ein Zeichen von Qualität. So jedenfalls ist es beim Paralia Seaside Restaurant in Iraklio. Es liegt prominent am Meer und bietet vor allem abends einen weiten Blick, während der fangfrische Fisch auf dem Teller lockt.

// www.paraliacrete.gr

Rechts: Pflichtprogramm für jeden Kreta-Urlauber: Einen Besuch der Felseninsel Imeri Gramvousa und ihrer Festung, die der nordwestlichen Küste Kretas vorgelagert ist, darf man sich nicht entgehen lassen. Fast noch spannender als die Insel selbst ist das Meer ringsum. Denn es ist so bunt bevölkert von ozeanischem Getier, dass man sich hier wünschte, zumindest für ein paar Stunden Poseidon zu sein.

○ **LAGUNE VON BALOS**

Es sieht aus, als hätten sich Meer und Sand in Aquarellmalerei versucht: Die Lagune von Balos im Westen der Insel zählt zu den eindrucksvollen Naturschauspielen der Insel. Hier staut sich das Wasser in dem flachen Becken, bevor sich die Halbinsel Kap Tigani anschließt. Im Sommer gibt es auch eine Bar.

○ **GEORGIOUPOLIS AM KOURNAS-SEE**

Wenn Wind und Wellen zu sehr toben, dann bietet sich ein Ausflug ins Binnenland an, etwa zum Kournas-See. Bei Georgioupolis lockt ein schöner Sandstrand, an dem auch Kinder gut planschen können.

SHOPPING

○ **MARGARÍTES**

Töpferware ist in fast jedem südlichen Urlaubsziel der Dauerbrenner. Wer wirklich auf Kreta Hergestelltes sucht, macht sich auf den Weg ins Töpferdorf Margaríteso.

○ **SHOPPING IN RÉTHIMNO**

In Réthimno bummeln die Einheimischen gern durch die Gasse Odós Arkadíu, donnerstags gibt es einen Wochenmarkt nahe der Marina.

○ **KÓKKINO CHORIÓ**

Die Glasbläserei in Kókkino Chorió ist ein lohnendes Ziel. Das Dorf diente auch als Kulisse für den Film »Alexis Sorbas« (1964). In dem Kafenion, das in dem Film eine große Rolle spielt, hat sich heute ein Tante-Emma-Laden etabliert. Die örtliche Glasbläserei zählt zu den bekanntesten der Insel und lässt Besucher bei der Fertigung von Gläsern und Schmuck zuschauen.

○ **IKONEN**

In der Altstadt von Iráklio finden sich einige Ikonenmaler, die neue Götterbildnisse herstellen. Alte Werke auszuführen ist strikt untersagt, aber die neuen Bildnisse sind auch sehr aussagekräftig.

ÜBERNACHTEN

Minos Palace // Wenn sich Himmel und Wasser spiegeln und man nicht weiß, wo sie ineinander übergehen, dann entsteht nicht nur in den Gedanken Weite: Der Infinity-Pool des Hotels Minos Palace ist wunderschön, ebenso wie die Gesamtausstattung dieses luxuriösen Adults-Only-Hotels.

// www.minospalace.com

Rimondi Boutique Hotel // Im Mittelklassesegment liegt das Rimondi Boutique Hotel, es ist nicht nur individuell eingerichtet, auch die Freundlichkeit der Gastgeber ist weithin bekannt. Ein schöner Bau in der Stadt von Réthimno, der ein wenig an einen Stadtpalast erinnert.

// www.hotelsrimondi.com

Galini Beach // Das Preis-Leistungs-Verhältnis stimmt beim Hotel Galini Beach in Kissamos, es liegt herrlich strandnah, ruhig, und die modern ausgestatteten Zimmer sind relativ günstig zu mieten.

// www.galinibeach.com

St. Nicolas Bay // Villen mit eigenem Pool, ein Privatstrand des Hotels: Wer es ganz exklusiv mag, den zieht es in das Resort St. Nicolas Bay in Agios Nikolaos. Die Zimmer sind stylisch modern, es gibt sehr viele Rückzugsmöglichkeiten jenseits des Massentourismus.

// www.stnicolasbay.gr

AUF KEINEN FALL VERPASSEN

LEIERMUSIK LAUSCHEN

Ein Lyra-Konzert gehört auf jeden Fall zu Kretas Kulturschätzen. Das Zupfinstrument wird von örtlichen Musikern noch immer gern gespielt. Konzerte gibt es fast überall zu finden. Am lebendigsten sind sie improvisiert, wenn sich dann die Griechen in den Armen liegen, den Rebellentanz tanzen und dazu auf der Leier gespielt wird. Im Bergdorf Zarós werden die Instrumente übrigens noch hergestellt. Der Musikverein zur traditionellen griechischen Musik in Iraklio ist erste Anlaufstelle für alle, die sich mit der Musikrichtung befassen wollen. // www.cretamusic.com

DIE INSEL ELAFONISI BESUCHEN

Die Insel im Südwesten mit ihren roséfarbenen Stränden ist etwas Außergewöhnliches und sorgt mit den langen Sandbuchten für Farbspiele zwischen Türkis und Rot. Erreichen kann man sie sogar, wenn man vom Festland aus zu Fuß durch das seichte Wasser watet. Eine Brücke für Autos gibt es aber auch. Von der Stadt Paleochora führt eine Fährverbindung auf das Eiland. Besonders beeindruckend sind die Rosatöne des Strandes zum Sonnenuntergang.

ZU DEN HIPPIES VON MATALA PILGERN

Der Ort Matala wurde in den 1960er-Jahren zum Ziel von Hippies und Aussteigern. Blumenkinder und andere richteten sich in den Höhlen des Ortes häuslich ein, einige auch, um sich dem damaligen Vietnamkrieg zu verweigern. Selbst Cat Stevens und Bob Dylan waren dort. An die Flower-Power-Tradition knüpft heute das Matala Beach Festival an, es lässt die Hippestimmung wiederauferstehen. Auch jenseits des Festivals ist die Hippiestimmung in Matala geblieben.

KLEIN UND KLAR: DAS NATIONAL-GETRÄNK RAKI PROBIEREN

Raki gehört in Kreta auf den Tisch. Der aus Trester gewonnene Schnaps erinnert ein wenig an italienischen Grappa. Viele Familien brennen noch heute schwarz und servieren eigene Mischungen. Wer es offizieller möchte, besucht eine Destillerie in den Dörfern, etwa in Spili.

#39   ZYPERN

ZYPERN IST ZWEIFELSOHNE SEHR SCHÖN. EIN TOURISTISCH NACH WIE VOR FAST UNBERÜHRTER NORDEN. DIE WILDEN TROODOS-BERGE IM LANDESINNEREN. DIE VIELEN STRÄNDE FÜR JEDEN STRANDTYP: SPORTIV, RELAXED, EINSAMKEITSLIEBEND, MIT ODER OHNE HUND, MIT ODER OHNE KINDER, MIT ODER OHNE INFRASTRUKTUR. BERÜHMTE HISTORISCHE STÄTTEN WIE SALAMIS, NACH WIE VOR ALS GEHEIMTIPP GEHANDELTE AUSSTEIGERPRODUKTE WIE DER AUF DER INSEL HERGESTELLTE ANAMA-WEIN, GESICHTSLOSE HOTELBURGEN, IDYLLISCHE BERGDÖRFER – KULTUR- UND NATURLANDSCHAFTEN ERGEBEN AUF DER INSEL EIN SPANNENDES PUZZLE. NICHT ZU VERGESSEN DAS APHRODITE-ERBE, DAS ZYPERN ZUR INSEL DER LIEBENDEN MACHT. UND ZUGLEICH HÄNGT NOCH EIN HAUCH MELANCHOLIE ÜBER DER INSEL, DIE SEIT 1974 GETEILT IST. ZWAR FINDEN VORSICHTIGE DIALOGE STATT, WAGEN SICH BESUCHER IMMER ÖFTER AUCH WIEDER IN DEN NORDEN, DOCH NOCH SIND NICHT ALLE WUNDEN GEHEILT, DIE VOR 44 JAHREN GESCHLAGEN WORDEN SIND.

Beide Bilder: Wahrscheinlich ist das alles nur eine Erfindung von Tourismusämtern. Aber ins Träumen kommt man schon, wenn man bei Paphos vor dem Felsen steht, an dem Aphrodite aus dem Meer gestiegen sein soll. Wenn dann die Sonne untergeht und dem Stein einen ganz leichten bronzefarbenen Schimmer verleiht, wagt man sich sogar zu wünschen, dass die Göttin der Liebe ein zweites Mal schaumgeboren werden möge.

○ SALAMIS

15 000 Menschen hatten einst Platz in dem riesigen Theater. Ein monumentales Steinzeugnis einer untergegangenen Epoche europäischer Geschichte, als Salamis noch die wichtigste Stadt der Insel war, bis in spätrömische Zeiten hinein. Leider ist die imposante archäologische Stätte, an der bislang nur ein Bruchteil der alten Metropole freigelegt wurde, ein Opfer der politischen Wirren auf Zypern: wenig touristisch aufbereitet, obwohl sie die vielleicht interessanteste Sehenswürdigkeit Zyperns darstellt. Es bleibt zu hoffen, dass kommende Generationen behutsam mit dem Erbe umgehen.

○ AKÁMAS-HALBINSEL

Manchmal hat Militär auch sein Gutes. In diesem Fall den Schutz einer Landschaft, die seit dem Abzug der Armee unter Naturschutz steht. Der Westzipfel Zyperns ist wild, unberührt und bietet nicht nur Vögeln Unterschlupf. Auch die selten gewordenen Mönchsrobben fühlen sich wohl und räkeln sich in einer Bucht, während weiter südlich die umgangssprachlich Suppenschildkröten genannten Grünen Meeresschildkröten Eier im Sand der Lára-Bucht ablegen.

○ ARCHÄOLOGISCHER PARK KATO PÁFOS

Wer wohnte wohl hier, in den römischen Villen mit ihren bezaubernden Bodenmosaiken? Und wer warend die Beamten aus ptolemäischer Zeit, von denen nur ihre prächtigen Gräber geblieben sind? Der zum UNESCO-Weltkulturerbe gehörende Park schlägt einen eindrucksvollen Bogen durch zypriotische Geschichte bis zum Mittelalter, es braucht mehrere Stunden, ihn zu erschließen.

○ ÓMODOS

Ein Ort, der schon seit Jahrzehnten in Reiseführern als schönstes Dorf Zyperns angepriesen wird, hat es nicht leicht. Fast alle, die nach Zypern kommen, machen einen Abstecher hierher, wo ein Kloster den Dorfmittelpunkt bildet, von dem alte Gassen abzweigen und sich wunderschöne Fotomotive aufdrängen. Authentizität lässt sich gut vermarkten. Wer keine ungestörte Idylle erwartet, sondern landestypische Mitbringsel erwerben möchte, ist hier genau richtig.

○ GIRNE (KYRENIA)

Ehemaliges Stadtkönigreich mit alter Festung, verwinkelten Altstadtgassen, hochwertigen Museen und einem aufregenden Nachtleben: das derzeitige Touristenzentrum Nordzyperns.

FÜR WEN GEEIGNET? ZYPERN IST DIE PERFEKTE INSEL FÜR FLITTERWO-CHEN. DENN WO KÖNNTE EINE EHE BESSER IHREN ANFANG NEHMEN ALS AM APHRODITE-STEIN? UND AUCH SONST FINDEN JUNGVERMÄHLTE DAS RICHTIGE VERHÄLTNIS VON RUHIGEN NISCHEN, UM DEM FRISCHEN GLÜCK UNGESTÖRT RAUM ZU GEBEN, BIS ZU LEBENDIGEN PARTYMEILEN, UM AUSGELASSEN ZU FEIERN. VON EINFA-CHEN TAVERNEN BIS ZU MEHRSTER-NIGEN NOBELRESTAURANTS IST FÜR JEDEN GAUMEN ETWAS DABEI. FA-MILIEN WISSEN DIE INFRASTRUKTUR DER INSEL ZU SCHÄTZEN. HISTORISCH INTERESSIERTE SPÜREN DEN ODEM EINER JAHRTAUSENDEALTEN KULTUR-GESCHICHTE, DIE IHRE SPUREN HIN-TERLASSEN HAT. POLITISCHE GEISTER SCHEIDEN SICH AN DEN AKTUELLEN QUERELEN UM DIE GRENZEN EUROPAS, DIE AUF ZYPERN PRÄSENTER SIND ALS ANDERNORTS.

○ LAZARUS-KIRCHE (ÁGIOS LAZAROS)

Die Mauern sind alt, ob die Ikone im Inneren echt ist, bleibt dagegen umstritten. Die im späten 9. Jahrhun-dert errichtete Kirche birgt vielleicht den Schädel des von Jesus vom Tod ins Leben zurückgeholten Laza-rus, zumindest wurde ein Sarkophag in einer Krypta unter der Kirche gefunden, auf dem dessen Name stand.

○ MACHAIRÁS-KLOSTER

Es gibt viele Klöster auf Zypern, die einen Besuch loh-nen. Das Machairás-Kloster gehört zu den großen, noch bewirtschafteten Klöstern. Es besticht durch die abgeschiedene Lage am Rand des Troodos-Gebirges, seine kultivierte Stille und die angeblich Wunder wir-kende Marienikone.

○ ST.-HILARION-RUINE

Die trutzigen Mauern der alten Gipfelburg haben vie-le Belagerungen erlebt, als noch Kreuzritter durch die Lande zogen und die europäischen Machtverhältnis-se sich beständig veränderten. Heute bietet die auf

Oben: Am Kap Greco ganz im Südosten von Zypern endet Europa. Es ist ein fulminantes Finale mit einem kristallklaren Meer und einer drama-tischen Steilküste, in deren Höhlen einst die Zyklopen hausten.

Links: Hier also soll es geschehen sein. An diesem doch recht unscheinbaren Felsen soll Aphrodite einst aus dem Meer gestiegen sein, um fortan als eine der zwölf olympischen Gottheiten die Schutzherrin der Liebe und der Schönheit zu sein.

drei Ebenen liegende Ruine einen atemberaubenden Ausblick über das zu ihren Füßen liegende Girne und über das Mittelmeer in Richtung Türkei.

○ ALAGADI-SCHILDKRÖTEN-PROJEKT

Es ist schon ein spektakuläres Ereignis, wenn die Karrettschildkröten-Mütter behäbig an Land kriechen, um ihre Eier am Alagadi-Strand abzulegen. Doch richtig berührend ist es, wenn dann 50–60 Tage später die jungen Schildkröten schlüpfen, um sich auf den gefährlichen Weg ins Meer zu machen. Interessierte können sich anmelden und mithelfen oder einfach nur zuschauen.

Rechts: Durch den Zusammenstoß der Afrikanischen mit der Europäischen Kontinentalplatte wurde das Kyrenia-Gebirge in Nordzypern aufgeworfen. Die Mythologie kennt natürlich viel spannendere Erklärungen: Der byzantinische Held und Drachentöter Digenis Akritas schwamm einst nach Zypern, um es vom Joch der Sarazenen zu befreien. Als er aus dem Meer stieg, hielt er sich mit seiner Hand am Gebirge fest – und hinterließ den Abdruck seiner fünf Finger. Pentadaktylos, Fünffinger-Gebirge, wird Kyrenia deshalb auch genannt.

AUSGEHEN

Paphos: 7 St. Georges Tavern // Abends findet sich ohne Reservierung kaum ein Plätzchen, denn diese Taverne ist berühmt für ihr leckeres Meze-Angebot. Meze sind typisch zypriotisch: Es gibt keine Speisekarte, sondern viele Kleinigkeiten werden zu einem Festpreis gereicht. Noch hat die Bekanntheit der geschmackvoll eingerichteten Taverne mit großer Außensitzfläche nicht zu einer weniger herzlichen Atmosphäre geführt.

Larnaca: Ammos Beach Bar // Weiß, weiß, weiß. Stylischer Minimalismus, Strandblick, starke Cocktails. Die Bar hat sich ihren Ruf hart erkämpft und verdient ihn. Hier herrscht abends Partystimmung, mittags lässt sich gut in dem luftigen Ambiente speisen.

// www.ammos.bar

Dipkarpaz: Manolyam // Es sind weder die Lage noch die Einrichtung, die hierher locken, sondern einzig und allein das gute Essen. Beste Location in Dipkarpaz, dem Tor zu den goldenen Stränden im Nordosten.

STRÄNDE

○ BLUE LAGOON

Für manche ist die Blaue Lagune der schönste Strand Zyperns. Abgeschieden, mit normalen Autos nicht zu erreichen, kristallklares Wasser. Weißschaumige, sanfte Wellen ergießen sich entspannt in die Bucht, zwischen den Felsen finden sich feinsandige Nischen zum Sonnenbaden. Am besten mit dem Boot von Latchi aus anreisen!

○ PÉTRA-TOU-ROMIOÚ

Kiesel überall, die in der Mittagshitze zu heiß werden können, um barfuß auf ihnen zu laufen. Und Liebende oder solche, die es werden wollen. Denn der mythische Geburtsort Aphrodites liegt hier. An den Gestaden dieses Strandes sei es gewesen, was Botticelli vielleicht am schönsten ins Bild gebannt hat: die Anlandung der Aphrodite (Venus) in der Muschel. Und das zieht nicht nur Touristen an, sondern auch Einheimische, die zum Aphrodite-Felsen pilgern, um ihr Glück in Liebesdingen zu bestärken.

○ KONNOS-BEACH

Flaches Wasser ohne Wellen, gelber feiner Sand, Fische und Seesterne in Strandnähe: ein Familienstrand aus dem Bilderbuch, wo die Kleinsten am Meeressaum Burgen bauen, während die Größeren alle Ar-

ten von Wassersport ausprobieren können wie Jetski, kleine Motorboote, Kajaks oder Wasserski. Perfekte Infrastruktur mit Toiletten, Umkleidekabinen, Liegen, Restaurant und sonstigen Annehmlichkeiten.

○ GOLDEN BEACH

Kilometerlanger Sandstrand fast ohne Infrastruktur, fast ohne Touristen – fast zu schön, um wahr zu sein. Wen eine lange Anfahrt nicht abschreckt, die durch türkische Dörfer und über staubige Straßen führt, an deren Rändern Eselkarren entlangfahren, der ist im äußersten Nordosten Zyperns genau richtig.

SHOPPING

○ ÓMMODOS

Das alte Weindorf verkauft nicht nur den berühmten Commandaria, sondern diverse zypriotische Weine, die vor Ort angebaut worden sind. Auch von den Frauen des Dorfes traditionell hergestellte Spitzenarbeiten werden angeboten, manchen kann bei der Arbeit sogar über die Schulter geschaut werden.

○ PAPHOS: THE PLACE

Der perfekte Ort, um Mitbringsel und Erinnerungsstücke zu finden – regionale Produkte, Handwerkskunst, Design. Alles ist liebevoll arrangiert, der Laden inszeniert sich gelungen als Gesamtkunstwerk.

// www.theplacecyprus.com

○ VENUS ROSE COSMETICS

Es duftet nach Rosen, es schmeckt nach Rosen. Es dreht sich alles um Rosen in dieser kleinen Manufaktur im unscheinbaren Bergdorf Agros. Bei einer Führung wird die Herstellung der Produkte erklärt, die im niedlichen Laden vor Ort erworben werden können, von Parfums über Cremes zu Ölen und Tees.

// www.venus-rose.com

Links: Zyperns Golden Beach trägt seinen Namen zu Recht: Wenn die Sonne untergeht, werden Strand, Felsen und Sand in ein goldenes Licht getaucht.

ÜBERNACHTEN

Almyra // Eleganz und Familienfreundlichkeit müssen sich nicht ausschließen, jedenfalls nicht in diesem Hotel. Über Leitern führt ein eigener Weg zum Strand, der allerdings nicht hoteleigen ist. Dafür verwöhnt ein großer Wellnessbereich. Der Service ist herausragend.

// www.almyra.com

Niki's House // Klein, gemütlich, warmherzig. Keine seelenlose Hotelburg, sondern ein sehr persönliches Ambiente.

// www.nikishouse.com

Merit Cyprus Gardens Resort // Nette Anlage nahe Famagusta und Salamis mit großem Swimmingpool. Wohnen vom einfachen Zimmer über diverse Suiten bis hin zu kleinen Villen.

// www.merithotels.com

AUF KEINEN FALL VERPASSEN

PFERDEN UND ESELN BEGEGNEN

Vorbei an Olivenhainen mit Blick aufs ferne Meer führen die romantischen Ausritte zu Pferd, die bei Sonnenuntergang von den Betreibern der Eagle Mountain Range angeboten werden. Im Dipkarpaz Milli Parki wiederum wird den Wildeseln der Insel ein Schutzgebiet eingeräumt. Die Esel sind an Menschen gewöhnt und fressen Möhren aus der Hand.

IM KLOSTERHOF SITZEN UND STILL WERDEN

Die winzige steinerne Klosteranlage Ágios Ioannis Lampadistis in den Troodos-Bergen strahlt so viel Ruhe aus, dass sich ein Besuch auch ohne die wunderschönen byzantinischen Fresken lohnen würde, die im Inneren des Klosterkirchenkomplexes erhalten sind und zum UNESCO-Weltkulturerbe gehören.

ZYPERN AUF DER ZUNGE SPÜREN

Bei einer Weintour quer durch das nicht nur für den süßen Commandaria berühmte Weinland zeigt sich Zypern von seiner schmackhaftesten Seite. Auch die zypriotische Küche kommt zur Geltung während der Ausflüge in Weinberge, Kellereien, Tavernen und Restaurants.

ZU EINEM GESUNKENEN WRACK TAUCHEN

Es mutet surreal an, das gedämpfte Licht in den Gängen der vor fast 40 Jahren gesunkenen »Zenobia«. Zum Glück waren noch keine Passagiere an Bord des Fährschiffes, als es sank. Dennoch bleibt ein Schauder ob der Fragilität der menschlichen Existenz, spürbar beim Passieren der mannshohen Schiffsschrauben oder beim Eintauchen in das erodierende Wrack. // www.oceanviewdive.com

OFF-ROAD IM BUGGY CRUISEN

Nichts für schwache Nerven: Schön viel Adrenalin wird durch die Adern gepumpt, wenn mit heulendem Motor steile staubige Abhänge hinauf- und hinuntergerast und enge Kurven durchmessen werden, bei denen der Schwerkraft gespottet wird. Dazwischen Bogenschießen und Kartfahren, bevor es wieder auf die Piste geht, in abenteuerlichem Gelände. // www.sayiousadventurepark.com

#40 MARMARA-INSELN

WEDER BEDEUTENDE KULTURELLE RELIKTE NOCH UNGEWÖHNLICHE NATÜRLICHE GEGEBENHEITEN MACHEN DIE MARMARA-INSEL ZU EINEM BESONDEREN ORT. DIE WÄLDER UND STRÄNDE DER INSEL SIND DURCHAUS SCHÖN. UND ES GIBT EINIGE STEINERNE ÜBERBLEIBSEL AUS RÖMISCHER UND BYZANTINISCHER ZEIT. DOCH ES SIND WENIGER FLORA UND HISTORIE, DIE DER INSEL IHR AUSKOMMEN SICHERN, SONDERN ES IST IHR MARMOR. DER GESAMTE NORDEN DES EILANDES IST DEM MARMORABBAU GEWIDMET UND DAS BEMERKENSWERTE AN DIESEM STEINBRUCH IST TATSÄCHLICH SEIN ALTER. DENN MARMOR WIRD HIER SCHON SEIT DER ANTIKE GEWONNEN UND FINDET SICH IN SO IMPOSANTEN BAUWERKEN WIE DER HAGIA SOPHIA IN ISTANBUL ODER DEM IN BERLIN AUSGESTELLTEN PERGAMON-ALTAR WIEDER. DIE ANDEREN BEWOHNTEN ZUR MARMARA-INSELGRUPPE GEHÖRENDEN INSELN SIND DIE KLEINE STRANDREICHE AVŞA-INSEL, DIE GROSSE, ABER DÜNN BESIEDELTE WIESENREICHE PAŞALIMANI-INSEL UND DIE NICHT DER ÖFFENTLICHKEIT ZUGÄNGLICHE GEFÄNGNISINSEL IMRALI. DREI UNBEWOHNTE EILANDE RUNDEN DIE INSELGRUPPE AB.

○ MARMARA-INSEL

SARAYLAR

An der Strandpromenade tummeln sich abends Einheimische und Gäste, die Boote wippen kaum merklich auf dem dunklen Wasser, Neonlicht dringt aus den Bars und laute Musik verdrängt die Stille der Nacht. Tagsüber wird der gigantische Steinbruch sichtbar, direkt hinter dem Dorf. Etwas unheimlich ragt der nackte Fels hinter den Häusern auf – die Natur lässt sich ungern ihre Schätze abringen.

MARMORMUSEUM (SARAYLAR AÇIK HAVA MÜZESI)

Ein Teil des Steinbruches bei Saraylar ist als Freilichtmuseum gestaltet, das Geschichte der Marmorgewinnung nachvollziehbar macht (allerdings auf Türkisch). Es war offenbar zeitweilig in der Antike üblich, auf der Insel nicht nur den Rohstoff abzubauen und abzuliefern, sondern diverse Rohlinge direkt vor Ort anzufertigen, also beispielsweise eine Büste mit ungestaltetem Kopf, der dann zu einem Künstler am Festland weiterverschickt wurde in der grob bearbeiteten Fassung. Einige dieser halbfertigen Kunstwerke wurden aufgefunden und im Museum gesammelt. In ihnen wird Geschichte besonders greifbar.

ÇINARLI

Alte Bäume lösen immer einen Schauder aus. Hätten sie Augen zu sehen und Ohren zu hören und eine Stimme zu sprechen, was könnten sie uns alles erzählen über uns. Die tausendjährige Platane am Ortseingang des kleinen Fischerdörfchens Çinarlı gehört zu

diesen besonderen Geschöpfen, deren Alter so unvorstellbar ist für uns kurzlebige Wesen. Das Dorf selbst ist neben Marmara der Haupttouristenort auf der Insel geworden, es werden diverse Unterkünfte in verschiedenen Preisklassen geboten.

○ AVŞA-INSEL

Was die Marmara-Insel an Sandstrand zu wenig abbekommen hat, ist bei der nahe gelegenen Avşa-Insel gelandet. Hier herrscht Partystimmung. Sonne, in vielen Buchten schmale oder breitere Streifen Sandstrand, Wind und Wellen – vor allem mit Kindern und Jugendlichen lohnt sich der Ausflug. Aber auch ohne Nachwuchs ist ein Abstecher zu der strandreichen Insel ein Erlebnis. Es tummeln sich sehr viele Menschen auf dem kleinen Eiland. Die darauf abgestimmte Vielzahl an Restaurants, Clubs, Bars und Strand-Cafés erlaubt es, zwischen einem Sonnenbad oder einer Abkühlung im Meer dort einzukehren, wo es einem am besten gefällt.

○ PAŞALIMANI-INSEL

Das winzige Eiland wirkt ein wenig wie aus der Zeit gefallen. Wer hier vorbeikommt, womöglich im eigenen Segelboot, erlebt etwas von der alten Gastfreundschaft, die in den meisten östlich Europas gelegenen Kulturen noch lebendig ist. Da Strände weitestgehend fehlen, ist es sehr ruhig auf Paşalimanı. Windräder drehen sich gemächlich in der Meeresbrise. Ein paar streunende Hunde kommen vorbei, um eventuell einen Leckerbissen zu ergaunern. Hühner gackern unbeeindruckt vor sich hin und scharren auf den staubigen Wegen.

Links: Beliebtes Sommerziel der Istanbuler sind die drei bewohnten Marmara-Inseln, die gut per Fähre von der türkischen Großstadt aus zu erreichen sind.

FÜR WEN GEEIGNET? ALS URLAUBSDOMIZIL IST DIE MARMARA-INSEL BELIEBT, DA SIE SCHÖNE WANDE-RUNGEN DURCH DIE WÄLDER ERMÖG-LICHT UND IN DEN URLAUBSORTEN EINE ANGENEHME INFRASTRUKTUR BEREIT-STELLT. SIE IST WEDER ÜBERLAUFEN NOCH MENSCHENLEER, WEDER ÜBER-TEUERT NOCH AUSSCHLIESSLICH LOW BUDGET. MARMARA BIETET EINE RECHT AUTHENTISCHE ERFAHRUNG TÜRKI-SCHER URLAUBSKULTUR. DIE AVŞA-INSEL IST DEUTLICH VOLLER, WAS BEI DEN VIELEN STRÄNDEN NICHT VERWUN-DERT. NACH PAŞALIMANI KOMMEN SEHR WENIGE BESUCHER, WAS BEGEG-NUNGEN MIT EINHEIMISCHEN EINEN GANZ EIGENEN ZAUBER VERLEIHT.

STRÄNDE

○ ÇINARLI

Einer der wenigen Sandstrände der Marmara-Insel findet sich in Çınarlı. Die Atmosphäre am Strand ist selbst zu Saisonzeiten nett, auch wenn er dann na-türlich sehr voll wird. Obwohl das alte Fischerdörf-chen sich in den letzten Jahren zu einem kleinen Tou-ristenzentrum gemausert hat, hat es sich eine eige-ne Aura bewahrt, die auch am Strand spürbar wird.

○ ABROZ MEVKII

Nahe Saraylar gibt es einen Strandbereich, der Frau-en vorbehalten ist. Dort wird die Kulturdifferenz, die ohnehin schon recht spürbar ist auf den Marmara-In-seln, noch greifbarer.

○ YIĞITLAR-STRAND (AVŞA-INSEL)

Schöner, relativ breiter Strand. Klares Wasser, im Hin-tergrund wartet eine gute Infrastruktur, weitestge-hend zu günstigen Preisen wie fast überall auf der In-sel. In Laufnähe befinden sich einige kleine einsame Sandbuchten, an die sich zurückziehen kann, wer ge-nug hat von der Lautstärke und dem Trubel am Haupt-strand. Die Geräuschkulisse verebbt dort, das leise Murmeln des Meeres übertönt die Menschen. Steil-wände speichern die Sonne und sind auch in der Däm-merung noch warm.

Links: Sandstrände sind auf Marmara nicht sonderlich reichlich vorhanden. Das tut ihrer Beliebtheit allerdings keinen Abbruch.

ÜBERNACHTEN

Marmara-Insel: Ada-Art Guesthouse // Schönes kleines Gästehaus nahe einem der idyllischsten Orte der Marmara-Insel, Gündoğdu. Zwischen Olivenbäumchen, ein Ort, der Muße und Muse vereint.

// www.ada-art.com

Marmara-Insel: Dostlar Pension // Nied-liche Holz-Bungalows mit schönem Blick aufs Meer in liebevoll gestaltetem Garten. Es lässt sich gut auch etwas länger aushal-ten in dieser freundlichen Pension, nahe dem Sandstrand von Çınarlı.

// dostlarpansiyon.com

Avşa-Insel: Hotel Beyaz Saray // Ge-pflegte Anlage, saubere Zimmer, freundli-che Bedienung. Schön ist der Strand direkt vorm Hotel, insgesamt ein sehr angeneh-mer Ort, um Ferien zu machen.

// www.avsabeyazsaray.com.tr

AUF KEINEN FALL VERPASSEN

SARDINEN IN OLIVENÖL NASCHEN

Eine Spezialität der Marmara-Insel sind die in Olivenöl eingelegten Sardinen. Die hiesige Bevölkerung lebt von Fischfang und Olivenanbau. Die Symbiose beider Wirtschaftszweige hat zu einem gelungenen Leckerbissen geführt.

KRÄUTER SAMMELN

Es bedarf eines geschulten Auges, um die diversen Wildgewächse am Wegrand zu unterscheiden und die schmackhaften Kräuter unter ihnen herauszufiltern. Wer sich ein wenig mit der türkischen Flora beschäftigt, wird bei Wanderungen durchs Inselinnere fündig werden und kann sich Kerbel, Fenchel oder Thymian mit nach Hause nehmen.

IM DORFSUPERMARKT EINKAUFEN

Es landen sehr wenige Touristen in Paşalimanı. Umso netter ist die Atmosphäre in dem kleinen Supermarkt, dem einzigen der Stadt. Hier sind Westeuropäer noch eine Attraktion, man wird in Gespräche verwickelt, die auch mit Händen und Füßen, Augen und Kopfnicken und -schütteln bestritten werden können. Alles auf der Insel wirkt sehr natürlich, unaufdringlich und unaufgeregt. So wird selbst Obst kaufen zum Ereignis.

LAND ART HINTERLASSEN

Im Westen Europas schon nichts Neues mehr, Land Art am Strand. Warum nicht ein türkisches Urlaubsdomizil damit infizieren und zum Beispiel ein paar gut ausbalancierte Steintürmchen bauen? Das steckt an und bringt Urlaubsbekanntschaften, die bei sonstiger Sprachdifferenz vielleicht nicht stattgefunden hätten.

#41   KEKOVA

FAST LAUTLOS GLEITET DAS BOOT ÜBER DIE WASSEROBERFLÄCHE. EIN FENSTER IM SCHIFFSRUMPF ERLAUBT, NACH UNTEN ZU SCHAUEN. EIN SCHAUDER ERGREIFT JEDEN, DER HIER HINDURCHSCHAUT UND SICH GLEICHZEITIG DURCH DIE ZEITEN HINDURCH DAS LEBEN IN DOLICHISTE VOR ÜBER 1800 JAHREN VORSTELLT. IM 2. JAHRHUNDERT ENDETE ES ABRUPT, ALS EIN STARKES ERDBEBEN DIE EHEMALIGE LANDVERBINDUNG ZWISCHEN SIMENA (DEM HEUTIGEN KALEKÖY) UND DER INSEL KEKOVA UNTERBRACH UND DIE STADT ZERSTÖRTE. NUN FÜHREN DIE URALTEN STEINTREPPEN DIREKT INS WASSER, LIEGEN AMPHOREN UND ANDERE ALLTAGSGERÄTE AM MEERESBODEN, RAGEN NOCH NACKTE MAUERN UNTER WASSER EMPOR, DIE EINMAL FÜR BESTÄNDIGKEIT UND SCHUTZ STANDEN, BEVOR DIE NATUR IHR RECHT FORDERTE. HEUTE STEHT DIE GESAMTE GEGEND UNTER NATURSCHUTZ, DAMIT NICHT TAUCHER ALLE KULTURELLEN RELIKTE ENTWENDEN, DIE UNTER WASSER AN EINE VERGANGENHEIT ERINNERN, ALS LYKIEN RÖMISCHE PROVINZ WAR UND DOLICHISTE EIN FLORIERENDES KÜSTENSTÄDTCHEN.

Oben: Sanft schaukelt der Zweimaster im klaren Wasser in einer geschützten Bucht vor der Insel Kekova an der türkischen Südküste.

Links: Die Kulisse mit der versunkenen Stadt im Untergrund verführt zum Träumen.

Rechts: Gegenüber von Kekova erhebt sich die hügelige Küste gen Himmel, grüne Büsche durchbrechen das Steingrau, und auf einer Kuppe beherrscht die byzantinische Festung von Simena das Bild.

Die kleine Insel Kekova ist touristisch nicht erschlossen. Boote schippern ihre Nordwestseite entlang, um Interessenten die Mauerreste am Ufer und unter Wasser zu zeigen. Während eines solchen Ausfluges bieten sich wunderschöne melancholische Fotomotive an. Sehenswert ist allerdings die gesamte Region Kekova, zu der ein bedeutender Streifen Festland gehört, unter anderem das malerische Kaleköy mit seiner lykischen Nekropole und den Resten einer mittelalterlichen Kreuzfahrerburg, das nur per Boot zu erreichen ist.

○ KALEKÖY (SIMENA)

Es führt keine befahrbare Straße in dieses winzige Steindorf, erbaut auf den Ruinen Simenas. Und der Weg vom nächsten Ort Üçağiz ist keineswegs ein gemütlicher Spaziergang. Man sollte gut zu Fuß sein, um auf den Spuren der Lykier zu wandeln – oder mit dem Boot anreisen. Dann ist nur eine Bucht zu umrunden und schon taucht die Anlandestelle von Kaleköy auf, wo heute wahrscheinlich niemand mehr wohnen würde, wären da nicht einige beeindruckende Reste der lykischen Zivilisation und das untergegangene Dolichiste.

Links: Von der Festung Simena aus geht der Blick auf die Insel Kekova.

FÜR WEN GEEIGNET? WER SCHNELL SEEKRANK WIRD, DER WIRD DEN AUSFLUG NACH KEKOVA NICHT GE-NIESSEN KÖNNEN, DENN DIE HAUPTAT-TRAKTION DER INSEL, DIE UNTERGE-GANGENE STADT ZU IHREN FÜSSEN, IST NUR VOM BOOT AUS ZU SEHEN. DIE DICHT UNTER DER WASSEROBERFLÄ-CHE LIEGENDEN MAUERRESTE SPRE-CHEN NICHT NUR ARCHÄOLOGEN ODER HISTORIKER AN. JEDES MENSCHLICHE GEMÜT WIRD BEWEGT VON DER VOR-STELLUNG, DAS EINST EIN GANZ NOR-MALER ALLTAG STATTGEFUNDEN HAT, WO HEUTE FISCHE UND SEESTERNE EINE NEUE HEIMAT GEFUNDEN HABEN.

SIMENA-BURG

Burgruinen gibt es viele in der Welt. Manche zerfallen in Würde, manche zerbröckeln einfach und geraten in Vergessenheit. Wer mit dem Boot anreist und schon von Weitem die Simena-Burgruine in der Hitze flim-mern sieht, der muss mehrmals blinzeln, um sich zu vergewissern, dass hier wirklich nur eine Ruine steht. Wie eine Fata Morgana schimmert etwas von der al-ten Mächtigkeit durch die Zinnen des von der Zeit gezeichneten Gemäuers, das einst die Rhodos-Ritter (ein Johanniterorden) errichtet hatten. Sie diente der Abwehr von Piraten, die in den Gewässern vor Keko-va ihr Unwesen trieben.

KLEINES AMPHITHEATER

Inmitten der Ruinen der mittelalterlichen Festungsan-lage, die hoch oben über Kaleköy thront, findet sich ein lykisches Kleinod, im wahrsten Sinne des Wortes. Das kleinste bislang in der Türkei gefundene Am-phitheater aus lykischer Zeit erzählt von Zeiten, als hier bis zu 300 Zuschauer uns unbekannte Stücke bewunderten.

LYKISCHE NEKROPOLE

Den Inschriften nach waren es Römer, die sich im ly-kischen Stil begraben ließen, etwas außerhalb der alten römischen Provinzstadt Simena. Die über den Hang verstreuten Sarkophage geben, auch wenn das manchem blasphemisch anmuten mag, ein wunder-bares Fotomotiv ab. Eine wilde Romantik durchklingt die Stille zwischen den alten Steinen, die vom Leben und Sterben zu anderen Zeiten unter demselben Him-mel berichten.

Links oben: Eine Steintrep-pe führt direkt ins Meer, ihre Stufen sind unter der Wasseroberfläche gut zu erkennen. Daneben ruhen Ruinen von Häusern, Plätzen und Straßen auf dem Grund, sogar eine Amphore ist dabei. Ein unheimliches Gefühl be-schleicht die Besucher, wenn sie die Fragmente menschlicher Zivilisation durch das glasklare Wasser bestaunen.

Links unten: Die lykische Totenstadt bei Kaleköy umgibt mit ihren Felsengräbern eine ganz spezielle Atmosphäre.

– 252 –

AUF KEINEN FALL VERPASSEN

FRÜHSTÜCK MIT BLICK AUF DEN SARKOPHAG

Intensiv grüner Rasen, goldbraune Holztische, türkisblaues Wasser – schon diese Kombination allein lohnte den nächtlichen Aufenthalt mit morgendlichem Früh- stück im Teras Paradise Guest House in Kaleköy. Doch erst der aus dem Wasser ragende lykische Sarkophag direkt vor der kleinen Pension macht den Aufenthalt wirklich unvergesslich.

WANDERN AUF DEM LYKISCHEN WEG

Einer der schönsten Fernwanderwege Europas führt auch durch Kekova – der Lykische Weg. Auf den Spuren der alten Lykier können insgesamt 509 Kilometer zwischen Fethiye und Antalya zurückgelegt werden, aber es lässt sich auch auf den kurzen Abschnitt rund um Kaleköy konzentrieren. Der Wanderweg ist nicht überall gut ausgeschildert, aber in jedem Fall wild, uralt und wunderschön.

MIT EINEM FISCHERBOOT ZUR INSEL FAHREN

Natürlich bieten professionelle Bootsunternehmen Touren zur Insel Kekova an, mit Glasfenster zum Mee- resboden und allem Komfort. Wesentlich näher zu Land und Leuten lässt sich allerdings gelangen, wenn ein einfacher Fischer gefragt wird, ob er nicht aus- nahmsweise Gäste transportieren möchte während seiner täglichen Fahrt. Es riecht dann zwar so, wie es in einem kleinen Fischerboot eben riecht und man teilt sich den Platz mit Fischernetzen und sonstigem Zubehör, aber authentischer an einer türkischen Küs- te entlangschippern lässt sich kaum.

AUF DEN URALTEN STEINEN EINES LYKISCHEN AMPHITHEATERS SITZEN

Ein paar Eidechsen huschen erschrocken davon, wenn sich Besucher den sieben Sitzreihen des winzigen Theaters nähern, sonst ist es still. Und gerade diese Stille ist es, die etwas in der Seele zum Klingen bringt. Wer saß hier wohl vor über 2000 Jahren und welche Stücke waren es, die im Halbrund gespielt worden sind?

REGISTER

BILDNACHWEIS

C = Corbis, G = Getty, M = Mauritius

S. 2 Look/age fotostock; S. 3 Look/age fotostock; S. 3 G/Luis Davilla; S. 4–5 Pix Flix Media/Shutterstock.com; S. 6–7 Look/Robertharding; S. 8 G/Stephane Lemaire; S. 9 G/Naeblys; S. 10 G/Witold Skrypczak; S. 10 M/David Noton; S. 10 M/Roberto Moiola; S. 11 Look/Rainer Mirau; S. 13 Look/Juergen Richter; S. 13 G/Gerard Soury; S. 13 Look/Juergen Richter; S. 13 Look/Konrad Wothe; S. 13 G/Dulezidar; S. 13 Alamy/David Noton Photography; S. 13 M/Helmut Corneli; S. 14 G/Tobias Helbig; S. 15 Look/Holger Leue; S. 16 M/Michele Falzone; S. 16 G/Konrad Wothe; S. 17 M/Jose Fuste Raga; S. 17 M/Alamy; S. 18 M/Alamy; S. 18 G/Holger Leue; S. 19 M/foodcollection; S. 19 G/Dennis Fischer Photography; S. 19 Look/Rainer Mirau; S. 19 M/Julian Birbrajer; S. 19 G/Scott Masterton; S. 19 G/Richard Cummins; S. 20 G/Bill Heinsohn; S. 21 C/Michele Falzone; S. 22 G/Poike; S. 22 M/Jose Fuste Raga; S. 22 M/Michele Falzone; S. 23 M/Scott Masterton; S. 23 C/Scott Masterton; S. 25 Look/Sabine Bungert; S. 25 M/Michael Zegers; S. 25 Look/age fotostock; S. 25 Look/Sabine Bungert; S. 25 G/LUNAMARINA; S. 25 G/Charles03; S. 26 C/Michele Falzone; S. 27 Mariusz Stanosz/Shutterstock.com; S. 28 M/Larry Lilac; S. 28 M/imagebroker; S. 29 M/imagebroker; S. 30 G/Jaime Reina; S. 31 M/Prisma; S. 31 M/foodcollection; S. 31 M/Rene Mattes; S. 31 Look/Design Pics; S. 31 G/ViewApart; S. 31 Look/Ulli Seer; S. 32 G/LUNAMARINA; S. 33 Look/age fotostock; S. 34 G/Atlantide Phototravel; S. 34 M/Sergi Reboredo; S. 34 G/Lunamarina; S. 35 G/Gonzalo Azumendi; S. 36 M/Siepmann; S. 37 M/JS Designs; S. 37 Look/age fotostock; S. 37 M/Nadja Jacke; S. 37 G/LuismiX; S. 37 M/Martin Moxter; S. 38 G/StevanZZ; S. 39 G/StevanZZ; S. 40 G/Altrendo Travel; S. 40 G/StevanZZ; S. 40 G/Digitalsignal; S. 41 Look/Robertharding; S. 43 G/Ernesto-photos; S. 43 G/Ronald Wittek; S. 43 G/Westend61; S. 43 G/Christian Marquardt; S. 43 G/Yuri_Arcurs; S. 43 G/Massimo Borchi; S. 44 Riccardo Chiarini/Shutterstock.com; S. 45 G/Jeremy Woodhouse; S. 46 G/Andrea Zangrilli; S. 46 G/Alberto Guglielmi; S. 47 G/Stefano Oppo; S. 48 M/Ian Dagnall; S. 49 Look/age fotostock; S. 49 M/Joerg Reuther; S. 49 Look/age fotostock; S. 49 G/Oliviero Olivieri; S. 49 M/Christian Bäck; S. 49 M/CuboImages; S. 50 Reuber Duarte/Shutterstock.com; S. 51 M/F. Lukasseck; S. 52 G/Andrea Comi; S. 52 G/Buena Vista Images; S. 52 G/Karp85; S. 54 Look/Sabine Lubenow; S. 55 G/Reed Kaestner; S. 55 M/Bailey-Cooper Photography; S. 55 G/Bhofack2; S. 55 G/Kolderal; S. 55 G/Maremagnum; S. 55 G/Chiyacat; S. 56 G/David Soanes; S. 57 M/Giuseppe Greco; S. 58 G/Franz Marc Frei; S. 58 G/Chiara Salvadori; S. 59 Look/age fotostock; S. 60 G/Chiara Salvadori; S. 61 M/Giuseppe Greco; S. 61 M/Giuseppe Greco; S. 61 G/Norbert Eisele-Hein; S. 61 G/REDA&CO; S. 61 M/Mirko Angeli; S. 62 G/Luca_libralato; S. 63 G/Crisrian Rossi; S. 63 G/Vincenzo Ucciero; S. 64 G/Franco Banfi; S. 64 G/Franco Banfi; S. 64 Simone Angelo Ferri/Shutterstock.co; S. 64 G/Paolo Cipriani; S. 65 Look/Franz Marc Frei; S. 66 G/Franz Marc Frei; S. 67 G/Gabriele Neri; S. 67 M/Alamy; S. 67 G/Alessandra Scena; S. 67 G/G. Roli; S. 67 M/Angelo Giampiccolo; S. 67 G/Karen Strauss; S. 68 G/Slow Images; S. 69 M/Udo Siebig; S. 70 G/Luca Trovato; S. 70 G/Stefano Di Francesco; S. 71 G/Walter Zerla; S. 72 G/Giulio_dgr; S. 73 G/Eemer1940; S. 73 G/Brzozowska; S. 73 G/Igorr1; S. 73 M/United Archives; S. 73 G/Jean Du Boisberranger; S. 73 M/Domenico Piccione; S. 74 M/Jeremy Woodhouse; S. 76 M/Daniel Kempf-Seifried; S. 76 M/Matthew Williams-Ellis; S. 76 M/CuboImages; S. 77 G/Slow Images; S. 78 Look/Ingolf Pompe; S. 79 G/Alexmat_65; S. 79 G/Atlantide Phototravel; S. 79 G/Andrea Savoca; S. 79 G/Enzodebernardo; S. 79 M/Alamy; S. 80 M/Filippo Armonio; S. 81 M/Enrique Diamantini; S. 82 M/Roberto Nistri; S. 82 M/Alamy; S. 82 G/Guido Nicora; S. 82 G/Massimo Pizzotti; S. 83 M/Filippo Armonio; S. 84 G/Veronica Franco; S. 85 M/Helmut Corneli; S. 85 G/Roulier; S. 85 G/Alfira Poyarkova; S. 85 G/Simona flamigni; S. 85 M/Alamy; S. 85 G/AFP; S. 86 Look/Hemis; S. 88 G/Walter Bibikow; S. 88 M/Slawek Staszczuk; S. 88 M/Katja Kreder; S. 89 G/ZoltanGabor; S. 90 G/Malcolm_grima; S. 91 Look/Hemis; S. 91 G/Elena Eliachevitch; S. 91 M/Stephen Barnes; S. 91 G/John Macdougall; S. 91 G/Chiara Salvadori; S. 92 G/Ryzhkov_Sergey; S. 93 G/Davide Seddio; S. 94 G/Izzet Keribar; S. 94 G/Davide Seddio; S. 94 G/Parasola Parasola; S. 95 M/Alamy; S. 96 M/Sabine Lubenow; S. 97 G/Hoiseung Jung; S. 97 G/Mark Avellino; S. 97 M/Panagiotis Kotsovolos; S. 97 M/SeaTops; S. 97 G/Hugo Monteros; S. 97 G/Tobias Friedrich; S. 98–99 G/Anna Gorin; S. 100 G/Anna Gorin; S. 101 G/xbrchx; S. 101 G/Xbrchx; S. 102 G/Gaspr13; S. 102 G/Magdalen_photo; S. 102 M/Ivan Batinic; S. 102 M/Alamy; S. 102 G/Csfotoimages; S. 104 M/Stuart Black; S. 105 G/Spanic; S. 105 G/Xbrchx; S. 105 G/Wolfgang Poelzer; S. 105 G/Flocu; S. 106 G/Slow Images; S. 107 xbrchx/Shutterstock.com; S. 107 xbrchx/Shutterstock.com; S. 108 G/Simon Skafar; S. 108 G/Simonkr; S. 108 Look/age fotostock; S. 108 G/Stefan Rotter; S. 109 G/Sb-borg; S. 110 G/Martin Steinthaler; S. 111 M/Paul Williams - FunkyStock; S. 111 G/Paoloarsie; S. 111 G/Stefan Rotter; S. 111 G/Martin Steinthaler; S. 111 G/Wolfgang Poelzer; S. 111 Jukkis/Shutterstock.com; S. 112 G/Paul Williams; S. 113 M/Udo Siebig; S. 113 G/Kavcicm; S. 114 G/Isaac74; S. 114 G/Paul Williams; S. 114 M/Josefine Clasen; S. 114 M/Nino Marcutti; S. 115 kavcicm/Shutterstock.com; S. 116 G/MariuszSzczygiel; S. 117 M/Peter Banos; S. 117 M/Udo Siebig; S. 117 M/Udo Siebig; S. 117 M/Emil Pozar; S. 117 M/Nino Marcutti; S. 117 G/Vladislav Nosick; S. 118 G/Slow Images; S. 119 G/SVphotography; S. 120 G/Vuk8691; S. 120 G/Vuk8691; S. 120 G/Ellen Rooney; S. 121 G/Andrej Trnkoczy; S. 122 Look/Thomas Stankiewicz; S. 123 M/STELLA; S. 123 G/Technotr; S. 123 G/Vasyl Dolmatov; S. 123 G/Suteishi; S. 123 G/Spyderskidoo; S. 124 M/Tuul and Bruno Morandi; S. 125 M/Alamy; S. 126 M/Fabian von Poser; S. 126 Look/Cedric Angeles; S. 126 Look/Konrad Wothe; S. 126 G/Dreamer4787; S. 127 G/Xbrchx; S. 128 G/Darios44; S. 129 G/Gonzalo Azumendi; S. 129 G/Dario Secen; S. 129 G/Suljo; S. 129 G/Wolfsburg1984; S. 129 G/Lokibaho; S. 129 G/Lucy Lambriex; S. 130 Look/age fotostock; S. 131 G/Xbrchx; S. 132 Look/Konrad Wothe; S. 132 M/Nino Marcutti; S. 132 Look/Konrad Wothe; S. 133 G/Oliver Wintzen; S. 134 Globe Guide Media Inc/Shutterstock.com; S. 135 Dave Z/Shutterstock.com; S. 135 M/Romulic-Stojcic; S. 135 G/Romulic-Stojcic; S. 135 M/Author's Image; S. 136 M/Jan Wlodarczyk; S. 137 G/PATSTOCK; S. 137 M/R. Ian Lloyd; S. 138 G/Frank Fell; S. 138 M/Travelfile; S. 138 M/Paul Street; S. 138 M/Günter Flegar; S. 139 G/Jason Wells; S. 141 G/Westend61; S. 141 G/Vvvita; S. 141 M/City Image; S. 141 G/Borut Furlan; S. 141 G/Borut Furlan; S. 141 M/Alamy; S. 141 M/Travelfile; S. 142 M/Günter Flegar; S. 143 G/Joao Inacio; S. 144 M/Nino Marcutti; S. 144 G/Holger Leue; S. 144 G/Zyuzin Andriy; S. 144 G/Holger Leue; S. 145 G/Marcutti; S. 146 G/Joao Inacio; S. 147 G/Radim Štrobl; S. 147 G/Jasminam; S. 147 G/Eldinhoid; S. 147 M/Günter Flegar; S. 147 G/Joao Inacio; S. 148–149 G/Matteo Colombo; S. 150 G/Katja Kreder; S. 151 G/Majaiva; S. 152 G/Alexander Spatari; S. 152 G/Goce; S. 153 G/

CCat82; S. 154 G/Entrechat; S. 155 G/Vovashevchuk; S. 155 G/Ian West; S. 155 G/Laurence Delderfield; S. 155 G/Jekaterina Voronina; S. 155 G/Ppart; S. 156 G/Piotr Krzeslak; S. 157 G/S1murg; S. 157 G/JordeAngjelovik; S. 158 G/Serts; S. 158 G/Slow Images; S. 159 G/DKart; S. 160 G/Adisa; S. 161 M/Norbert Eisele-Hein; S. 161 G/Dave Porter Peterborough Uk; S. 161 G/Alika Obrazovskaya; S. 161 M/John Greenwood; S. 161 G/Rob Linsdell; S. 161 G/Piotr Krzeslak; S. 162 G/Happytrip; S. 163 M/Milan Gonda; S. 164 G/Robert Breitpaul; S. 164 G/Fotofritz16; S. 165 G/Dave Bolton; S. 165 G/Mbbirdy; S. 166 G/Robert Breitpaul; S. 167 G/Photo and Co; S. 167 G/Omersukrugoksu; S. 167 G/Saso Novoselic; S. 167 G/Mbbirdy; S. 167 G/Kerrick; S. 168 M/Hercules Milas; S. 169 M/Hercules Milas; S. 170 G/Fabdrone; S. 170 G/Siete_vidas; S. 171 M/Loannis Tsouratzis; S. 172 M/Hercules Milas; S. 173 G/Siete_vidas; S. 173 G/Lefteris_; S. 173 G/Eduard Andras; S. 173 G/Siete_vidas; S. 173 M/Hercules Milas; S. 173 M/Hercules Milas; S. 174 G/TTStock; S. 175 G/UGURTAN; S. 176 G/AnjoKanFotografie; S. 176 G/CreativeNature_nl; S. 176 G/Franc Guizio; S. 176 G/CreativeNature_nl; S. 178 M/Stefan Auth; S. 179 G/Olgaorly; S. 179 G/CreativeNature_nl; S. 179 G/Chris Mellor; S. 179 G/G. Dagli Orti; S. 179 G/CreativeNa-

ture_nl; S. 179 G/Tycoon751; S. 180 G/Eleanor Scriven; S. 181 G/Vasilis Tsikkinis; S. 182 G/Zoom-zoom; S. 182 fivetonine/Shutterstock.com; S. 182 G/Lucianbolca; S. 183 G/Alexander Spatari; S. 184 G/Gallo Images; S. 185 G/Ingolf Pompe; S. 185 M/Greece; S. 185 G/Adél Békefi; S. 185 Look/age fotostock; S. 185 G/Fabdrone; S. 186 G/Lemonan; S. 187 M/Hackenberg-Photo-Cologne; S. 187 G/Fabian Van Schepdael; S. 188 G/Alexandre Fagundes; S. 188 G/Anna Reinert; S. 189 Kite_rin/Shutterstock.com; S. 191 G/Steve Outram; S. 191 G/Sjhaytov; S. 191 M/Kuttig - Travel; S. 191 Look/Robertharding; S. 191 G/Domoyega; S. 191 M/Rainer Hackenberg; S. 192 G/Tuul; S. 193 Aetherial Images/Shutterstock.com; S. 194 M/Constantinos Iliopoulos; S. 194 G/Julien Garcia; S. 194 M/Constantinos Iliopoulos; S. 194 M/Helmut Corneli; S. 197 M/Siegfried Kuttig; S. 197 G/JustinBlackStock; S. 197 M/Helmut Corneli; S. 197 G/Dieter Hawlan; S. 198 Look/age fotostock; S. 199 G/Randrey; S. 200 G/Miljko; S. 200 G/Lefteris_; S. 200 G/Aprott; S. 200 G/Westend61; S. 201 M/AegeanPhoto; S. 202 M/Hans Stehen; S. 203 M/Fulvio Marinelli; S. 203 M/Storvik; S. 203 G/Katja Kreder; S. 203 G/Seux Paule; S. 203 G/Tella_db; S. 204 G/Peter Adams; S. 205 M/Bill Bachmann; S. 206 G/Julien Garcia; S. 206

G/Ac Productions; S. 206 G/Jorde-Angjelovik; S. 207 G/Dieter Meyrl; S. 208 M/Pixtal; S. 209 M/Helmut Corneli; S. 209 G/Jamie Grill; S. 209 M/Hackenberg-Photo-Cologne; S. 209 M/Kuttig - Travel; S. 209 M/Günter Gräfenhain; S. 210 G/Pkazmierczak; S. 211 M/Art Directors & TRIP; S. 212 G/Randrey; S. 212 M/Hercules Milas; S. 212 M/Stuart Black; S. 213 G/Milosducati; S. 214 G/Dr. Wilfried Bahnmüller; S. 215 M/Rolf Nussbaumer; S. 215 G/Herve Champollion; S. 215 M/Peter Forsberg; S. 215 M/Hercules Milas; S. 216 G/Walter Bibikow; S. 217 G/Walter Bibikow; S. 218 M/Neil Farrin; S. 218 G/Milangonda; S. 218 G/George Papapostolou photographer; S. 218 G/Tuul & Bruno Morandi; S. 219 G/Ulysses; S. 221 G/Franc Guizio; S. 221 M/The Picture Art Collection; S. 221 G/Biblioteca Ambrosiana; S. 221 M/Alamy; S. 221 M/Alamy; S. 221 M/Enricocacciafotografie; S. 221 M/Alamy; S. 222 G/George Papapostolou photographer; S. 223 G/Ken Scicluna; S. 224 G/Cegli; S. 224 G/Tuul & Bruno Morandi; S. 224 Olesya Kuznetsova/Shutterstock.com; S. 225 G/Mike_drosos; S. 227 M/Katja Kreder; S. 227 G/Dinosmichail; S. 227 G/Milangonda; S. 227 M/Peter Erik Forsberg; S. 227 M/Martin Moxter; S. 227 M/JIRI; S. 228 G/Douglas Pearson; S. 230 Look/The Travel Library; S. 230 Lubos K/Shutterstock.com; S. 230 G/Milan-

gonda; S. 230 M/Thomas Haupt; S. 232 M/Walter Bibikow; S. 233 G/Naumenkophotographer; S. 233 G/Ingolf Pompe; S. 233 G/Philip Openshaw; S. 233 M/Christian Handl; S. 233 M/Alamy; S. 233 G/RvFf; S. 234 G/Gatsi; S. 235 Anatoliy Sadovskiy/Shutterstock.com; S. 236 G/Mahout; S. 236 G/Daniel Tomlinson; S. 236 M/Markus Lange; S. 237 G/Sean Caffrey; S. 239 G/Gareth Mccormack; S. 239 G/Steve Outram; S. 239 G/Evgeni Dinev; S. 239 G/Rostislavv; S. 239 M/Hercules Milas; S. 240 G/Lightbox Productions; S. 241 C/Grand Tour Collection; S. 242 G/Tomasz Huczek; S. 242 G/Styve Reineck; S. 243 G/Kimmo Kulovesi; S. 244 G/Ryuivst; S. 245 G/Ruslan Lusi; S. 245 M/Katja Kreder; S. 245 G/Paul Biris; S. 245 G/Eugenesergeev; S. 245 G/Paul Biris; S. 245 G/PhotoStock-Israel; S. 245 G/AlexanderXXI; S. 246 G/Boxoflight; S. 248 G/Boxoflight; S. 249 G/Tekinturkdogan; S. 249 G/Bonchan; S. 249 G/AlSimonov; S. 249 G/AlSimonov; S. 249 G/Margaryta Serebrianska; S. 250 G/Izzet Keribar; S. 251 G/Atakss; S. 251 G/Salvator Barki; S. 252 G/Saadetalkan; S. 252 G/Xefstock; S. 252 G/Feng Wie; S. 253 G/Nejdetduzen; S. 253 M/Konrad Wothe; S. 253 G/AscentXmedia; S. 253 G/PKS Media Inc.

IMPRESSUM

Genehmigte Sonderausgabe für Weltbild GmbH & Co. KG
Ohmstraße 8a, 86199 Augsburg

Copyright © 2022 by Kunth Verlag, München -
MAIRDUMONT GmbH & Co. KG, Ostfildern
b2b@kunth-verlag.de

Umschlaggestaltung: Atelier Seidel, Teising
Umschlagmotive: iStockphoto/Jomerci; Simon Dannhauer; LUNAMARINA; Gatsi; doit

Printed in Italy

ISBN 978-3-8289-4009-3

Besuchen Sie uns im Internet:
www.weltbild.de

Texte: Andrea Lammert, Anja Kauppert, Daniela Schetar, Annika Voigt,
Redaktion: Jennifer Künkler
Gestaltung: Melanie Beutel

FSC
www.fsc.org
MIX
Papier aus verantwortungsvollen Quellen
FSC® C015829